la main de l'Autre

Du même auteur

Avec Jean-Pierre Durif-Varembont, Christiane Durif-Varembont et Marie-Pierre Clerget,
Vivre l'ennui à l'école et ailleurs…,
coll. « Actualité de la psychanalyse »,
érès, 2006

Bébé est mort
(sous sa direction) coll. « Mille et un bébés »,
érès, 2005.

Naissance et séparation
(sous sa direction) Les Dossiers de *Spirale*,
érès, 2002.

En plein oubli de soi, Monsieur de Staël,
sur le tableau *Les Mouettes*
L'Entretoise, coll. « Pandora »,
Lettres à des peintres,
2001 (rééd. 2002).

Son nom de Bébé…
Revue *Spirale*, n° 19 (coordonné par ses soins)
érès, 2001.

La pulsion et ses tours
Presses universitaires de Lyon, 2000.

Avec Marie-Pierre Clerget,
Places du père, violence et paternité
Presses universitaires de Lyon, 1992.

Annonce du handicap et accueil de l'enfant handicapé
(sous sa direction)
Centre Thomas More, 1990 (2e éd. 1996).

Le nom et la nomination
(sous sa direction)
érès, 1990.

Adolescents parmi nous
Chronique sociale de Lyon, 1987.

Fantasmes et masques de grossesse
(sous sa direction)
Presses universitaires de Lyon, 1986.

Rites d'accueil et naissance de l'enfant
(sous sa direction)
Centre Thomas More, 1986.

Être père aujourd'hui
Chronique sociale de Lyon, 1979.

joël clerget

la main de l'Autre

le geste, le contact et la peau

approche psychanalytique

érès
éditions

Je remercie Martine Ficarelli qui a saisi ce texte avec patience et intelligence, ainsi que Marie-Pierre Clerget pour ses conseils éclairés et le soutien de sa présence.

ISBN : 2-86586-461-8
ME -12-8-3-4

11 rue des Alouettes, 31520 Ramonville Saint-Agne
www.edition-eres.com

A Ghislaine de la Tour,
pour Henry Moore, Germaine Richier,
Francis Bacon.

Nous disons que la vie vient des mains et qu'elle retourne dans les mains. C'est un proverbe.

Un nouveau-né est accueilli par des mains : ce sont des mains qui le saisissent, qui lui coupent le cordon ombilical. Ce sont des mains qui le lavent. Ce sont des mains qui lui donnent la vie.

Le jour de la mort, c'est encore dans les mains que la vie retourne : ce sont des mains qui vont enlever ses habits. Ce sont des mains qui vont laver son corps et l'envelopper d'un linge blanc. Ce sont des mains qui vont le descendre dans la fosse.

Tout homme orgueilleux doit penser à cela : il ne domine pas sa vie, parce que, du début à la fin, sa vie est dans les mains des autres.

Propos d'une femme Peul

Introduction

Ce livre est le fruit de l'expérience. Il part d'une question, simple en apparence : comment articuler le sonore et le tactile, la voix et les mains ? Comment lier la voix, avec ses tonalités et ses mélodies, à la main, avec ses touchers et ses facultés de saisir ? Notre réponse est la suivante : une voix nous touche et des mains nous parlent *par le geste et dans le contact*.

Toucher vient du bas latin *toccare*, faire toc. Affaire de musique. Une toccata est une pièce à jouer du « touché » sur un clavier. Une sonate, une pièce à « sonner » sur le vent des instruments. Une cantate, une pièce à « chanter ». Toucher, sonner, chanter sont autant de gestes qui se meuvent dans l'espace du contact. Quand le toucher s'ouvre au contact, le tact se préoccupe de l'autre : toc, toc. « Je frappe à la porte. Puis-je entrer chez toi, venir à toi et te rencontrer ? » C'est de par l'Autre que j'entre en contact avec un autre, que je suis en rapport avec quelqu'un.

D'où sommes-nous partis ? De ce que *porter* un enfant veut dire. On élève un enfant non seulement en le nourrissant d'aliments ou de bonnes paroles, mais en le portant aussi dans les éléments sensoriels et langagiers, du ventre de sa mère aux mains de ceux qui l'accueillent, dans les paroles adressées à sa jeune personne, par l'appel de son nom, dans la chaleur d'une présence, les regards échangés, les odeurs, etc. L'éducation d'un enfant ne va pas sans les bras de ceux qui l'élèvent, les genoux et les épaules aussi. Les contacts avec les petits, à la maternité, dans le peau à peau du bébé et de sa mère, m'ont conduit à la découverte de l'haptonomie pré et périnatale. En effet, ce contact particulier avec eux, leur mère et leur père apporte à chacun affermissement et sécurité, tendresse et paroles incarnées.

C'est en praticien de la psychanalyse, ouvert à cette approche haptonomique et familier de la lecture des textes dans les séminaires que j'anime depuis longtemps, que j'ai désiré apporter ma contribution à une réflexion sur le geste et le contact. Situant le propos entre la volonté de toucher et le tabou du toucher, je me suis interrogé sur ce qui est visé par les personnes en souffrance dans le mouvement *d'aller contre* un autre, voire de se coller à lui et de l'envahir. Dans ces situations, une séparation symbolique des êtres est à révéler au sein du contact lui-même. Comment entendre l'enfant qui se plaque contre le corps de « son » rééducateur ou de son éducatrice, celui qui vient sur les genoux, celui à qui l'analyste prend la main, comme le ferait un parent, pour lui apprendre à désigner les parties de son corps ou engager ses premiers mots écrits, sa signature ? Comment entendre et recevoir, dans un esprit de vie et de respect, les crises clastiques d'angoisse ou de colère, les peurs invétérées, les terreurs phobiques, les graves obsessions, la réclusion dans le mutisme ou l'autisme, les atteintes de la peau, les replis narcissiques indéfectibles, l'apparent défaut de toute demande qui rebute tant, etc. Il y a là un enjeu clinique et théorique : donner matière à penser les conditions, les effets et les issues symboliques du contact. On dit souvent : garder le contact, mais convient-il encore que celui-ci soit déjà constitué ? Je vous convie à réfléchir et à méditer sur ce qui anime le contact, le soutient et lui donne sens. Freud situait le tact au cœur de la parole adressée au patient, le tact pour ne pas rompre le contact, aussi bien celui des associations qui s'enchaînent entre elles que celui de la relation transférentielle se nouant entre analyste et analysant.

Et puis, je me surprends souvent, lorsque je parle, à soutenir mon propos avec des gestes, à parler avec les mains en quelque sorte, ignorant cependant la langue des signes. Cette particularité m'a conduit à considérer les relations existant entre la main, le geste et la parole. Ce que j'explore ici.

Je suis parti de l'idée d'une confluence des trois courants que sont la lecture des textes, l'approche haptonomique et la psychanalyse. Cet essai de jonction ressemble un peu à ce qui se passe à Lyon où confluent trois « fleuves » : le Rhône, la Saône et le Beaujolais. Il y en a un au moins qui est hétérogène aux deux autres.

Notre élaboration et nos réflexions se tiennent donc à la croisée de trois chemins. Tout d'abord, nous témoignons d'une *pratique clinique* ayant pour site un lit. En effet, le divan du psychanalyste est ce lit de gésine où vient à naître un sujet. Ensuite, la pratique de l'*analyse sémiotique* des textes, la lecture donc, prend pour nous une place incontournable dans tout acte de formation et de transmission. Enfin, *la pratique haptonomique*, pré et périnatale en ce qui nous concerne, révèle la place et la portée du contact psychotactile. Elle soutient ce que nous nommerons notre *disposition haptique*, c'est-à-dire notre présence à l'autre et notre faculté de le rencontrer.

En une époque où il ne faudrait pas être touché, l'interrogation sur le contact nous est venue sous cette forme : que serait une parole qui ne toucherait pas ? Que serait un contact qui ne parlerait pas ? Une première et rapide réponse serait ceci : un mutisme pour la première ; une prise de pouvoir totalitaire sur l'autre pour la seconde. En effet, comment, dans les métiers de la relation, recevoir l'autre et l'accompagner, sujet incarné nommé comme nous-même, avec les mains et le cœur, l'écoute et les mots du vrai parler, dans la souffrance et le désir de mieux vivre qui le conduit jusqu'à nous ?

C'est à une telle intersection que se situe notre propos, là où résonnent les apports de Sigmund Freud, Jacques Lacan et Françoise Dolto, décisifs pour ce qui est de l'hypothèse de l'inconscient et des concepts qui en sont issus : la relation transférentielle, la métapsychologie, les fondations de la clinique dans l'interdit de l'inceste et le meurtre du père, le travail du signifiant, l'image inconsciente du corps, et bien d'autres encore.

Tout cela ne serait que vanité sans la vérité d'une présence, ce qui n'exclut pas l'erreur ou le mensonge, le fourvoiement ou la méprise. Présence entretenue et re-suscitée par la découverte de l'approche haptonomique dans ce qu'elle m'a apporté et permis d'éprouver, ce dont ces pages témoignent. Nous tenons à ce terme d'*approche*. Il dit le proche sans appropriation et sans possession. Il dit le mouvement d'aller vers l'autre et le point de fuite dans ce parcours. Approcher, c'est être près du prochain. C'est être avec ce qui nous est donné dans la séparation : la rencontre. Telle est aussi la lecture : une mise à l'écoute de l'Autre qui parle dans le texte, qui parle de moi et qui me parle. C'est avec la lecture que l'écriture trouve son *accomplissement* dans le corps du lecteur. Cela vaut pour l'écoute. Cela vaut pour l'approche de l'autre dont le nom vibre à la croisée de l'appel (voix) et du porter (main).

Le mot de toucher aurait-il cette force tactile s'il n'était issu de la chair, tissé de la sensorialité. Nos peaux, nos chairs se touchent. Nos corps entrent en contact par l'intermédiaire de la peau. Et par là, je suis en contact avec un autre humain. C'est assez dire que le symbole qui fait l'homme est de la mise en tout contact, soutenu par les métaphores qui prolifèrent au sein du toucher. Il suffit, pour s'en rendre compte, de lire son dictionnaire usuel aux articles contact, geste, peau et toucher. On y découvre une multitude d'expressions qui disent la force de ces mots dans la langue.

Ce qui est contact dans le toucher ne relève pas du corps à corps, mais d'un corps à cœur où se révèle la position interprétante de la parole adressée au sujet, fût-ce dans le silence. Dans un monde pressant et pressé, il convient de réapprendre la patience qui nous met à l'écoute du hors-temps de l'inconscient. Les patients sont ceux qui pâtissent et qui souffrent. Pour prendre place dans la vérité qui parle, il leur faut faire œuvre de patience, prendre le temps de prendre leur mal en patience. Pour faire acte, jamais le geste du contact ne se dispensera de la parole. La proximité tactile trouve sa portée dans la parole qui la porte. Pour qu'il y ait contact, convient-il encore que « ça parle » dans le toucher ? Dans une affermissante fermeté, une infinie patience.

Nous allons sur des crêtes et des limites. La dichotomie corps/parole qui distribue la clinique en pratiques corporelles d'un côté et en exercices de parole de l'autre est fausse, et même perverse. Car toute parole *implique* le corps, se plie et se déplie en lui. En retour, il n'y a pas de corps humain sans la parole. C'est toujours du corps d'un sujet nommé qu'il s'agit. Le refus de considérer le parlêtre comme doué d'inconscient — et partant ce qu'apporte l'expérience de la psychanalyse — risque d'engendrer un refus de la parole elle-même. Or nous sommes *constitués* par le langage et *fondés* dans la parole. Les choses nous arrivent par la parole et dans le langage toujours déjà là, nous précédant. Le concept de corps est de plus indissociable de celui d'origine. La psychanalyse comme l'haptonomie sont des pratiques qui visent, par des médiations différentes, à rendre vivable pour un sujet la vie qui est sienne avec l'histoire qu'il a. Lorsque la possibilité même d'une histoire est compromise, se pose alors la question de revenir au fondement de ce qui est notre base, le toucher retrouvrant une place à la croisée de la voix dans l'établissement du contact.

Sigmund Freud écrit dans *Totem et Tabou* (1913) : « Le toucher est le début de toute emprise, de toute tentative de s'asservir une personne ou une chose ». Or la prise de contact n'est pas une prise par le contact. Elle est un mouvement vers ce qui nous met en contact : l'intimité-proximité du désir inconscient. Etre en contact avec un autre, c'est être aux prises avec le désir de l'Autre. On peut dire, avec Jean Florence, que l'analyse consiste à mettre celui qui parle *en contact* avec ce qui le fait parler, avec ce qui nous fait parler et *en rapport* avec ce qui l'empêche ou lui interdit de parler. Le démoniaque dans le contact pourrait bien être le désir lui-même. Dans le désir de contact, vital, s'éveille la dimension *diabolique* du contact « comme force psychique qui passe d'un être à l'autre » (Jean Florence, 1990), vécue comme dangereuse et destructrice. Diabolique est à entendre comme ce qui *se jette en travers*, désunit ou sépare, le désir orientant le parcours du sujet. Pour qu'il y ait de *l'être avec*, une dimension Autre est requise, qui donne lieu aux matières sensorielles. *Tango*, *Tetigi*, *Tactum*. Pour être au monde, le monde doit être constitué pour un sujet, afin d'être quelque part dans le *paysage*. Le monde du nouveau-né gravite autour du visage et de la voix de l'Autre, celle d'autrui qui le fait exister et le met en contact avec le monde. Sans les paroles, il n'y aurait point de contact. De ce *être avec un autre* nous vient la faculté d'être là, la *disposition* (*Stimmung*) d'accèder à ce qui n'est pas moi, celle qui me porte au contact avec les autres et soutient le commerce que j'entretiens avec eux. Pareille disposition procède de l'accordage au sens musical du terme, de la résonance à ce qui parle, de l'état d'esprit, de la tonalité, de la mélodie de la voix (*Stimme*) et des accordailles où l'intimité de l'accord vibre des élans des cœurs à l'unisson. Elle est *accord*.

Le contact est l'état de deux corps qui se touchent, sont en contiguïté. De plus, toute relation de commerce entre humains marquée de la proposition *avec* signifie l'accompagnement. L'éprouvé du contact nous vient de l'expérience du toucher, avec la réflexivité propre à se toucher et à être touchant-touché.

Toucher sécurisant et contact confirmant permettent de trouver ou de retrouver le chemin d'une sécurité de base et de développer « un sentiment de sûreté de soi, de sécurité dans l'existence, intrinsèquement ressenti et éprouvé » pour le dire avec Frans Veldman[1] qui définit l'haptonomie comme étant la « science de l'affectivité ». Haptonomie, *haptein*, toucher, établir une relation, être en rapport avec. *Nomos*, c'est la règle, la loi, la norme. *Hapsis*, c'est le toucher, le tact. Cela signifie pour nous : j'établis une relation selon la loi de l'espèce parlante, selon la loi du désir, sans qui les choses s'enflamment[2]. J'établis relation dans le médium du contact et de la parole, par le sentiment d'une *corporalité animée* considérant la personne dans son intégralité. Gardant vive la place de la parole chez l'être incarné.

Trois formes de reconnaissance de l'existence humaine président à la phénoménologie haptonomique : l'affirmation existentielle faite de l'agrément à l'existence de l'autre qui est là ; l'affermissement rationnel de l'existence, engendrant la validation intellectuelle de l'existence concrète de l'autre ; la confirmation affective, qui promeut l'estime et l'assurance de l'autre dans son essence, son authenticité et le fondement d'un état de sécurité rassurant[3]. Et trois principes orientent cette pratique : Présence, Transparence, Prudence qui relèvent tous de la vérité dans les relations humaines.

La pratique haptonomique peut apporter quelque chose d'essentiel à l'homme d'aujourd'hui. Notamment dans la relation parents/enfants où les conceptions charcutières de la filiation et de la génération font des ravages immenses, à commencer par le suicide des jeunes et l'autisme infantile. Mais la science est sans gêne : pour elle tout est dans les gènes. Il suffirait de trouver le gène pour guérir l'humanité de tous ses maux. Evidemment, il y a belle lurette qu'il ne s'agit plus de soigner des humains. Or, c'est cela être *thérapeute* : être au service de la parole.

Ma définition du contact serait ceci : *la touche des mots parle au cœur des mains*. Il y a le langage et la parole ; le corps et le cœur ; les mains et les noms.

1. J. Clerget, *Fantasmes et masques de grossesse*, PUL, 1986, p. 216.
2. *Haptein* veut dire en premier allumer, enflammer, puis nouer, attacher. C'est en grec un verbe assez surdéterminé.
3. Cf. F. Veldman, *Les dossiers de l'obstétrique*, n° 213, janvier 1994, p. 5.

Cette conception du contact est inspirée de ma rencontre avec l'haptonomie et la pratique de celle-ci en situation pré et périnatale, éprouvée et vécue[4]. Cette expérience me conduit à formuler et à dire ce qui est mien, *à la lumière de* la psychanalyse, laquelle reste mon activité et ma référence majeure, clinique et théorique. Telle est mon inscription dans la question du contact, également ouverte à la réflexion philosophique.

Il y va du témoignage et de la transmission. Une expérience se transmet quand un praticien la fait devenir sienne au point d'en marquer sa vie et son propos. Mais il ne la reçoit et ne la fait exister que si elle est *à sa main*, la maniant dans son style propre et singulier.

Le tabou du toucher me semble aussi exercer une mainmise pernicieuse parce que recouverte des plumes de l'interdit et du faux-semblant. Toucher l'autre de sa main ou de ses mots, entrer en contact supposent un tiers terme qui nous ouvre aux métaphores du toucher. Les « bonnes manières » dignes de Marius ne sont pas celles de la clinique. De plus, les notions de contenant et de contenu délimitent le toucher et le restreignent à une peau faite uniquement comme un sac. Freud parle en termes de *surface*, ce qui est tout autre chose. Il s'agit de réintroduire *la porosité* de la peau, ce à quoi elle ouvre. Nous le développons dans le premier chapitre et l'annexe.

Le contact mobilise notre être en relation avec l'autre comme prochain. Comme toute relation humaine vraie, il est relation de parole et désir risqué dans la chair entre sujets nommés. Cela conduit à s'intéresser aux variantes du toucher : à la caresse par exemple ; aux actualisations du toucher dans l'outil, la technique et tous les arts ; à la fonction particulière de l'écriture ; aux excès du toucher, et c'est la mainmise de l'inceste et du viol ; au défaut du toucher, et c'est l'abandon ; aux moments du toucher, et c'est la relation parents-enfant dans l'attente d'un bébé qui nous servira de guide ; à la fonction du toucher, et c'est la saisie conceptuelle ; au tact et au doigté, à la peau, négligée, et à ce qui s'en projette, le moi ; à la proximité et à la distance.

Le toucher est à immerger dans *l'ensemble* des cinq sens et dans leur interaction. Le toucher et la peau, la main et le visage, le rythme et le geste sont des termes orientant notre propos. Laisser proliférer ou s'étioler l'exercice d'un sens au détriment ou à l'avantage des autres sens, c'est rapter la subjectivité dans le « sensationnel ». Le manque de portage symbolique empêche de s'abandonner aux bras de l'Autre. La portance, nommée *phorie*, nous permettra d'aborder plus particulièrement la relation mère-père-enfant. Le chapitre V évoluera sur les thèmes du geste et du rythme, de la création et de l'inscription.

4. N'étant pas formé à l'haptopsychothérapie, mon propos se limite à ce que je connais de l'haptonomie : pas tout, mais une part.

C'est sur la structure de la peau, au croisement de la main et de la voix, que s'ouvre notre réflexion.

*

* *

Les cinq chapitres sont reliés par le fil rouge du contact qui leur sert de trame, assure leur unité. Toutefois, le premier et le cinquième chapitres sont plus théoriques, les autres plus cliniques, ce qui ne signifie pas que clinique et théorie soient séparées. C'est plutôt une question d'accentuation. Les chapitres sont thématiquement indépendants les uns des autres. Le lecteur peut donc naviguer à sa guise, en fonction de son intérêt et de ses désirs, en gardant le cap et le contact. Telle pourra vivre sa geste.

Variations sur la peau

« Dans le toucher, on ne saisit jamais qu'un fragment limité à la fois, l'horizon n'est que le vide et s'offre sous l'aspect d'un indéterminé déterminable… Le vide du monde tactile est l'indéterminé déterminable du là *et s'il est vrai que dans le toucher je ne saisis qu'un fragment, c'est comme tel, comme* fragment, *que je le touche. »*

Erwin Strauss

« Un corps humain est là quand, entre voyant et visible, entre touchant et touché, entre un œil et l'autre, entre la main et la main se fait une sorte de recroisement, quand s'allume l'étincelle du sentant-sensible, quand prend ce feu qui ne cessa pas de brûler, jusqu'à ce que tel accident du corps dépasse ce que nul accident n'aurait suffi à faire… »

Maurice Merleau-Ponty

Structure de la peau

La polysémie du terme de toucher et celle du mot de peau lui-même, en usage dans de nombreuses expressions et locutions de la langue, attirent l'attention sur la pluralité des fonctions dont la peau est le siège et le lieu. Polyphonique à souhait, le toucher ne cesse d'invoquer la peau, médiane non seulement de l'activité sensorielle et de l'étendue, mais aussi lieu de passage et d'élaboration. Elle ne peut se réduire à la fonction d'enveloppe, de cuirasse ou de contenant, mais s'ouvre à une topologie où s'articulent le dehors et le dedans. La peau est une figure des rapports du dedans et du dehors. Elle l'est par une sorte de retournement fait de la continuité de l'intérieur du corps avec l'extérieur, où l'osseux et le solide se calent au fond du corps et le tiennent, où le tégumentaire fait saillir « le dehors du dedans » (François Dagognet).

Que ce soit la douceur de son aspect, les aspérités de son grain, les lignes de flottaison de ses bords, ses excavations ou ses marques, les pores ou la pilosité, la peau est faite de contrastes. Elle s'étend jusqu'à la bordure des muqueuses où s'invaginent les orifices naturels : sensoriels, excrétoires et génitaux. Par l'entrée respiratoire, la peau se prolonge en alvéoles pulmonaires et par l'entrée digestive en tractus allant de la bouche à l'anus. Transit. Transport.

La peau passe pour être une enveloppe et une frontière. Elle est, avec les éléments vestibulaires, l'un de nos premiers sens, l'organe le plus étendu du corps (18 000 centimètres-carrés chez un adulte) pesant trois à cinq kilos. Elle est tissu de revêtement qui entoure le corps et le maintient, le protègeant contre les agressions extérieures. Véritable organe du sens tactile, elle tient ses fonctions sensorielles de la présence de nombreux récepteurs sensitifs, les organes du tact.

Membrane de *soutènement* et de *protection*, tégument résistant, élastique, vivant, actif et d'une plasticité remarquable, elle a des propriétés sélectives d'imperméabilité. On n'entre pas dans la peau comme on en sort. Moyen constant d'échange entre l'intérieur et l'extérieur, elle évacue de la sueur, du sébum, des toxines. Elle est capable d'absorber de nombreuses substances, ce qui permet l'usage de médicaments transdermiques, soignant au moyen de leur pénétration dans le corps à travers la peau. Les cosmétiques usent en grande partie de cette propriété. Il existe aussi des « molécules éboueuses » chargées de purger la peau des radicaux libres accélérant son vieillissement. Elle élimine l'eau par perspiration et sudation. La quantité d'eau rejetée par la peau est plus grande que celle des poumons, 500 à 700 grammes par jour. Elle assure la *thermorégulation* du corps, l'isotonie des cellules, 1 à 2 % de la respiration, l'immunité, la synthèse de la vitamine D. Elle élabore ou dégrade des substances apportées par la circulation (dedans) ou existant *in situ* (dehors). C'est un organe aux fonctions *métaboliques* déterminantes pour tout l'organisme. Il y a un système nerveux cutané. La sensibilité est assurée par des corpuscules : de Wagner-Meissner pour le tact, de Krause pour le froid, de Ruffiné pour le chaud, de Vater-Pacini pour le tact et la pression. Elle a une grosse représentation corticale.

Eminemment altérable, la peau est d'épaisseur variable selon les lieux du corps. Elle comprend un processus actif de mort et de renouvellement constant de certaines cellules (sur une base de quatorze jours). Surface sillonnée de plis et de fines rainures, elle provient de deux feuillets embryonnaires. L'ectoderme donne l'*épiderme* de nature épithéliale, formant la zone externe de la peau. Avoir l'épiderme sensible, c'est faire preuve de susceptibilité. De même, une réaction épidermique est une réponse vive et immédiate, de surface apparemment, mais elle n'en traduit pas moins une détermination préconsciente ou une position inconsciente du sujet. Le mésoderme donne le derme (*chorium*) et l'hypoderme, de nature conjonctive. La peau est décrite en termes d'*assise cellulaire* avec différentes couches superposées et intriquées. La pilosité s'y implante. Les glandes sudorales (hypoderme) sont de deux types. Eccrines, au nombre de deux millions, elles sécrètent et excrètent la sueur. Apocrines, leur tube excréteur s'ouvre dans un follicule pilo-sébacé. La peau est aussi conductrice de l'électricité.

Elle nous intime de réfléchir à la surface, non seulement comme enveloppe, mais comme miroir et résumé de l'organisme (Jean-Paul Escande). Elle nous expose à la dialectique de l'intérieur et de l'extérieur, sur le mode topologique d'une profondeur qui se dispose sur la limite, là où se fait la distinction des êtres et des corps. La peau, lieu d'interférence, d'interface et d'articulation du dedans et du dehors, certes, mais sur quel mode et selon quels rapports ? François Dagognet invite à ne pas séparer le cerveau et la peau, l'antenne et le décodeur. La peau et le cortex sont deux « êtres de surface », elle étant un « cerveau périphérique » et lui, l'écorce de l'arbre cérébral. La peau est une fonction d'interposition entre le sensible et le sens. Son concept hésite entre le tégument (ce qui recouvre) et le derme (ce qui découvre, du grec *derein* : dépouiller). Elle se tient donc entre ce qui recouvre et ce qui dépouille (*derma)*. Synonyme de mue, la ***dépouille*** est la peau que rejettent certains animaux, la peau enlevée à un animal. La dépouille mortelle est le corps de l'homme après la mort. Ce qu'on enlève à un ennemi en le surprenant se nomme le butin. Dépouillé, le style est sans ornement et le corps apparaît sous la figure de l'écorché : l'écorché vif est celui qui a les nerfs à fleur de peau, bref, quelqu'un de très sensible.

Place frontière

Ni sac ni faite du seul rapport contenant-contenu, la peau est plutôt parchemin ou vélin, lieu d'écriture de la vie somatique et psychique. Comment lire ce qui est transféré, spatialisé ? Du visible au lisible, tel est l'enjeu de la dermatologie. La position dermique est double : à la jonction de l'organisme et de l'environnement, à l'intersection du moi et de l'autre, avec plusieurs couches : la cornée, la granuleuse, l'épineuse, la basale germinative et plus de mille maladies répertoriées, y compris sous la forme d'un « arbre des dermatoses », celui d'Alibert (XVIIIe siècle), construit sur le modèle de l'arbre généalogique[1]. Sur le plan physiologique, la peau comporte une grande variété de composants, signe des nombreux rôles qu'il convient de leur reconnaître : métabolismes, circulations verticales, activités cellulaires, cinétismes divers. La peau manifeste ce qui se passe sous elle et loin d'elle, d'où sa sensibilité aux variations endocrinolo-

1. Cf. F. Dagognet, *La peau découverte,* Les empêcheurs de tourner en rond, 1993, p. 45.

giques et hormonales. François Dagognet donne illustration de cette réceptivité et de cette interaction en prenant les exemples de l'acné juvénile, de l'eczéma et de l'urticaire. « Ligne-frontière », « périphérique interne », système immunitaire sophistiqué, c'est sur la bande du cutané que le vivant défend sa maintenance. C'est sur cette frontière que s'assure son unité-intégrité, dans une réactivité toute spéciale, allergique. Les allergènes eux-mêmes viennent de la coque, voire même des déchets « comme si le refus dermatique s'exerçait à l'encontre du seul pelliculaire (peau contre peau ou le semblable contre le semblable) »[2].

En effet, c'est l'enveloppe de certains éléments qui contient la substance allergisante. Cette dernière s'infiltre dans le corps, physiquement (chimie) et psychiquement. Elle suscite la réaction allergique qui se donne à entendre, outre les troubles respiratoires, à la périphérie du corps : larmes, écoulement nasal, papules dermiques, inscriptions tégumentaires. Les liens du psychisme et de la peau sont connus depuis belle lurette, mais il faut l'apport de la science pour admettre l'évidence enregistrée par le plus commun bon sens. Un événement traumatisant, une contrariété, des soucis, un choc émotionnel peuvent donner des boutons, déclencher une crise d'eczéma, d'urticaire ou de psoriasis. Les recherches actuelles montrent que l'action des fibres nerveuses sur les cellules immunitaires cutanées tient à leur imbrication et à leur proximité structurale, à ce qu'elles proviennent de la même couche embryologique : l'ectoderme. De plus, les fibres nerveuses sécrètent des neuromédiateurs (substances chimiques) qui ont des effets sur les cellules cutanées. C'est par eux que s'effectue la communication entre le cerveau et la peau, les nerfs et l'épiderme, le cerveau pouvant, à travers les fibres nerveuses, libérer des neuromédiateurs au niveau de l'épiderme, entraînant des réactions cutanées. Le plus intime inscrit son message sur la périphérie, ce qui le rend lisible et audible. Que, pour les Anciens, la peau soit une messagère de l'âme, revient à dire que la clinique dermatologique est une écoute de ce qui parle du lieu de l'Autre à la surface de la chair. Elle intéresse donc un sujet, et pas seulement une physiologie. Les vieux dermatologues le savent d'expérience, qui, pour soigner certains troubles de la peau, manient les interdictions, préconisent une séparation ou parlent avec leurs patients de ce qu'ils vivent à la maison.

Notre sensibilité, spécialement cutanée, nous expose à l'autre qui, dans le contact, nous met en cause par son altérité. L'altérité de l'autre nous altère. Et notre peau traduit l'attente obsédée de l'autre, de sa tendresse, de ses soins maternels, « le porter par excellence » (Emmanuel Lévinas), de son contact vivifère et vivifiant. Les réactions cutanées sont autant d'appel à l'Autre qui, s'il se présente en la figure de tel autre, ne manquera pas d'être rejeté ou refusé. Elles

2. *Op. cit.* p. 71.

traduisent donc une contradiction entre un mouvement d'appel et un rejet. Elles sont symptomatiques d'un défaut des castrations symboligènes données par la parole. Elles invoquent une aspiration : de l'air substantiel pour les poumons, et du souffle subtil du désir pour le sujet.

Le lien de la peau avec l'intime de la vie psychique passe par le souffle (*anima*, *psyché)*. L'air qu'un enfant respire, surtout s'il est chargé de tension, d'agressivité, de haine, d'hostilité persistante, de dérision et d'inceste peut lui donner des boutons et porter atteinte à sa respiration : spasmes, quintes, asthmes..., voire œdèmes menaçants pour sa vie. Il est des ambiances qui vous « gonflent », vous-même et vos tissus. Autant de traces de séparations symboliques impossibles (mère-enfant par exemple) et de captations réciproques. Ce que l'enfant porte *en lui* de non-séparé l'atteint sur la surface de son corps quand, l'intime du désir (de l'Autre) qui porte ailleurs, ne peut que s'inscrire à même la peau et ne pas cesser d'en proférer le cri, dans un trop plein de sensations prurigineuses et un défaut de constitution de l'absence. En ce sens, l'apparition de *plaques* d'eczéma lors d'absences invoque les enveloppes *placentaires* dont il reste à symboliser la perte pour vivre en sujet né, respirant. Il existe une intimité pulsatile des rythmes alliant le respir et la peau.

Intimité présente dans l'exercice de notre sensibilité qui requiert, toujours, en son fond, les métaphores du contact, quand l'intimité chaste d'un autre établit le site de la parole qui sépare les êtres. En ce sens, « la caresse sommeille en tout contact et le contact dans toute expérience sensible » peut écrire E. Lévinas[3]. Et c'est par là que notre incarnation *se noue* à autrui, par l'os et par la chair, par le sang et par la peau. En effet, la subjectivité ne saurait être séparée de la corporéité, « *l'un-pour-l'autre* ». « Dans toute vision s'annonce le contact : la vue et l'ouïe caressent le visible et l'audible. Le contact n'est pas ouverture sur l'être, mais exposition à l'être. En cette caresse, la proximité signifie en tant que proximité et non pas en tant qu'expérience de la proximité »[4].

La peau est donc une zone névralgique où se joue la bataille de l'autre et du même. Elle « extrémise notre réaction en face d'un dehors qui s'est glissé dans notre dedans »[5], l'autre dehors venant dans notre dedans. Etant cuticulaire ou pelliculaire (*cuticula* : enveloppe fine), l'épiderme tend aussi bien vers le rejet de l'étranger et du voisin que vers sa demande. Sans oublier qu'une allergie n'est pas le produit de la seule chimie mais précisément, dans ce rapport de voisinage et d'étrangeté, l'expression des signifiants de l'histoire de quelqu'un, c'est-à-dire l'immersion de la chimie dans un dispositif relationnel singulier. Il y a des situations qui vous donnent la chair de poule ou froid dans le dos. Il y a des gens qui vous donnent de l'urticaire. L'autre agace l'un et la peau s'en

3. Emmanuel Lévinas, *Autrement qu'être*, Livre de poche, n° 4121, 1974, p. 122, note 1.
4. *Ibid.* p. 128.
5. F. Dagognet, *op. cit.* p. 80.

fait l'écho et le lieu d'inscription. Les chimies relationnelles et physiologiques transfèrent et interfèrent dans leur sensibilité particulière aux éléments qui sont en suspension dans l'air : ambiance ou acariens. L'allergie dans la langue s'applique aux substances comme aux personnes. Les deux peuvent nous donner des boutons. Une irritation eczémateuse traduit aussi une irritation interne, colère larvée, rétention ou ulcération secrètes. Une allergie n'est pas sans rapport, dans un contexte relationnel donné, avec les éléments subjectifs relevant de la culpabilité inconsciente et de l'intime des choses faites, dites ou pensées.

Le cutané apparaît comme la puissance assurant notre défense par l'intrication des liaisons entre le nerveux, le respiratoire et l'endocrinien. Intrication qui se révèle à l'occasion de l'exposition au soleil par des réactions de coloration, de dessèchement de la peau, dans ses rapports à la pigmentation et… à la sexualité (cf. le film *Les bronzés*). Dans certaines affections, le corps « sacrifie » la périphérie, protégeant l'intérieur, notamment les centres nerveux à oxygéner prioritairement. En même temps, une suppression de la peau (brûlures par exemple) met assez rapidement en péril l'organisme. La solidarité du cutané, du respiratoire et du digestif s'observe dans l'allaitement et les relations précoces. De ces solidarités, retenons que, lorsque nous entrons en contact avec l'autre, peau à peau, avec la main posée par exemple, nous déclenchons des réactions d'envergure : catacyclismiques, catastrophiques au sens de la discontinuité et de la disruption, ce qui engendre des réactions non seulement périphériques mais profondes.

Il ne suffit pas de dire que nous touchons l'autre. Nous le touchons, palpations, caresses, etc., par la médiation de nos corps. Comme l'acupuncture, le massage ou l'ostéopathie ont des *retentissements* intimes et en profondeur, il en est ainsi de tout contact avec l'autre. Ce retentissement neurophysiologique n'est pas entièrement prévisible. Il est lié à ce que le contact fait *vibrer* d'histoire, qu'il rappelle ou forclot, d'histoire relationnelle où ne surgissent pas seulement les traces du contact, mais *tout* ce qui affecte un sujet au cours de sa vie, depuis sa conception.

Le toucher a cette particularité que je ne puis toucher sans être touché, ce qui lui confère sa portée d'emblée interprétante, plus encore qu'interprétative. Le toucher *prête entre* deux sujets le toucher et l'être touché, l'activité et la passivité de notre réceptivité symbolique. Ce qui parle en nous et entre nous, êtres doués d'inconscient, nous fait entendre, au creux de la paume et sous la peau, le cœur de l'autre, l'Autre scène dont chacun est habité. L'épiderme s'offre en permanence au contact. La singularité de la peau, non localisée (comme les autres organes sensoriels par exemple), mais disposée sur tout le corps, et vitalement, procède d'attouchements continuels, dans l'ajointement de deux messages : celui du doigt qui touche une région du corps et celui de cette région contactée.

TEXTURE DE LA PEAU

> *« La peau est brune. Lisse. Unie. Brillante. Pleine. Laque de la peau. Chair. Jeunesse de la chair. Cuir doux. Belle enveloppe animale. Sa vigueur. Sa souplesse. Velours nu ».*
> Louis Calaferte

Comme un vélin, la peau recueille l'histoire individuelle et collective, sur le mode scriptural et tissulaire, par entrelacs de l'écriture et des signifiants. « Plus tu parleras avec les peaux, vestures du sens, plus tu acquerras sapience » écrit Léonard de Vinci[6]. Les peaux conjoignent ici l'écriture : *scritture* et le sens du toucher : *il senso del tatto*. Parler avec les peaux, cela vise à rendre lisible ce qui s'inscrit à même la peau, c'est-à-dire relève d'une fonction diagnostique où l'infime détail de peau révèle une atteinte organique interne ou un dysfonctionnement. Ce chapitre reste grandement à explorer. Il induit une sémiologie dont usent celles qu'on appelle bien à tort les médecines douces ou parallèles. Dans un monde dur et où rien ne va droit, on rêve de douceur et de parallélisme ! L'examen du port et de la peau, de la stature et de la pose, s'intègre pleinement dans des disciplines telles que l'ostéopathie ou l'haptonomie. Une telle sémiotique du corps est précieuse pour conduire une pratique. Elle en fait pleinement partie dans le respect du sujet concerné. La dermoscience, telle que la parle F. Dagognet, pourrait repartir de là : apprendre à lire. Lire étant le ressort de toute formation, et l'un des actes les plus difficiles. Comment ne pas enfermer l'autre et soi-même dans le corps du texte qui se fait tombeau (cf. le *soma-sèma* des Grecs) ? Peau de chagrin qui s'étreint sur elle-même ou peau de banane sur laquelle on dérape.

Comment réouvrir la possibilité d'une écriture ? Comment ne pas perdre l'esprit en gardant la lettre ? Comment ne pas tuer l'esprit en faisant la peau à l'autre ? Solidarité de l'esprit et de la lettre, de l'esprit et de la peau. Esprit, peau d'âme.

L'idée de soigner à partir des éléments offerts par la peau relève de la théorie des catastrophes, de l'intime solidarité affectant une région de l'aire tégumentaire dans son rapport aux organes internes, quand la douleur, la chaleur et la pression de la peau répondent d'une autre atteinte. Tellement sensible que la plus fine exaspération de la peau produit des effets d'ensemble, corporo-subjectifs, d'où les soins possibles ouverts par aiguilles, ventouses, moxas, shiatsu, massage, avec ou sans médiation de produits. Le maquillage et le démaquillage, toucher au visage par sa main ou celle d'un autre, entretiennent la relation du sujet avec les autres dans des rapports qui ne sont pas que d'images. Ils témoignent du sens de la vie, le visage portant une vie soulignée par le

6. Cité par G. Didi-Hubermann, *La peinture incarnée,* Ed. de Minuit, 1985.

maquillage ou se faisant porteur de mort que le maquillage vise à cacher, trahit ou entretient. Le maquillage cerne les bords du corps ou découpe des espaces circonscrits de la peau, renouvelant ou non le symptôme du porteur. Il se soutient du rapport aux bijoux, pleins ou creux, enroulant ou non de leur présence certaines parties du corps, traits soutenant la peau ou recouvrant des cicatrices, tel le collier dissimulant les restes d'une opération. Parures du corps, ils sont objets déposés au tombeau, accompagnant le mort dans ses traversées d'outre-tombe. Maquillage et bijoux témoignent de ce que l'ultime caché derrière la peau ouverte n'est autre que l'*écorché*, pièce des Beaux-Arts ou figure médicale. L'écorce enlevée, comme fruit pelé, met à nu un au-delà des éraflures ou des égratignures de la peau ou du moi. A noter que cortex, *cortius*, c'est la peau, avec l'idée d'une chose séparable, qui peut se détacher, telle la peau de l'animal (pelisse) ou l'écorce de l'arbre. L'écorce terrestre est la peau de la terre, l'écorce cérébrale, le cortex, celle du cerveau, les murs celle de la mission. Ecorcher *(ex-corticare)*, c'est dépouiller de sa peau. Ecorcher les oreilles, c'est offenser l'ouïe. Ecorcher ses clients, c'est leur demander un prix excessif. Ce triple registre du dépeçage (dépouille, ouïe, prix) indique la force à l'œuvre dans la peau du vivant. Région centrale, la peau dit notre inscription dans la vie, les souffrances et les joies de celle-ci. S'y opèrent de multiples synthèses, physiques et psychiques, qui exposent à l'altérité. Maison du corps dont la peau est mur et toit, base et côté, seuils et passages, fenêtres et portes.

Pierre Baleydier, le soigneur d'Alain Prost, dit : « Quand je soigne quelqu'un, je ne soigne pas uniquement avec mes mains, mais également à travers ma stabilité, ma *verticalité* et ma posture de soins »[7]. Le taoïsme, rappelle-t-il, s'articule autour de l'idée qu'entre la pensée et le corps s'établit le même rapport qu'entre la particule et l'onde. Il y a un noyau et un vide. C'est en ce dernier que se tient la vie : entrer dans l'énergie qui se concentre dans le vide.

A cette question : « Comment l'ostéopathe lit-il le corps ? »[8], Véronique Brisard répond : « Avec la main. L'ostéopathe, c'est la main et le corps ». Par une méthode thérapeutique manuelle, l'ostéopathe est à l'écoute du corps de quelqu'un dans la visée de restaurer une mobilité. « La palpation, ajoute V. Brissard, est l'outil essentiel de l'ostéopathe. Il ne dispose que de cela pour découvrir ce que le corps de l'autre raconte... La main ressent les différences de densité, la profondeur du tissu : la peau, en superficie, ou les viscères en profondeur ». Main d'écoute des tissus. Palpation de la soie, du velours ou du drap du corps et des mots. Main, oreille et scribe. L'ostéopathie est sensible à des variations rythmiques, à la sinusoïde de vibrations s'épandant le long de la colonne vertébrale.

---

7. In *Le triomphe du corps*, *Le nouvel observateur*, Les collections, n° 21, p. 55. Souligné par moi.
8. *Ibid.*, p. 68.

Voilà donc un tripôle sensible : *le tissu*, comme lieu de la profondeur d'une surface virtuelle et tactile ; la *tessiture*, comme timbre et grain de la voix, tissage mélodique ; la *texture*, comme strates et entrecroisement de matière. « Tactile ciselure » (Edmond de Rothschild).

La tessiture du toucher s'accorde au grain de la peau. En ce sens, la chatouille peut vite agacer. Elle est discordance entre le corps et la main, inharmonique en la durée. Mais il n'est pas de porter humain sans la main « et le son d'une voix qui demeure » (Tennyson). On ne peut que souligner et rappeler la réceptivité de la peau aux ondes sonores et aux inscriptions. Ces lésions cutanées établissent une relation entre les cicatrices, traces visibles, et leur écho sur l'autre scène inassignable en un lieu du corps, atopique, où se constitue l'image inconsciente du corps. Au sens le plus fort du terme, nous sommes véritablement touchés, concernés, affectés quand notre image inconsciente du corps est de la mise. Mise symbolique ordonnée aux castrations successives : ombilicale, orale, anale, génitale, œdipienne. Nous ne sommes pas touchés par la seule prise du schéma corporel que le substrat charnel met en position d'être « l'interprète actif ou passif de l'image du corps »[9]. L'image du corps est la mémoire inconsciente de notre vécu relationnel. C'est par elle que nous entrons en communication et en *contact* avec autrui, à la croisée du temps du désir et de l'espace d'un corps relationnel, naissant de l'intimité des paroles et des phonèmes accompagnant les contacts perçus par le corps de l'enfant nommé. Lieu de représentation des pulsions, l'image du corps nous pousse à l'Autre, témoin vivant de l'Autre, par la médiation d'objets partiels sensoriellement signifiés.

Le massage de l'enfant sur la totalité de la surface tégumentaire, tel qu'il est pratiqué en Inde ou en Afrique, lui assure et lui procure un environnement humain et émotionnel d'adoption de son être filié dans une sécurité où il peut s'épanouir. Parce que les mains parlent la langue des ancêtres, celle de la transmission, et qu'elles ne s'adonnent pas à la seule satisfaction de la jouissance des deux corps. Le corps maternel et le corps de l'enfant sont distingués par la tonicité des actes, et leur justesse les renvoie à un ailleurs symbolique. Une amie ethnologue épouse un Africain[10]. Ils ont des enfants dont deux jumelles qui lui paraissent un peu fragiles. Il veut lui montrer comment les masser. Il le fait. Elle dit avoir eu peur que, dans les grandes paumes de son compagnon, la petite ne fut brisée, par l'apparente rudesse des gestes et la fermeté du contact. Mais la petite fille n'était nullement inquiète. Tout au contraire, elle se reposait dans les bras de son père, forts et vigoureux. Un tel massage, ici paternel, est du symbole à cœur de mains, du symbole à fleur de peau. Il est ouvert à la transmission, à l'Autre. Corps massé relayé par le portage en proximité de corps de

9. F. Dolto, *L'image inconsciente du corps*, Le Seuil, 1984, p. 22.
10. Mamadou Diallo, conteur, mort d'une crise cardiaque foudroyante le mardi 15 octobre 1996 à Albi. Pensées aux siens.

mère, peau à peau, où l'enfant se nourrit de la chaleur de la peau maternelle autant que du lait de ses seins. Dans le massage, il y a transfert d'Autre par les mains, repos dans les bras de la génération. Le regard est à l'écoute, comme des yeux clos sur l'ouverture du désirant dans la main de l'Autre, « la paume ouverte, comme le pavillon de l'oreille » (Ghislaine Dunant).

André du Bouchet le dit, avec l'assurance et le devancement toujours des poètes. « *Ici en deux*. La faille est en chacun d'eux : le monde et la langue, le fils et le père, *charnière de l'étendue* qu'un vide articule, *clarté plus proche de soi que la main, poignée de vide aux sources* »[11]. Tout ceci qui ouvre à la dimension du *site*. Ici en deux pose que les deux en présence ne sont pas clos sur eux-mêmes, mais ouverts, offerts au lieu, au site de leur être-là. Ici en deux, cela fait deux sujets, leur lieu et leur rapport. Ici en deux nous enjoint à compter jusqu'au quatre. Ce point de nous deux ouvert à l'Autre, tout discours le dira vide — ou clos –, alors qu'il se révèle solidaire de l'être-là, à l'épaisseur où nous demeurons, main retirée, « mais j'ai voulu réduire l'étendue qui sépare ma parole de ma main » (*Peinture*). Tessiture tactile.

La peau, variable de tonalité, de texture et de velouté selon les corps et selon les lieux du même corps est une subtile trame trouée de différence. Chemin de la caresse. Mer des sillages. Terre de labour. La peau n'est pas un sens unique. La peau n'est pas à sens unique.

L'étoffe affecte notre intimité, touche notre corps, au plus intime, aux muqueuses même[12]. Elle porte avec elle l'odeur du corps. Elle emporte en ses fibres les fragments de chair ou de peau : pansements, protections périodiques, coton démaquillant, linge de toilette. L'étoffe est parure du nouveau-né, vêture du cadavre. Cela se dit habiller les morts. Les muqueuses, boutonnières du corps, s'ourlent dans la trame de nos relations, dans le tissu de nos rencontres. Le placenta perdu, cette masse de velours, est livrée à la caducité. Le cordon devient la part séchée des premiers agrippements in utéro. Dans l'eau des mers amniotiques, la main de l'enfant est mobile, ses doigts actifs. Il serre le cordon qui bat, se met un doigt dans la bouche. Les lèvres, organes tactiles, remuent, s'ouvrent et se ferment, laissent entrer le liquide.

Voilure de la peau. Vêtement bigarré de couches et de recouches, de touches et de retouches. Cicatrices des traumas, ourlure des pulsions, disparité des élans, la peau ondoie comme une écorce, une soie grège, un satin patiné. Tant de possibles.

Le tissage symbolique est une liaison des fils où s'unissent, par entrecroisement, la trame corporelle et la chaîne des mots. A même la peau se tressent nos histoires, qui parfois s'y pressent et s'y bousculent en papules et arcs-en-ciel de couleurs, annonçant la pluie du symptôme dans le ciel de la vie. L'enla-

---

11. In *L'incohérence*, Hachette, 1979.
12. Une publicité pour les Jeans disait : « Le diable à fleur de peau. La peau de notre peau ».

cement des mots (*texare* veut dire organiser des liens) ourdit la trame de la vie, sous-tend le tissulaire. Ne dit-on pas un tissu musculaire, ligamentaire, osseux, conjonctif, nerveux, social, urbain, et aussi un tissu de mensonges. Et quand nous ne supportons plus ce que nous entendons sur la scène du fantasme ou de la vie, nous nous écrions : « Rideau ! ». Et c'est la levée ou la chute d'un écran. De quoi est constitué le rideau ? De rides, comme la peau d'un front ! Mais nous n'épuiserons pas ce fil. Revenons à l'étoffe.

Serait-elle une seconde peau ou un lieu d'inscription de la jouissance, quand il s'agit de la soie, tel que le rapporte le vieux Clérambault, du temps où il était psychiatre à l'Infirmerie spéciale du Dépôt ? Qui entend-il ? Des femmes internées pour vol de soie, et leur discours qu'il consigne avec soin. « Le contact de la soie est bien supérieur à la vue ; mais le *froissement* de la soie est encore supérieur, il vous excite, vous vous sentez mouillée ; aucune jouissance sexuelle n'égale pour moi celle-là », dit l'une d'elles[13]. Leur passion, leur acte et leur jouissance s'investissent dans le vol de soie, dans la palpation de celle-ci. « Les sensations épidermiques sont nécessaires et décisives »[14]. Les qualités tactiles de la soie — Clérambault parle d'*aptophilie* (aimer toucher) — amènent à l'orgasme, dans un frôlement sans froissement, et dans la passivité du contact, pour certaines. Ce mot soie procure à l'une des sensations sexuelles, la touche sexuellement, car « la soie a un froufrou, un cricri qui me fait jouir », dit-elle. Ce n'est pas seulement le contact, mais la friction et le cri. La soie crie. La femme jouit. La soie crie. Une femme j'ouit. Qui s'y frotte, s'y mouille et s'y enflamme. Cet ajout de cri et de crissement de la soie révèle à ces femmes que, dans la masturbation, on est pas à soi seule suffisante. Il y faut ce bout de réel tactilo-auditif. Prise par la soie, le premier amant vrai. Un amour de soie. Les étoffes, là, sont vivantes. Outre la ressemblance de la soie et de la peau, les étoffes *se font* voir, entendre et toucher. Elles crient. Elles crissent. Elles jouissent.

La rencontre avec l'étoffe du fantasme est une expérience sensorielle et textuelle. La trame de cette expérience, c'est que le langage est à la base de tout tissage, tressage qu'il est et de toute écriture, avec ses rythmes et intervalles. « Cette proximité de l'étoffe et de l'écriture ne se comprend que par la place de la peau comme modèle commun à chacune », écrit Serge Tisseron[15]. Ceci nous conduit à deux voies : le tatouage et la toile. Yolande Tisseron compare la peau d'une mère à une surface sensible et à une pellicule photographique où se *graverait* l'impression de l'enfant, *prise* qu'elle est entre la mère qu'elle a et la mère qu'elle est[16].

---

13. In *La passion des étoffes*, Solin, 1981, p. 30. Souligné par moi.
14. *Ibid.*, p. 33.
15. In *L'érotisme du toucher des étoffes*, Archimbaud, 1987, p. 16.
16. *Ibid*, p. 26 sq.

Quand l'homme ne peut broder ses vêtements, il brode sa peau écrivait Théophile Gautier.

Le tatouage

Le tatouage est sur la peau comme une impression sur un tissu en un espace le plus souvent délimité. Par quel investissement ? Il y va de se faire une autre peau par l'intermédiaire d'un tiers, le tatoueur, le scribe tatoueur d'aiguilles à encre. C'est aussi se placer dans la lignée des tatoués (pas tout le monde) et dans une appartenance et une singularité : être tatoué et d'un tatouage particulier, si possible unique. Peau, ocelles, vêtements ocelés. Main sûre et composition des couleurs. Le tatouage a trait aux signifiants de quelqu'un et fait signe aux autres. « Regarde, là, j'ai souffert ». Comme le disait Joss, un tatoueur lyonnais, dans *Le Progrès* du 27 septembre 1980 : « Après cette opération, les rapports entre cette personne et moi ne seront plus les mêmes, *il y aura eu cette souffrance consentie entre nous* ». A celui qui veut avoir la connaissance de l'art qu'il voit sur le visage des ancêtres Maori, ceux-ci répondent : « C'est douloureux ». Chez eux, des chants accompagnent le tatouage pour en faire supporter la douleur, et rappeler au tatoué sa *dette* envers l'opérateur.

La souffrance consentie, dans le futur antérieur de ce qu'il y aura eu, dit le temps inaltérable du tatouage et de la rencontre, ainsi que l'émergence d'un autre lieu par transfert de souffrance entre deux. Et ajoute Joss : « Un tatouage, on l'a pour toujours *dans* la peau ; c'est une mémoire illustrée, un engagement irréfutable ». Pour Tony Leanza, la peau possède une éternité que n'a pas une toile, au point que le tatouage nous suivra dans l'au-delà. Cette durabilité de l'encrage va de pair avec le fait de s'en remettre aux mains du tatoueur, et plus encore de s'adonner aux noms de la personne et du lieu. On dira par exemple qu'on s'est fait piquer par Tom le Généreux de chez Rising Phœnix (Studio) à Saint-Cloud, Minnesota ou par Reno de Liquid Skin Tattoo de Wilmington, Caroline du Nord. Jean-Jacques Rousseau mit en exergue des *Confessions* : « *Intus, et in cute* », intérieurement et *sous* la peau. De fait, sa chair palpite dans le texte, comme le revêtement d'une étoffe. L'entaille, le tatouage, la scarification incarnent dans le corps « l'organe irréel » de la libido (Lacan). Les pièces des tatouages confèrent souvent à la surface du corps encrée une structure d'enroulement ou la figure d'une illustration. Elles ont la fonction de situer le sujet pour l'Autre, marquant sa place dans les relations de groupes « entre chacun et tous les autres », non sans portée érotique. Cependant, la présentation du tatouage, dans les conventions notamment ou pour la photographie, n'est pas le nu. Le vêtement est découpé, sur la cuisse par exemple, pour laisser voir et présenter le tatouage.

Sur la plage ouverte du corps, sable de la chair, page offerte ou palimpseste, s'écrivent, de l'encre du désir et de la plume des mots, des paroles à lire. La chair du mot prend vie dans la calligraphie du désir, lieu interstitiel où résonne le chant sacré de la musique des sons. Dans un mouvement de l'âme prenant à même la matière, le corps et la surface, cristal du corps linguistique, se révèlent à nous par l'entremise de la main, nourricière de symbole. « La main qui écrit va droit et en spirale. Son chemin est un et le même » dit Héraclite. Chemin que fraie le désir dans notre inaptitude à dire adéquatement notre corps avec des mots. Ce qui s'écrit au corps fait énigme ou mystère. Ce sont des formules, disposées à la faveur et à la mesure d'un rythme, à la grâce *du* rythme.

Le geste calligraphié se concentre en une ligne-point, en un signe déposé dont le mouvement est l'espace giratoire de notre effacement (Khatibi). Mais cette ligne-point est un trait qui signe la « pointe du désir » (Lacan), la prise du discours de l'inconscient. Le geste porté au graphe rend à la lettre son âme musicale. Le tatouage alors se fait mouvance du geste, sur fond d'ineffaçable. Indélébile, théoriquement du moins. Fission de la phorie et de la graphie, il nous porte à méditer sur la mort. Il est impérissable sur la peau, surface pourtant propice à la régénération, à l'effacement donc, car il se grave dans le derme.

La scarification consiste en une incision destinée à produire une cicatrice durable et visible, servant de marquage rituel. En médecine, elle est une incision superficielle de la peau par un vaccinostyle pour certaines vaccinations. On retrouve dans l'étymologie du mot le lien à l'écriture, car le *scariphos* grec est la pointe, le style, le poinçon dont on se servait pour trouer ou dessiner ; le trait, le linéament tracé ; l'esquisse, l'ébauche. C'est enfin un terme agricole consistant à détruire la cohésion d'un sol ou le revêtement d'une chaussée par un labour, un binage, afin d'ameublir superficiellement un sol durci. L'opération apparente le derme de la terre (écorce terrestre) à celui de la peau.

Je pense à la libellule de Tatiana. Cette jeune femme s'est fait tatouer sur l'épaule gauche le motif de cet insecte de l'ordre des adonates appelé parfois demoiselle. La bestiole tracée à même le corps possède les quatre ailes de sa constitution naturelle, celles qui assurent à la libellule sa grâce et son assise. La scission de l'insecte est accusée par le lieu du corps de la jeune coiffeuse où celui-ci est dessiné. Lieu du corps appréhendé par l'inversion propre au miroir (image spéculaire) : chez le coiffeur, on se parle par image interposée. Vous vous parlez vous regardant dans la glace. Visible seulement avec des vêtements d'été, ce corps de la libellule est lui-même divisé par les bretelles du soutien-gorge et de la robe qui lui tiennent lieu de corps. Ce tracé vestimentaire joue comme *libellus*, petit livre où s'écrit la mémoire du corps et comme *libella*, le niveau de constance que l'insecte est supposé garder dans son vol. La vibration géométrique du vol plané s'oppose au diamant fiché dans l'aile du nez de la jeune femme. Ce qui frappe, dans le mouvement des ailes de cet insecte, c'est *son rythme*, non étranger au mouvement du respir à même les ailes du nez de Tatiana. Ce lien du rythme porté par la peau tatouée de libellule, insecte agile, et du souffle me semble soutenir la captation possible du regard par ravissement. Quand, chez le coiffeur, on se parle d'image à image, la jeune femme court le risque d'être délaissée, abandonnée à l'image ou emportée par l'envol de la demoiselle, la tête et le corps de celle-ci étant biffés par le tissu, dans un donné à voir qui pourrait mettre en avant, visible, le retrait de la jeune femme, comme des ailes détachées du corps qui battraient à vide sur les aires de la peau. Le risque subjectif étant une captation par une image sensorielle et la disparition du visage, ce qui est désolation. Du reste, la jeune apprentie n'était plus au salon à la rentrée. Elle avait abandonné la coiffure et mis les voiles.

Avec Abdelkébir Khatibi, retenons le mot de *tissu* pour désigner cet ensemble de composition de la matière, l'idée d'un espace rythmé et la notion d'écriture. Le tissage d'un tapis en est l'exemple le plus parlant quand on y dépose un objet sans prix, porteur du manque constitutif de l'humanité vivante. De quoi il s'agit ? Au Maghreb[17], selon L. Golvin, *on dit* que le tapis arabe doit comporter un défaut qui serait la marque propre de l'artisan qui le confectionne. Ceci pose la référence à une non-perfection volontairement inscrite dans le tissage, comme signe de l'humanité dans le rapport aux autres (le tapis de l'accueil) et à l'Autre (le tapis de prière), dans l'adresse à Dieu. En Tunisie, le défaut porte sur la couleur, car « Dieu seul fait des œuvres parfaites ». Voilà. Deux termes alternent (perfection/non-perfection) dans la référence à un tiers terme unique : Dieu fondant le principe de la division parfait/non parfait. La structure du symbole est agie dans les œuvres humaines à même la matière.

Revenons chez le coiffeur. La libellule est toujours là, montrée sur l'épaule de Tatiana, terre non pas d'envol, mais plage d'écriture, sillon du désir, vêtement écrit à même la peau. L'homme écrit sur le corps de la matière comme il laboure le derme de la terre. Coller son corps nu sur la terre ou le sable, c'est retrouver l'intimité d'un contact peau à peau, corps à corps avec deux corps distincts : le sol dermique de notre chair et la chair vivante de la terre, aux vibrations profondes et aux rythmes chtoniens. S'immerger dans la mer est un acte d'autre nature.

La libellule de Tatiana est un tatouage, un tapis et un bijou (qu'elle porte en abondance). Elle implique trois registres : la lettre, écrite sur l'épaule, le graphique, en forme de dessin d'insecte, et le musical, grâce de la lettre et du graphique, relayé par le son de la libellule voletant au-dessus des étangs et des

17. Cité par P. Legendre, *L'inestimable objet de la transmission,* Fayard, 1985, pp. 40-41.

prairies : *celle qui vole*. Le nom de décor pour l'épaule en arabe est *yawwâna* : celle qui nage[18].

La toile

Cette invite du corporel et du langagier tisse la « *toile sensitive* » (Jean de la Croix). « Brise la toile de ce rencontre heureux »[19]. Cette toile, dit Claude Rabant, est tout ce qui reste *entre* la satisfaction et la pulsion de mort. La toile d'araignée peut illustrer le lien de l'écriture au réel (« ça qui retient les corps invisiblement »), noué fragilement au point de décollement que l'amour effectue. La toile sensitive subsiste au-delà de la toile des objets (les créatures) et des opérations (cognitives et affectives). Elle demande à se rompre dans l'amour et cependant nous tient au-dessus de l'abîme. On l'appelle toile fort déliée, comme le rappelle David : « Nos ans seront estimés comme l'araignée ». Et Jacques Lacan reprend le fil de « ce qui, dans la nature, paraît le plus se rapprocher de cette réduction aux dimensions de surface qu'exige l'écrit, et dont déjà s'émerveillait Spinoza — ce travail de texte qui sort du ventre de l'araignée, sa toile »[20]. C'est une fonction miraculeuse que d'un ventre sorte la trace d'écrits où l'on peut saisir les points d'impasse « qui montrent le réel accédant au symbolique ». Il y va d'un enjeu d'écriture (mathématique) où se constitue un support allant au-delà de la parole, sans sortir des effets du langage. A peine deux ans plus tard, Jacques Lacan dira : « Tout l'abord du réel est pour nous *tissé* par le nombre »[21]. Et il ajoute qu'il convient de procéder tel que l'enseigne Descartes dans *Les Règles pour la direction de l'esprit* : ne pas commencer par les choses les plus difficiles, mais « approfondir tout d'abord les arts les moins importants et les plus simples, ceux surtout où l'ordre règne davantage comme ceux des artisans qui font de la toile et des tapis, ou ceux des femmes qui brodent ou font de la dentelle, ainsi que toutes les combinaisons des nombres ». On se familiarise à la théorie des nœuds avec les mains. C'est dans la toile la plus obscure que le réel accède au symbolique, là où paraît l'Autre et défaille le corps. La topologie restitue ce que l'on doit au tissage : voisinage et consistance. Mais cela ne tient qu'à un fil. Freud y attachait son métier à tisser, la psychanalyse, quand il nous raconte que c'est aux femmes que l'on doit l'invention du tressage et du tissage. La pilosité pubienne donne matière à la métaphore en faisant adhérer les unes aux autres les fibres qui, sur le corps, étaient plantées dans la peau et seulement emmêlées[22]. La main attrape ce qui tombe à sa portée. Sans pour autant que cela soit rasoir ou désopilant ! C'est selon.

---

18. A. Khatibi, *La blessure du nom propre,* Denoël, 1986, p. 115.
19. Cité par C. Rabant, *Patio*, n° 9, 1987, p 19.
20. In *Encore*, Le Seuil, 1975, p. 86.
21. In *Ornicar ?*, n° 3, mai 1975, p. 97.
22. *Nouvelles conférences d'introduction à la psychanalyse*, Gallimard, 1984, pp. 177-178.

Peau et pulsion

« Oui ou non, avons-nous un corps, c'est-à-dire non pas un objet de pensée permanent, mais une chair qui souffre quand elle est blessée, des mains qui touchent ? »
Maurice Merleau-Ponty

La nécessité de l'un à porter la main sur l'autre obture dans leur contact, qui n'est pas alors un toucher, ce qui fonde le tact dans le toucher. Il y manque véritablement la castration du toucher, qui n'est pas un ne pas toucher, mais un toucher castré de l'envie de garder pour soi l'être de l'autre et de prendre jouissance à une telle prise de main. Comme tout sens, avec la part de pulsion qui s'y livre, le toucher peut être main-mise sur l'autre, alors objet de cette pulsion de préhension. La peau se délimite en « zone érogène » que la pulsion isole des fonctions des couches dermiques en tant qu'elle est animée de coupures dont le trait anatomique est marge au bord circonscrit par les *pores*. Ce n'est pas seulement que la surface tégumentaire soit une zone érogène, mais plutôt qu'elle forme, avec ses disparités selon les lieux du corps et ses contiguïtés d'ouvertures et de muqueuses, un ensemble de zones potentiellement érogènes, en fonction du rapport à un objet supporté par un autre. Les pores, autant de trous (poreux), d'endroits où l'on peut passer, d'issues et d'ouvertures. Au figuré, *poros*, c'est le gain. Le pore est aussi un interstice et l'orifice d'une glande, notamment sudoripare pour ce qui est de l'épiderme. Par tous les pores de sa peau signifie de tout son être.

Pour S. Freud[23], une certaine quantité d'attouchements est indispensable à l'être humain « pour atteindre le but sexuel normal ». Le contact de la peau de l'autre (objet sexuel) engendre des sensations de plaisir et un afflux d'excitations nouvelles. Nous entrons ainsi dans le contact avec l'autre par la médiation de la dimension pulsionnelle, faite de plaisir et d'excitations. Dans le rapport initial à l'autre, la peau est chargée. Plaisir et excitations existent dès avant la naissance. Freud n'en parle pas à ma connaissance, mais l'hypothèse d'une libido fœtale est plus que plausible, à la condition de respecter la particularité de la vie intra-utérine d'un bébé non encore né.

Les attouchements du corps entrent ensuite dans les préliminaires de la relation sexuelle. Et Freud dit que la vie dérive « en dernière ligne, du toucher »[24]. Il y a dans le contact visuel une forme de toucher, ce que la langue soutient dans la métaphore même du contact dont nous avons, entre autres, pour les lentilles cornéennes, l'expression « verres de contact ». Le toucher a quelque

23. *Trois essais sur la théorie sexuelle*, Gallimard, 1987, p. 66 Sq.
24. *Ibid.* p. 66.

chose de basal. Le son touche le sens auditif. Goûter un aliment, c'est le toucher de la bouche et des papilles « dégustatives » comme le dirait Jane Birkin.

Là où l'œil correspond à la zone érogène concernée dans le plaisir de regarder et de s'exhiber, c'est la peau qui tient ce rôle dans les composantes de la pulsion sexuelle que sont la douleur et la cruauté. « La peau, ajoute Freud, qui, en certains endroits du corps, s'est différenciée en organes des sens et s'est transformée en muqueuse, autrement dit, la zone érogène κατἔξοχήν »[25] par excellence. A. Moll, indique Freud en note, voyait dès 1898 dans la pulsion de « *contrectation* », qu'il oppose à celle de détumescence, un besoin de contact, physique et mental, avec autrui. Freud se demande plus tard pourquoi l'évitement du toucher, du contact et de la contamination joue un aussi grand rôle dans la névrose[26]. Il répond que le toucher corporel est le but premier de l'investissement d'objet, aussi bien agressif que tendre. « L'Eros veut le toucher car il aspire à l'union, à la suppression des frontières entre moi et l'objet aimé »[27]. Il peut viser la destruction en portant la main sur autrui, par arme interposée le cas échéant. La connotation sexuelle du toucher fait son lit et son nid de l'envie de toucher l'autre sur le mode érotique, d'où le retrait comme suppression du contact dans l'inhibition et l'isolation, « moyen de soustraire une chose à toute espèce de toucher », en ne laissant pas les pensées refoulées « se toucher associativement avec d'autres ». C'est dire que, cliniquement, dans la névrose obsessionnelle notamment, le toucher ne concerne pas seulement le rapport au corps de l'autre, mais aussi le rapport des pensées entre elles. C'est la pensée du toucher qui est inhibée et partant, le contact lui-même, par refoulement de la tendance érotique incluse dans l'envie de toucher (plaisir refoulé).

C'est à partir du contact de succion, et du suçotement qui s'ensuit (sans finalité alimentaire), que Freud précise les caractéristiques d'une zone érogène. « C'est un endroit de la peau ou des muqueuses dans lequel des stimulations d'un certain type suscitent une sensation de plaisir d'une qualité déterminée » écrit-il[28]. Je laisse de côté la vague et rigoureuse précision de cette citation pour retenir « que *n'importe quel autre endroit* de la peau ou des muqueuses peut servir de zone érogène et doit par conséquent posséder une aptitude à cela »[29]. Et Freud d'ajouter en 1938 dans *L'abrégé de psychanalyse* : « A proprement parler, le corps tout entier est une zone érogène »[30]. Certes, mais à la condition de lui garder sa détermination d'érogène dans le rapport à l'autre et dans le fait

25. S. Freud, *op. cit.*, p. 85.
26. S. Freud, *Inhibition, symptôme, angoisse*, 1926, *Œuvres Complètes*, t. XVII, PUF, 1992, p. 239.
27. *Ibid.* p. 239.
28. *Trois essais*, p. 107.
29. *Ibid.* p. 108.
30. p. 11.

d'une coupure qui a forme de marge ou de bord, les pores et les muqueuses pour ce qui nous concerne avec la peau.

La stimulation douloureuse de l'épiderme fessier, rencontrée dans les *Confessions* de Jean-Jacques Rousseau, serait connue comme l'une des racines érogènes de la pulsion passive de cruauté. Ce qui n'est pas sans souligner le rapport étroit des mains et de leur activité dans la cruauté exercée à l'endroit [du corps] de l'autre mis en souffrance par nos soins et l'impression qu'elle laisse. Rousseau parle ainsi de la fessée, correction qu'avant de l'avoir reçue, il redoutait plus que la mort et pour laquelle, après, il avait davantage de penchant à la désirer qu'à la craindre. Pareil désir suffit à faire cesser cette activité à Mademoiselle Lambercier pour l'espace de transfert qu'elle avait introduit. Rousseau écrit : « Ce châtiment m'affectionna davantage encore à celle qui me l'avait imposé. Il fallait même toute la vérité de cette affection et toute ma douceur naturelle pour m'empêcher de chercher le retour du même traitement en le méritant ; car j'avais trouvé dans la douleur, dans la honte même, un mélange de sensualité qui m'avait laissé plus de désir que de crainte de l'éprouver derechef par la même main »[31].

Sens et différence

« Babel du bric-à-brac, qui en la langue spécifique de chacun des sens lui parle à tort et à travers, en odeurs, en sons, en frottements, en fourmillements et en lueurs qui ne sont pas là pour lui ».
Henri Michaux

Par les sens, et leur substrat neuro-physiologique, ce qui est au dehors vient au dedans du corps, s'y *infiltre*, selon des modalités dévolues au corps par le langage, modalités qui ne sont pas sans correspondances avec la chair du monde (Merleau-Ponty). Ces modalités *inscrivent*, physiquement et psychiquement, des traces de perception en relation d'exclusion avec la mémoire (Freud).

Chaque sens possède une particularité qui ordonne une forme d'usage et de sensation spécifique. On peut s'interroger sur ces particularités, leurs agencements et leurs montages propres, ainsi que sur leur articulation et sur leur ordonnancement. Qu'est-ce qui ordonne la diversité des sens et recueille ce qui assure leur unité pour le corps d'un sujet ? De quelle ouverture métaphorique procèdent chaque sens et son lien avec les autres sens ? Question difficile à formuler et réponse délicate à étayer en psychanalyse, où le champ est saturé de scopique. Le terme même *d'image* a une prégnance visuelle, alors que nous pouvons l'étendre à d'autres domaines comme celui d'image respiratoire, gus-

---

31. In *Les Confessions,* Garnier, 1964, Livre 1er, p. 15.

tative, olfactive, auditive, tactile, autant de lieux possibles d'inscription de troubles hallucinatoires.

Les sens opèrent dans les expressions de la langue sur le double plan métonymique et métaphorique. L'organe sensoriel est le lieu d'inscription des oscillations métaphoro-métonymiques, avec des distorsions possibles. Dire d'un goûteur qu'il est un nez (parfumerie), que mon chien a du nez (de l'odorat), que je viens de mettre le nez à la fenêtre ou que ça se voit comme le nez au milieu de la figure n'est pas sans évoquer, de façon sous-jacente au nez à nez, la figure du visage, du face à face. Si on peut voir et entendre comme on touche, c'est qu'il est en chaque sens une métaphore du contact. Les ondes vibratoires, les particules moléculaires, etc., *touchent* un organe sensoriel à même de les recevoir pour qu'il opère. Et la Comtesse de Noailles peut écrire : « La forêt, les étangs et les plaines fécondes ont plus touché mes yeux que les regards. Je me suis appuyée à la beauté du monde et j'ai tenu l'odeur des saisons dans mes mains »[32]. La vertu des métaphores sensorielles trouve son extension et son expansion dans le maniement de subtiles et intimes correspondances : l'image rendant la chose au langage. Cézanne par exemple cherchait à rendre visuelle, par la peinture de la toile, « l'odeur toute bleue des pins ».

Ce qui frappe dans la comparaison des sens et dans le relevé de la cartographie sensorielle, c'est combien se fait une résistance à leur mise en parallèle, une impossibilité de faire des sens un sens unique et un tout. Dans l'articulation de leur mise en série, on aura pour substantif de l'organe : l'œil, les papilles, le nez, la peau, l'oreille ; pour sens : la vue, le goût, l'odorat, le toucher, l'ouïe ; pour verbe : voir, goûter, sentir (odorer), toucher, ouïr (entendre) ; pour adjectif : visuel, gustatif, olfactif, tactile, auditif, mais pour fonction à la série vision, gustation, olfaction, audition, convient-il d'ajouter palpation ? Certes non. Surgit là une rupture. Du reste, le tact est-il au toucher ce que le regard est à la vue ? Il conviendrait alors de traîter le tact comme objet de la pulsion tactile. Comment l'articuler à la pulsion invocante ? Palper n'est-ce pas déjà toucher d'une certaine manière ? Des jeux d'opposition s'opèrent au sein des sens. Prenons le goût. Nous y trouvons l'attrait et le dégoût, l'aversion, la ré-pulsion ; la gustation (perception des saveurs) et la dégustation ; goûter et déguster, apprécier par le goût les qualités d'un met et subir de mauvais traitements. Dérouiller en quelque sorte.

De même, un trait de coupure issu de l'anatomie anime chaque sens et la potentialité de son objet : la fente palpébrale pour l'œil et le regard ; le cornet de l'oreille pour l'ouïe ; l'arbre pulmonaire pour le nez et l'air ; le palais, enclos des dents, pour le goût ; les pores de la peau pour le tact et le toucher.

Qu'est-ce qui se perd au fonctionnement de chaque sens ? Quel trait partiel est à l'œuvre ? Qu'est-ce que je perds quand je vois, quand je sens, quand

---

32. E. Lévinas, *op. cit.*, p. 21, note 1.

je palpe, quand j'entends, quand je goûte ? Constat d'évidence : quand Lacan dresse une liste des objets (*a*) : regard, sein, scybale, voix... rien, celle-ci ne correspond pas à l'inventaire des sens. Il n'y a nul recoupement des termes avec les sens, ni regroupement exhaustif, mais juste une liste pour serrer les éléments de structure à leur mise obligée. La célébration des neuf portes du corps (Apollinaire) ne fait pas état de la peau de l'aimée, peau trop une et trop multiple en portes.

Comment se constitue l'objet humain ? Pas avec de la seule matière, mais avec du symbole. Celui-ci subtilise la substance pour la ravir de désir et de parole, établir des circuits longs. Si les corps ont la propriété de l'étendue, ils ont aussi le mouvement (Descartes). L'être corporel de l'homme déploie l'espace et le langage sur une aire de proximité et de « prochaineté », à distance de voix, à main vide. Les sens sont des organes, c'est-à-dire des instruments de l'altérité portés à même le corps du sujet dans son errance. Ils vont avec lui et l'exposent à la rencontre de l'autre, l'exposent à *ce qui ne va pas avec*.

Avec le toucher, « paradigme du réel » (François Marty), c'est la fonction du contact qui s'accomplit. Il faut saisir l'objet pour le porter au nez ou à la bouche. Les rites d'engagement comportent souvent l'intervention de la main. « Toucher est le signe irrécusable de l'existence d'une chose... gage du fond de la réalité humaine » écrit F. Marty[33]. « Si tu sais que c'est là une main, alors nous t'accordons tout le reste » est la première phrase du *De la certitude* de Ludwig Wittgenstein.

Nous perdons le toucher comme objet d'identification pour donner la main à l'autre. Voix et toucher sont comme des bords entre chair et parole, dans le nom réunis. Dans le toucher de l'autre, quand surgit la parole, une voix issue du contact avec l'Autre se fait entendre, re-visitant la chair. Il y a toucher quand la chair de l'autre — non abstraite — est dans le contact psycho-tactile, visitée par ce qui parle en chacun des deux et entre eux d'eux. La parole est donnée à qui y risque son être incarné. Une telle simplicité a pour nom : rendez-vous avec la parole, appartenance au nom.

« Quel que sera le contact
qu'éprouve sa peau,
l'adepte devra le reconnaître
comme étant son âme :
ainsi fixera sur son âme
l'attention de ses facultés sensorielles »
célèbre la Yogatattva Upanishad après avoir passé en revue les cinq sens.

L'intrication sensorielle fait jouer les accords et les correspondances au sein du corps par l'usage de fonctionnements physiologiques distincts et le re-

33. In *La bénédiction de Babel*, Cerf, 1990, p. 146

cours aux métaphores dans la langue. Il faudrait reprendre les bases de l'anatomophysiologie des sens pour en saisir les ramifications engagées dans la sphère du langage et celles dont la langue use pour les dire. Premier le langage qui puise ses formules dans la texture du corps. Notre façon de parler, humainement subjective, ne saurait être étrangère, singulièrement et universellement, à la façon dont les choses s'organisent dans notre corps d'humain. Les sens, entre autres organes, ourdissent une texture, un texte à lire où s'entrelacent la réception du dehors et les projections du dedans aux fins d'une effectivité. Chaque sens est « vue » singulière sur le monde qu'il permet au sujet de se forger. Chaque sens en appelle aux autres sens, à leur différence et à leur rassemblement dans une entité qui ne soit pas une totalité, mais l'*unité* de leur différence même. Différence qui ne peut être sans Autre. Les sens, de structure, en appellent à une altérité reposant sur la multiplicité des sens et sur l'unité du corps rassemblées dans le nom du sujet.

Chaque sens a ses vertus et ses fonctions propres. Chaque sens est une modalité particulière d'inscription du symbolique. Si ça parle, par la médiation de la sensorialité, c'est que la parole est à l'œuvre dans ces vecteurs du langage que sont les sens. Car un sens strictement ne parle pas. Les sens épousent la complexité du corps de l'être parlant. Ils sont les représentants de cette diversité et de ces manières. Ils ont à être saisis, castration, de limitation quant au mouvement qui les porte au totalitarisme de leur être. Ils ont à être ordonnés, castration derechef, à l'ensemble de leur concert et à l'instance tierce qui les soutient. Il n'y a pas de monde perçu sensoriellement par un être humain s'il n'est d'abord né comme être parlant, c'est-à-dire si, par la demande dont résonne son cri, il n'a rencontré un Autre. Voilà où nous mènent les sens et ce dès le sein maternel, à la considération et à la rencontre d'une présence.

Architecture sensorielle et image du corps

> *« Et le squelette n'est pas d'os mais de peau, comme un derme qui marcherait. Et l'on marche de l'équinoxe au solstice, bouclant soi-même son humanité ».*
> Antonin Artaud

Les sensations de l'enfant dans le sein sont plus variées que les sens. Elles sont serties de la houle et du roulis maternels dans les eaux de gésine. Le bébé perçoit une foule de sensations, du moins il les reçoit. Y réagit. L'aube des sens est l'aube de la vie qui s'étire. Sous le « pays peaucier de la chair » (Chantal Chawaf), l'enfant croît dans les eaux de la confiance, dans le « rythme organique » des générations, les sens en éveil de présence Autre. De l'ectoderme partent les sens. Primeur du sens : la peau.

Le fœtus est capable de perceptions, car les organes de réception sont présents in utéro et l'essentiel de leurs structures s'établit entre le deuxième et le tième mois de gestation, selon un ordre caractéristique des verté-e cutané, olfactif, gustatif, vestibulaire (équilibration), auditif et visuel. Un environnement sensoriel postnatal riche de stimulations et de présence entraîne une augmentation d'épaisseur du cortex cérébral. Il y a donc un dialogue entre les structures corporelles (anatomophysiologiques) et le milieu où les mouvements du fœtus, et plus tard ceux de l'enfant, évoluent. Que l'on songe à la stimulation que sont, sur le corps de l'embryon, la pression, le rythme, les heurts dans le liquide amniotique avec lequel sont en présence les organes des sens. L'usage des sens confronte à la perte de la totalité. Difficile de « faire fonctionner » une attention aux cinq sens en même temps. Doit-on pour autant postuler un sixième sens nommé intuition ? Difficile de ne pas considérer les sensations comme plus larges que ce que procurent les organes des sens. Par exemple, l'équilibre engage une pluralité d'éléments pour être acquis.

L'image du corps est le lieu de la représentation inconsciente des sensations issues des sources pulsionnelles, dont le schéma corporel est l'expression. En matière de sensation, il n'y a pas seulement le fonctionnement complexe des nerfs sensitifs, des récepteurs ou des relais corticaux entretenus par des milliards de cellules, mais également *représentation*, sur la scène psychique inconsciente, du représentant pulsionnel issu de la sensation, dont la peau est le modèle par excellence (Freud). Il ne suffit pas d'avoir l'usage des sens-organes pour sentir, mais il convient que des paroles soient dites pour que l'image du corps structure le symbolisme relationnel de l'enfant et que les mots prennent littéralement corps pour lui dans une relation. Le *prénom* en tant qu'élément du langage trouve là une place de choix. Il est lié au corps et à l'autre qui le lui donne et l'en appelle, structurant ainsi les images du corps par le bain dans lequel cet autre plonge le sensorium du bébé. Tressage.

L'image du corps a aussi partie liée au *fantasme* comme *mémorisation* sensorielle, baresthésique[34] et cinesthésique des perceptions vécues comme langage de désir du sujet en relation d'autre, perceptions accompagnant notamment les sensations de tension et d'apaisement liées à la satisfaction des besoins vitaux.

L'image du corps de base, fonctionnelle et érogène, dans la définition qu'en donne Françoise Dolto, désigne *l'image ou plutôt le substrat dynamique* de la métaphore subjective des pulsions de vie (actives et passives), « qui, sourcées dans l'être biologique, sont continûment tendues par le désir du sujet de communiquer avec un autre sujet, à l'aide d'un objet partiel *sensoriellement* signifié »[35]. Ce dernier terme amène à la castration symboligène des zones sen-

34. Baresthésie (de *baros*, la pression) : sensibilité aux variations de pression des tissus et des organes (peau, muscles, os, tendons). *Aisthèsis*, c'est la sensation, la perception, le sens, l'organe de la sensation, le sentiment, l'intelligence, la connaissance.

35. *Op. cit.*, p. 49, souligné par moi.

sorielles érogénéisées, en privant cette zone de son objet de satisfaction initiale, de sa charge sexuelle érotique aux fins d'Autre et de relations langagières données par la parole adressée à l'enfant, qui dit la séparation. Ce que les sens ont d'attractif, comme les autres bords pulsionnels, c'est de se faire le lit du plaisir et du jouir de leur exercice. Jouissances multipliées et désordonnées que la vie symbolique ordonne. Ainsi, la bouche est le lieu de la dégustation, du plaisir de bouche, palais d'arôme, flaveurs indicibles, vectrice de parole, lèvres de connaissance, passage du besoin. C'est au prix de pertes de jouissance successives que grandit le petit d'homme dans la parole.

L'architecture des sens se démontre aussi par la pathologie.

Comme les trains, un sens peut en cacher un autre et les répercussions des déficits diffèrent d'un sens à l'autre et selon leur couplage. Par exemple, les incidences vibratoires sonores ne concernent pas la seule oreille. Le système nerveux y participe par le tact. Le bébé qui naît, manifestant de tous les pores de sa peau la jouissance d'être au monde, respire du ventre et reçoit les vibrations sonores avec toute sa surface tégumentaire, tête et crâne compris. « La peau du fœtus est une grande oreille » disaient les anciens. Un enfant sourd de naissance reçoit ces ondes — il « entend ». De même, l'aveugle « voit ». Non seulement par suppléance.

Dans *L'enfant sonore*, M.L. Aucher décrit les hauteurs du corps touchées par les sons et les possibilités digitales du bébé dont la mère enceinte chante. La main tient sa fonction complémentaire de l'oreille par le *tact*. On perçoit combien la naissance remanie l'œuvre des sens, mais n'est pas le temps originaire de la vie sensorielle. La naissance, durant les contractions, est massage en un temps où l'enfant est saisi d'asphyxie. Il naît pour ne pas crever là. La naissance est vitale pour lui, afin de ne pas mourir de la cessation du temps placentaire. Par le masser-expulser natif, l'enfant reçoit, dans son être et sur la surface de son corps, la pratique d'une distinction des êtres et des corps. Cela est naissance.

Le terme grec d'ἅπσις, c'est le toucher, le tact, la sensation de toucher, de prendre contact. « Toucher, c'est prendre contact pour sentir, c'est éprouver une sensation ou un sentiment »[36]. Par cet organe « premier » des sens, celui qui touche éprouve une sensation, l'autre également. Il *ré-unit* deux êtres par la médiation de leurs corps de contact. Le toucher allie les teneurs du substantiel à la fécondité du subtil (désir). F. Veldman le disait, dans *Le sens sensé*, il faut peu de chose : « De faibles stimuli pour *accoupler* les perceptions somatosensorielles et psychosensorielles, en les intégrant dans une intentionnalité affective basée sur une affectivité pleine de sens »[37].

36. B. This, « L'aube des sens », *Les Cahiers du nouveau-né*, Stock, 1981, p. 276.
37. *Ibid.*, p. 282.

Il ne faut pas oublier que va de pair avec les cinq sens le système vestibulaire, organe de l'équilibration, lié au sens kinesthésique (déplacements des différentes parties du corps les unes par rapport aux autres). Les mouvements ont de l'importance *in utero* et après la naissance. « Le système vestibulaire est bien, en effet, un des premiers systèmes sensoriels soumis à des stimulations dont la nature et l'intensité peuvent différer fortement d'un sujet à l'autre »[38]. Il est stimulé et entretenu par le bercement. Infinis bercements disait Charles Baudelaire.

Ouverture-fermeture

Avec E. Lévinas, nous pouvons situer la vision et le toucher dans l'espace vide où se jouent des rapports éclairés de lumière, ce que Georges Braque, le peintre, reprend en disant que l'espace tactile sépare l'observateur des objets, l'espace visuel distinguant les objets les uns des autres. La variété topologique de la peau est une bouteille de Klein par le contact de soi à soi qu'elle entretient et les *mixtes* qu'elle célèbre. La carte du tact est plus topologique que géométrique, avec ses monts et ses détroits, ses pavages et ses bords. Elle n'est pas linéaire, ainsi que nous l'avons posée comme aire de texte. Rien ne va aussi loin que la peau. Peau à peau, de soi à soi-même, de soi à l'autre, de l'autre à soi, le contact passe par les défilés de l'image inconsciente du corps qui soutient le schéma corporel et l'architecture des sens. Le contact confère sens interne et épaisseur relationnelle. La peau fait explorer non seulement les contours et les avers du corps, mais aussi les relations de voisinage, les limites, les réversions des muqueuses : lacs, creux, boules et nœuds, plis et replis. La carte de l'épiderme invoque l'interne ainsi qu'une ligne de continuité et d'appel à venir au creux toujours plus avant du corps de l'autre. Double face de la peau. Interface du contact. Contingence aussi. *Con-tingere*, c'est toucher. Co-tangence du toucher. Le toucher nous met dans le contingent, le contigu et la tangence, dans un mouvement d'appel vers... soi-même ou l'autre. Rien ne va aussi loin que la peau quand elle nous porte à l'Autre. Nous risquons notre peau dans l'expérience des corps entrelacés. Ponts et passerelles des sexes ajoints. L'humide muqueuse de l'une caresse de désir l'éveil turgescent qui se déplisse, s'insère et se glisse. Le toucher dessine un intérieur. Il ne clôt pas. Il ouvre. En notre intimité de muqueuse tapissée d'exsudats à peau déployée de désir, surface accrue de toucher, promesse d'ex-stase, nous nous confions à l'Ouvert. A quoi ouvre la peau, ses frôlements et ses frottements ? A l'Ouvert.

« Le toucher assure l'ouverture dans la fermeture » écrit Michel Serres[39]. Mais comment ? Dans le rassemblement d'un mouvement oscillatoire. La peau rassemble les autres sens, îles sur la mer cutanée. Multiples et chaotiques.

38. M. Odent, *Ibid.* p. 295.
39. In *Les cinq sens,* Grasset, 1985, p. 54.

Chaque organe des sens s'évagine dans la peau. La peau est *variété*. Elle est variée. Elle présente de la diversité. Elle est variété au sens de la topologie, faite de variance et de variété, fine feuille à plis et à plaines, semée d'événements et de singularités, sensible aux voisinages, discrète à la trouée des yeux, continue et cherchant l'unité, diffractée et ciblée des élans pulsionnels, partagée et tenue, fendue, craquelée, lisse ou satinée. Ouverture et serrure, pellicule, pelure, écorce et croûte. Etats de la peau. Accidents cutanés.

La notion de *peau psychique* est ambiguë lorsqu'elle est restreinte à un imaginaire d'enveloppe, patent dans le discours des patients, lesquels ne manquent pas de mentionner la position relationnelle de la peau. Ainsi : « La menace, c'est quand je me sens sans enveloppe. Maintenant je surveille la peur ». « Je n'en reviens pas d'arriver à parler avec si peu d'enveloppes, si peu de peau ». « Les gens comme mon père, ça a souvent rapport à la peau. C'est un peu comme une cuirasse, aussi comme une force que je ressens en eux, du mystère ».

Ce qui peut être « expérimenté comme une peau » (Didier Anzieu), « le mamelon-dans-la-bouche joint à la façon qu'a la mère de tenir et de parler… » n'est pas seulement un contenant. Il convient de sortir de ce rôle de contenant clos trop systématiquement dévolu à la peau. A sens unique. Sans dérivée.

La peau *comme sac* entretient un imaginaire de peau, un fantasme de la peau, un résidu de la vie intra-utérine posée comme symbiotique, ce qu'elle n'est pas. On risque de confondre, par une hâtive transposition, un enveloppement d'objet et la fonction de la peau. Les enveloppes amniotiques, à l'insertion si ténue dans l'utérus maternel, ouvertes à la fonction placentaire faite de circulation, ne sont nullement un sac villositaire sans contact et sans échanges. Tout au contraire. Il faudrait dans l'élaboration d'une « peau psychique », produire et garder la porosité de la peau et sa variété topologique. Car dire, avec A. Ciccone et M. Lhopital, que « le moi-peau représente un *objet psychique* issu de *l'expérience corporelle*, alors que la peau psychique est conçue comme un *objet psychique* issu de *l'expérience psychique* de contention par une peau extérieure »[40], peut induire à la clôture de la peau sur elle-même et témoigner d'une appréhension extérioriste du tégument. Si peau psychique il y a, ce ne peut être qu'une métaphore de peau. Déjà ouverte à la métaphore parce que peau d'être humain. « Tu me tannes les oreilles » veut bien dire quelque chose, de même qu'un achat qui vous a coûté la peau du cul. Peau de vache !

Nous ne sommes pas dans notre peau comme dans un sac de cellophane ou dans un blister de plastique. Cependant, un regard circonscrit une sorte de membrane narcissique autour de nous, bouchant tous les trous. Nous pouvons être enveloppés de regard au point de disparaître nous-mêmes. Mais dans cette espèce de couche protectrice et enfermante, il y a des trouées, des points de

40. Cité par P. Prayez, *Le toucher en psychothérapie*, Epi, Hommes et perspectives, 1994, p. 173.

fuite qui nous gardent en relation d'Autre. Une patiente perd ses clés alors qu'elle faisait ses courses avec ses enfants. Elle ne peut plus rentrer ni dans sa voiture ni dans sa maison. Un double enjeu apparaît : celui d'être sortie définitivement et sans retour de la voiture-maison qu'est le corps maternel et celui d'être fermée elle-même à tout contact, orientant vers un Autre que la perte-oubli soutient de son efficace. Pareil oubli ouvre sur une autre scène, fait brèche dans l'armure, ne serait-ce que de se dire.

En effet, le registre sensoriel ne suffit pas de soi seul à la constitution d'une enveloppe contenante, pour la raison que ce qui donne contenu n'est pas la matière du contenant, mais la possibilité de contenir, que nous *tenons* du langage qui nous contient par la médiation des langues et des pulsions, ce qui donne à la peau une structure cinétique, animée de mouvement vers.

L'aporie de la peau réside dans le travail du passage entre la fiction d'un sac cutané, avec une fixation sur une condition imaginaire de la chair, et l'élaboration de la variété de la peau. Et Pascal Prayez cite J. Kinable (1990) pour témoigner de cette distinction : le « découplage » du pulsionnel par rapport au biologique inscrit une opération de co-formation, d'épousailles et d'étayage, mais aussi de détournement et de déviation[41]. Cette ouverture du toucher amène l'auteur à se poser cette question : l'interdit du toucher est-il érotisant ou obsessionnalisant ? (p. 227). La réponse réside dans le degré de structuration du corps érogène et l'amène à élaborer une *érogenèse contenante*, à même « de créer des remaniements topiques et économiques entre l'archaïque et l'originaire »[42]. Elle se réalise à travers trois processus principaux : la levée de l'isolation, le contenant formel et l'interprétation en acte.

Lumière des bords

La porosité n'est pas seulement faite d'interstices, de petits orifices, de trous, mais du rapport du volume des vides au volume total, ce qui sied assez bien à la nature de la peau. Les relations sensorielles délimitent un espace de peau, troué par les pulsions et les zones érogènes qu'elles délimitent, ouvert par les pôles oral, urinaire et anal, tous lieux de besoin où le désir se donne. Cette puissance ouverte au symbole donne métaphore au toucher, à des mains qui cherchent à voir, semblables à des yeux, la main du passage de la nuit à la lumière d'une présence. La représentation n'est pas œuvre de regard, mais de langage. La vision, dit Platon, suppose, en dehors de l'œil et de l'objet perçu, la lumière, non pas ce qui se voit, mais ce qui permet de voir : un objet *dans* la lumière, « qui fait surgir précisément l'espace comme vide » (Lévinas). « Dans la mesure où le mouvement de la main qui touche traverse le "rien" de l'espace,

41. *Ibid.*, pp. 199-200.

42. *Ibid.*, p. 229. Je ne développe pas. Il suffit de lire son texte qui témoigne de sa pratique et de ses élaborations.

le toucher ressemble à la vision »[43]. Une venue au sens à partir du vide, comme à partir de son origine, porte l'étant dans *l'ouvert*, mon rapport à un objet (visuellement, tactilement) étant subordonné au rapport avec le vide d'une ouverture qui, lui, n'est pas un objet.

Cet *évidement* de l'espace foré comme la sise du rapport à l'objet est une modalité de la jouissance (jouir de l'objet perçu) et de la séparation. Par la conjugaison de la vision et du toucher, la main se fait préhensile, prise. Ainsi débute l'activité conceptuelle de l'enfant, l'éveil de son intelligence : vouloir prendre à même les mains, à même la bouche ce qu'il voit. « Les formes des objets appellent la main et la prise. Par la main, l'objet est en fin de compte compris, touché, puis, porté et *rapporté* à d'autres objets [...]. L'espace vide est la condition de ce rapport. Il n'est pas une trouée de l'horizon »[44]. L'espace vide est la condition de tout rapport, éclairé de la lumière qui en constitue la possibilité.

Par le toucher, l'enfant apprend à juger des distances tridimensionnelles où se comprend une « forme dans sa pleine existence spatiale » (Henry Moore)[45]. Le sculpteur est ainsi amené à pénétrer son esprit de la forme, à la penser « comme s'il la tenait enfermée dans le creux de sa main », quelle que soit la taille de l'œuvre. L'évidement dans le galet ou l'œuvre sculptée se fait trou, où surgit la tridimensionnalité.

La sculpture offre l'appréhension du contact dans ce qu'il révèle d'intouchable, car son espace n'est pas réductible au volume occupé par l'objet perçu. Elle répond d'une *dimension formelle* (Carl Einstein) qui fait un avec la genèse de son espace. La forme, en se formant, suscite son lieu, son lieu d'apparition. La forme d'une sculpture en se formant est de donner lieu, de fonder le lieu où elle sera sise, notamment par la vertu des parties invisibles qui donnent corps à son volume. Une statue de Giacometti tient beaucoup de place. Des œuvres nous touchent par le recul qu'elles nous forcent à prendre pour apprécier leur profondeur. La peinture de Nicolas de Staël est de celles-là. Dans la sculpture, le « quotient de profondeur » exige, pour s'ouvrir à nous, l'articulation des parties non vues « en simultanéité de coexistence » avec les rythmes des parties visibles (Maldiney). Sa conjugaison avec un gradient d'ouverture définit l'espace habité par une sculpture. Ce terme invisible, intouchable, appelle « existence de son absence », comme le dit Jean Bazaine cité par Maldiney. Le vide que ce terme existant de son absence creuse dans la réalité fait s'épanouir l'œuvre « jusqu'aux purs motifs rythmiques de l'être ». L'art, par le rythme, nous fait habiter le jour de cette ouverture et nous ouvre à la lumière où la forme

43. E. Lévinas, *Totalité et infini*, Poche, n° 4120, 1971, p. 206.

44. *Op. cit.*, p. 208.

45. Ce que m'écrivait Ghislaine, une amie sculptant elle-même : « Si tu vas le voir, n'oublie jamais de regarder les formes imaginaires formées par les trous, les creux, les ronds. Elles sont aussi importantes que les formes créées par la matière elle-même ».

prend son espace et son essor. Dans ce contact, nous sommes suspendus à une apparition où la proximité du vu suscite l'inaccessible où la lumière pénètre la matière et lui donne voix. Vermeer de Delft est ici incomparable. Nous ne sommes véritablement en contact qu'avec les formes qui génèrent un espace, l'espace d'un transfert au rythme impliqué. Rodin en est un autre exemple : *La Main de Dieu*, *La Cathédrale* ou *Le Secret*.

Quand la lumière entre dans le corps pour y parler la langue de l'amour, et que l'autre élève vers nos yeux, sous notre main, une part « de sa chair à changer un visage » (Joë Bousquet), *je* m'éclipse devant cette mutation native. Une lumière constitue et contient notre peau, à nous venus de la poussière et promis d'y retourner. Un lieu s'impose à la présence humaine : sol, maison, chambre, corps. *Un donner lieu*. « L'impression de ne pas pouvoir me défaire de cet état d'excitation, en fait, comme si j'étais pas suffisamment dans ma peau, à l'intérieur de moi et que j'envahissais la maison » ou encore : « Je suis happée par l'angoisse. J'ai pas d'enveloppes. C'est physique. J'ai des vertiges. Ma mère ne m'a pas protégée. J'ai pas d'enveloppe. C'est comme si entre moi et dehors, y a pas de mots. Quand tu vas bien, t'es entier, et quand tu sens ça, tout à coup, t'éclates et puis tu vas mourir et puis t'existes plus », disent les patients. Si la peau naît et se construit dans la lumière, c'est qu'elle est à double face, portée par une torsion. Telle une bande de Mœbius. Lorsqu'on la parcourt, on n'a pas affaire au seul paysage changeant de zones discontinues ou contiguës, mais à l'établissement d'un rapport où le doigt fait le tour d'une surface unilatère. Nous apprenons la matière du monde par nos sens insérés dans la matière de notre corps, fait du même bois, installés dans le langage qui donne corps avec des mots. « J'ai appris le dehors par les allées et venues » écrit Jocelyne François[46]. On apprend le dehors dans le mouvement, dans les surprises du contact, la voix de l'Autre, les gestes et le toucher des éléments, là où s'intriquent sensations et souvenirs. J'apprends le dehors par ce qui vient *à* moi et par ce qui vient *en* moi, s'y installe et demeure. J'apprends ainsi le dehors avec le dedans de moi. Notre monde est défini par cela que le signifiant est intériorisé au niveau de l'inconscient, comme lieu de l'Autre, sur le fond d'un centre exclu : *das Ding*, la Chose posée comme extérieure, étrangère à moi. Si bien que le dedans est établi par une membrane vivante n'ayant pas fonction ou image de mur, mais organe ouvert de pores. « Ce corps que je vois devant moi et qui me tend la main, je le vois à travers des traces en moi que j'ignore » écrit Jean le Du[47].

La représentation de la peau comme sac tient à ce qu'à la naissance, elle doit être close à l'ombilic, lieu d'intervention de la main humaine. Le cordon ne

46. In *Joue nous "España"*, Folio, n° 1375, 1982, p. 27.
47. In *Le corps parlé*, Ed. Universitaires, 1976, p. 54.

se sectionne pas de lui-même du placenta. Il y faut l'œuvre d'une « main » séparatrice. Ce peut être les dents, un morceau de verre, un couteau ou des ciseaux, mais la nécessité de la coupure s'impose, de même que l'obligation de la clôture. Séparation et respiration donnent corps à la voix du bébé où s'entend son désir de vivre, où s'engendre sa personne dans le nom qu'il reçoit de sa vie d'humain. Et ce, dans la voix qui « *traverse* la clôture sans pour autant la rompre » (Denis Vasse). En effet, la voix délocalise le sujet d'une pure et seule inscription charnelle. Elle le subtilise et le porte dans la parole qu'elle supporte. « Enlève la parole, écrit saint Augustin, qu'est-ce que la voix ? Là où il n'y a rien à comprendre, c'est une sonorité vide. La voix sans la parole frappe l'oreille, elle n'édifie pas le cœur » (Homélie pour la Nativité de Jean-Baptiste). La parole que le son de la voix conduit jusqu'à toi « est désormais dans ton cœur sans avoir quitté le mien ». La main sans la parole frappe la peau mais n'instruit pas le cœur. Le toucher sans la voix n'est que fifrelin. C'est de la parole portée par la voix que nous avons un cœur. De même, nous n'avons un corps que dans la relation à autrui.

Cœur ouvert en corps clos. Et c'est dans la coupure des flux nourricier, visuel, olfactif, auditif, tactile, excrémentiel, toutes activités substantielles du corps, que réside la reprise de celle-ci dans un dispositif signifiant. Mais ce n'est pas d'une pure limite extérieure que tout cela se forme. Dès le sein maternel, ce sont les sensations cénesthésiques (internes) qui font du volume du corps résistance à l'invasion du flot amniotique et donnent au corps sa première limite. Les premiers signifiants portés par la voix (premier objet pulsionnel, vecteur de la parole) sont liés aux sensations cénesthésiques de tension et de limite, aux éléments vestibulaires qui permettent de repérer sa position dans l'espace, avec le tact et la peau. Sous cet angle, un massage ou un contact intéresse les sensations internes du corps, mésodermiques. C'est la voix qui donne aux mains leur ouverture de parler. L'enjeu étant que la matière vocale, tactile... soit signifiante. Pris dans le champ de la représentation telle qu'elle opère sur la scène de l'inconscient (représentant de la représentation), on peut dire avec Denis Vasse : « La suture de la peau comme celle de l'inconscient (le refoulement originaire) noue l'homme en un corps et lui ouvre l'espace du subtil »[48].

Entre savoir et lieu, la voix tient dans sa main la limite qu'elle traverse, en fondant le lieu et le savoir, support de la différence. Il n'y a pas un dehors ou un dedans préexistant à la voix, qui serait chargée de faire communiquer l'intérieur et l'extérieur, mais elle est à situer à cette limite originaire du dedans et du dehors où l'oreille la localise, incluant le lieu d'où elle vient et le lieu où elle va[49]. Elle est la limite articulant en sa vibration le concept même de limite. Le clinicien écoute une voix qui parle du ça et de l'Autre : *ça parle* renvoie à la voix

---

48. In *L'ombilic et la voix*, Le Seuil, 1974, p. 84.
49. *Ibid.*, pp. 185-187.

de l'Autre et à l'écoute du sujet. Craignant de risquer sa peau ou tout autre effondrement, le sujet qui s'avance dans l'analyse ne sait pas qu'il risque sa voix, la voix de personne. La manière de dire les choses à un enfant, dans le lien entre le savoir du mot et la sensation du corps, entre voix et toucher, lui permet d'accéder au *ressenti*, c'est-à-dire à la pleine valeur symbolique et relationnelle du lien des mots au corps.

Seuil

Une cicatrice, marque sur le corps, consécutive à son ouverture (chirurgie, coupure, accident…) peut venir opérer comme barre de fermeture, d'arrêt ou de refus-rejet de l'enfant dans le cas particulier d'une césarienne, quand elle ne peut se constituer, par l'entremise de l'image inconsciente du corps, en trace psychique. Le contact psycho-tactile peut favoriser un tel franchissement de la cicatrice qui interdit le retour de l'enfant par réincorporation psychique. Elle est rendue possible par le travail de paroles à lire, là où l'éloignement de l'enfant, suite à la césarienne, n'a pas permis d'en symbolyser la naissance. L'enfant bute alors, de sa tête, je l'ai vu, au lieu cicatriciel du bas ventre maternel et se retrouve frappé d'une fin de non recevoir.

Le franchissement symbolique d'un seuil ne plonge pas dans un dedans, mais immerge dans la possibilité de tenir noués un extérieur et un intérieur, l'enfant dans le sein et l'enfant né, le sexe ouvert par lequel le passage du bébé ne s'est pas effectué du fait de la césarienne et la cicatrice refermée, la stérilité d'un ventre malmené et les infections gynécologiques.

Le mot de mon histoire, émis ou non, ne peut venir à son expression que dans la confiance d'un transfert et l'épreuve d'une souffrance. Ce qui remet un sujet dans les limites d'un corps ne peut se soutenir sans un autre corps respirant et parlant, ouvert à la parole qui vibre en lui, dans sa voix, dans ses mains. C'est une telle altérité qui peut redonner corps à l'habitation d'une chair hémorragique tamponnée d'inlassable répétition. Ce qui témoigne de l'intimité d'une intériorité retrouvée : un Autre est là. Une cicatrice de vie devient trace psychique quand elle se dépose dans la parole. Entre la *pré*somption inconsciente de la jalousie et la *con*somption réelle de Narcisse, se pose l'*as*somption jubilatoire du stade du miroir, où à l'image perdue de soi répond notre nom. Ne pouvoir être touché signe le refus de l'origine comme écart non suturable entre le ventre d'une mère (abandonnique) et les genoux d'un père (tripatouilleur).

Nous parlons d'organe des sens. La peau est l'un d'eux. La main aussi est un organe. Chaque organe a une fonction protectrice de défense de l'organisme face aux lésions et de secours de l'appareil psychique, visant à garder l'intégrité de celui-ci. Les organes des sens, classiquement cinq, sont autant de métaphores qui exposent différentes modalités du rapport du sujet à l'Autre. Chaque organe sensoriel a ses particularités qui disent une différence et ordonne des différences à articuler. Mais l'objet (*a*), pulsionnel, le tact pour le toucher par exemple, « est quelque chose dont le sujet, pour se constituer, s'est séparé comme organe. Ça vaut comme symbole du manque » dit J. Lacan[50]. C'est en perdant la peau comme organe que je viens au tact, le tact et la voix. Tact-voix. Pulsionnellement, le rapport du toucher à ce que je veux toucher est un rapport de manque. Ce que l'on me donne à toucher n'est pas ce que je veux toucher. C'est par là que la peau peut opérer comme sise du tact, au niveau de la faille inscrite dans le contournement de l'objet touché.

Cette fonction de la perte porte sur la spécificité des sens au regard de la pulsion et de la zone érogène. Les sens se combinent et se répondent, comme hors d'eux-mêmes, en *correspondances* sensorielles et langagières, avec les autres sens et l'autre scène. Chaque sens dégage un *topos* propre, particulièrement redistribué dans le cas de privation ou d'altération sensorielles, affecté d'une jouissance singulière.

Le *sens* d'un appareil sensoriel est triple. Il est lieu de *sens*-ation, sensitif. Il est lieu de signifiance, sens et langage. Il ordonne enfin une direction dans le découpage du monde et l'unité cohésive du corps. « Les sens sont des appareils à faire des *concrétions* avec de l'inépuisable » écrit M. Merleau-Ponty[51]. Ils font du solide avec du subtil. Il y va là d'un rapport inverse à celui de la sublimation qui consiste à faire passer directement de l'état solide à l'état gazeux. Chaque sens ordonne un monde, non communicable pour les autres sens, mais qui, de sa structure, construit *un quelque chose* qui est d'emblée ouvert au monde des autres sens, à leur rapport donc. Le sensible, sur son versant pulsionnel, est comme arraché, prélevé sur ma chair, et posé dans un enjeu de connexions. Nous ne recevons pas des sens le monde extérieur, mais de quoi nous faire un monde extérieur (Paul Valéry). Les sens sont des relais. « Chaque sens est un appareil d'interprétation des choses inconnues » écrit Paul Valéry[52], ce qui nous permet de les mettre à l'épreuve du champ flottant de l'inconscient (Michèle Montrelay). Comment ordonner les sens du parlêtre à l'expérience de la rencontre ? A l'articulation des images inconscientes du corps. Dans la vie et dans le transfert.

La peau est orificiée, faite de plis et de replis, trous et creux gardés. Ossip Zadkine en sculpte la figure avec génie, en incurvant la main par exemple sur son dos, comme on le voit dans certaines affections, la psychose notamment, quand il y a re-courbure d'une face plane sur son envers. La main ne s'incurve pas sur la paume, mais à l'envers. Dans l'œuvre d'Antonin Artaud, les « sorts » témoignent d'une connivence entre l'écriture et le *geste figurant* où s'affirme

---

50. In *Les quatre concepts*, Le Seuil, 1973, p. 95.
51. In *Le Visible et l'invisible*, Gallimard, 1964, p. 245, souligné par moi.
52. In *Cahiers*, NRF, Coll. La Pléiade, 1974, t. II, p. 1153.

une rythmique parce que procédant d'un même *souffle* issu des « cavernes de l'être », ce que Jacques Derrida reprend par l'expression « forcener le subjectile ».

« A trop longer les précipices, vient une seconde où ils vous happent » (François Solesmes). De fait, le ruissellement de la caresse précipite en cascades et en volutes d'apposition le long des côtes et vallées, vals et monts du corps aimé, gorge, gouffre et aven de ses ravinements de tendresse, sursaut de l'effleurement où s'ouvre l'être, à dire : « Touché ! ». L'âme et la peau se font la fête en ces affleurements où la création trouve les racines de son essor. Deux corps se touchent et se fécondent. Attraction céleste et magnétique des corps humains, tel un champ de force ayant les vertus de l'aimant : l'objet-attracteur vient soutenir le mouvement pulsionnel, le stabiliser, évoquer une catastrophe généralisée, par impulsion du système corporel et psychique, tout en conservant la part de turbulence entretenue par les attracteurs étranges.

Quand le toucher aura ouï la proximité, il se fera regard.

ETRE PARLANT

Symbole et sensorialité

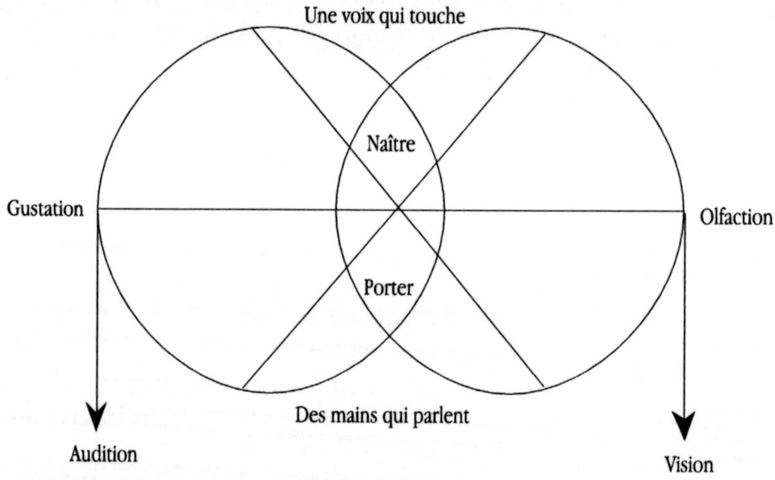

Un petit d'homme est porté au naître à la croisée de mains qui lui parlent *et* d'une voix qui le touche. Les sens l'immergent dans le monde relationnel par un découpage opéré par l'activité symbolique dans laquelle il naît en tant qu'être parlant.

Portance

« L'haptonomie montre que l'être humain peut se révéler en toute authenticité — dans son essence —, dans le contact psychotactile affectivo-confirmant (base de la phénoménologie haptonomique) de façon qu'il se représente en tant que corporalité animée — esprit incarné — et dépasse dans ce contact le corps et le corporel ».
Frans Veldman

Le contact

Le contact « psychotactile » intéresse la peau comme étant ce qu'il y a de plus profond chez l'homme, pour reprendre l'expression de Paul Valéry empruntée à Diderot. Au plus profond, le toucher n'est pas affaire de seule peau, mais il instruit, en son efficace, une autre scène, qu'avec Sigmund Freud nous pouvons nommer l'inconscient. En ce lieu, s'élabore et se tient l'image du corps, c'est-à-dire une image qui prenne acte et forme de la médiation corporelle du sujet, sans avoir de représentation imaginairement circonscriptible. A la différence de l'image au miroir et du schéma corporel. Le contact dépasse en extension le sentiment de ce qu'éprouve un être humain et le pose dans la parole qui le fonde et le langage qui le constitue. Si la touche des mots parle au cœur des mains, c'est que la parole est origine et écart. Psychotactile est à prendre au sens le plus radical : un tact habité de souffle, un souffle porteur de la touche du désir. Comme l'est tout souffle. C'est ce lien du toucher et du souffle que nous explorons ici.

Il n'est point de toucher sans un espace du toucher. Un tel espace est à entendre comme l'articulation du contact effectif au lieu de l'Autre. Toucher est ici l'approche tactile en acte. Il n'est pas le contact du visible. Il en est la *lecture*. Comment opère cette lecture ? En liant. En liant la teneur des chairs à la matérialité du langage dans la relation des êtres. Il est une différence à faire entre toucher le corps de chair, percevoir les signes cliniques qu'il émet, utiles au travail, le guidant le cas échéant, et entrer en contact avec le sujet que nous ne savons pas, représenté non par des signes, mais par les signifiants de son histoire. Ce lien, cette relation est ce qui confère au contact psychotactile sa densité, son poids, son épaisseur et son volume, ce qui fait exister un sujet dans l'épaisseur d'un corps. « Quand la main cesse de voir, nous sommes aplatis, nous perdons notre volume » dit Bernard Noël. Quand la main cesse d'être habitée de la « vision » d'un sujet, quand elle n'est plus porteuse d'un sens (ce que le perçu dit à quelqu'un), nous nous aplatissons, nous perdons notre épaisseur et celle de notre mode relationnel avec nous-mêmes et avec les autres. Ce qui donne poids au sujet n'est localisable dans aucun lieu représentable imaginairement, car c'est la parole elle-même. Nous pouvons parler de la pulpe du toucher quand nous supportons le corps et la matérialité du langage.

L'expérience de prolongement à travers une pièce entière, le sujet incluant dans son extension les objets et les personnes, modifie sa vulnérabilité, lui permet d'intégrer le contact et la présence des autres dans le volume nouveau de son être relationnel. Les autres existent pour nous au-delà de notre taille, de notre masse et de notre poids quand nous faisons l'expérience de nous étendre au-delà des pores de notre peau de chair, qui, sans cette visée d'Autre avec d'autres, se fait très vite peau de chagrin, s'étiolant et se réduisant, se tassant sur la dureté des os. Etre mal dans sa peau n'est le plus souvent qu'être trop dans sa peau, dans un défaut de soutènement de la fonction paternelle et de la nomination, opérations de la parole dans le langage qui décentrent le sujet de la captation de ses chairs si chères.

Le contact *articule* et relie le souffle d'un toucher à la pointe des mots. Des mots qui circonscrivent notre espace d'humain. Il articule également en retour le souffle des mots à la pointe du toucher. L'un sans l'autre est abolition du sens dans les sens. Des sens dont l'usage ne dit plus rien ou pas encore quelque chose relèvent d'une expérience désubjectivante. Un tel usage déstabilisant a cours dans la torture ou l'incarcération, quand le dispositif panoptique ou la réclusion sensorielle tentent de défaire, pour un sujet, les repères de l'espace et du temps, sa situation même d'humain.

Au cœur de l'expérience du contact se révèle un sens relationnel, symbolique donc. Cela tient à la mise en jeu d'une structure dont nous pouvons ainsi rendre compte. Nous touchons, et par là même, nous sommes touchés. Nous le *ressentons*, et pas seulement nous le sentons. Nous sommes touchés d'une voix qui parle vrai au creux de notre cœur. Car le cœur, loin des raisonnements de la tête, mais avec eux, pour qui réfléchit et travaille les pensées de la théorie, est le lieu où résonne la parole. Cette résonance de la parole dans le cœur, cette puissance créatrice de sens par le langage à l'œuvre dans la chair, cette expression de « ça qui parle » dans notre corps, nous l'éprouvons comme désir de l'Autre. Nous ne savons pas ce que c'est. Nous ne saurions le dire. Mais nous l'éprouvons comme le donné du parler, comme le don d'une présence. Nous éprouvons cela qui parle au cœur de notre être par la médiation du contact. Ce faisant, nous abordons l'autre rive de ce fleuve du sens où nos bras de rameurs n'accostent pas. Insaisissable port où notre nef n'aborde pas, mais dont la présence s'impose en vérité. Quand nous touchons, nous touchons et nous sommes touchés par un *intouchable* qui nous touche au plus intime de nous-mêmes. Nous lui donnons le nom de parole dont nous recevons les effets éprouvés. Cette faille au toucher ouvre sur un intouchable qui ne ferme pas le contact, mais nous pose existants.

Ce point intime fait du toucher un lieu d'éprouvé dans l'épreuve (souffrance) de la présence d'un Autre sans preuve. Dans le don. Ce n'est donc point la pulsion qui parle dans l'envie de toucher, mais le déploiement de la parole, quand cesse la nécessité de toucher pour obtenir quelque chose et que se donne la dimension d'une rencontre avec l'Autre par un autre médiée. Sans intention. Dans la castration de l'envie et la naissance au lieu de l'Autre.

Ce que nous touchons, à partir de la pulsion et de la demande, c'est un *lieu de rapport* entre *ce que* nous savons (empire des signes, sémiologie) et celui *qui* ne se sait pas : l'Autre. Ce qui existe et se donne de ne pas se savoir n'est autre que la parole en acte.

Lorsque les sens sont forcés ou les marges du corps envahies par la soumission au seul fonctionnement, l'intensité sans nom des sensations les dessaisit de leur être et de leur portée de sens sensé. C'est insensé, disons-nous alors. Lorsqu'un appareil perceptif est sursaturé, il ne discrimine plus. Il est mis hors-jeu, hors-circuit. Il peut en être ainsi lors d'un accouchement quand, sous l'effet de douleurs invasives et concassantes, une femme perd les pédales et le sens. Elle perd les repères et le chemin sur lesquels elle appuie, d'expérience, les pas de son être dans la vie. La sensation d'être envahie et déboutée de soi peut être accrue par l'usage des ocytociques par exemple, c'est-à-dire par l'introduction dans son corps d'une substance qui précipite l'intensité des contractions et son temps propre de femme.

L'appel à la vérité nous permet de toucher du doigt la terreur subjective qui consiste à faire de la sensation un lieu de vérité. Ce serait vrai parce que je l'aurais senti. Non pas éprouvé ou ressenti, mais senti. La preuve du vrai serait le senti. Une patiente dit : « Je l'ai senti. A ce moment-là, j'appartiens à la moindre marque d'intérêt manifesté par l'autre ». La vérité est alors assimilée à une substance toxique. L'œuvre de la pulsion peut accomplir là son office qui est celui d'un ratage en forme de tour. Elle manifeste le désir de vivre et de parler en inscrivant dans le corps l'écho d'un dire. Elle se fonde de la mise en rapport, en son circuit, de ce qui est toujours déjà perdu, de ce qui ne peut ni se sentir ni s'imaginer : l'objet du désir issu de l'Autre et de ce qui est interdit à qui parle comme tel, la jouissance venant de la Chose.

L'instruction de l'image inconsciente du corps, par et dans une sensorialité versée au cours de l'Autre, portée et suscitée par lui, nous fait distinguer la pratique de l'haptonomie de celle du massage. Non pas qu'elles aient à s'exclure en soi, mais certains types de massage relevant plus de la papouillothérapie que de la transmission corporelle de l'héritage culturel ne peuvent se concilier avec elle. Lorsque le massage a une visée d'éducation ou de stimulation sensorielle, il est lesté d'*intentionnalité*, il risque d'être pervertissant. Il dévie la gratuité du don *dans la transmission* vers un « objet » donné : le plaisir, l'éveil, l'apprentissage, voire l'amour. Il colle l'enfant à l'intention que l'autre projette sur lui et qui l'aliène. Loin de trouver autonomie d'être, l'enfant rencontre alors une imprégnation de son être par l'autre. Le massage des bébés est-il rapport entretenu à l'image maternelle première ou bien décollage de cette image captivante et captieuse pour un Autre[1] ? L'altérité de la transmission, en Inde ou en Afrique, se perçoit dans le fait que la mère *donne* le massage sans faire le moindre sentiment. La main habitée d'Autre fait défaut dans les massages pratiqués pour autre chose que la parole. Notamment pour le plaisir comme fin. Ce qui n'exclut nullement le plaisir de la pratique du massage, bien évidemment.

Le désir de toucher ne tient sa viabilité que de la castration de l'envie de le faire. Pour porter sa main au corps de l'autre, le toucher, il ne faut point craindre ni de le désirer ni de l'aimer. Plus même, nous ne pouvons le poser que comme aimé, non prenable dans le mouvement de la main qui l'accueille. Le confirmant dans son être, ce toucher, source de vie régénératrice, l'engendre dans la vie, de la puissance vivifiante du *contact*, notamment celle du contact psychotactile haptonomique. A l'expresse condition qu'il y ait demande, c'est-à-dire autorisation pour nous d'aller avec l'autre, même s'il ne sait pas ce dont il s'agit dans son imaginaire, en cette intimité où s'éveille la flamme de vie qu'il croyait perdue. Il convient d'y être *autorisé*. D'ailleurs, Frans Veldman demande aux personnes qu'il ne connaît pas s'il peut entrer en contact avec elles, et avec le bébé s'il s'agit d'une femme enceinte. Une telle prudence est à rappeler aux prosélytes dont l'ardeur sans foi ni loi n'a pour fin qu'une croyance en la toute-puissance de leurs mains. Ardeur magique. Une de plus.

Le contact révèle à l'autre la vie du désir qui est en lui à son insu. Alors peut se faire jour l'appréhension d'une menace subjective. Catastrophique apparaît le désir[2]. Pareille menace peut prendre les traits du refus de traverser la crainte de désirer, inhérente au désir lui-même, ou ceux de la perception d'un trop de jouissance investie dans le toucher qui obture, obstrue et obère le désir. Qui l'ensable, oserais-je dire, par évocation de la mer aux limites des terres ou du

1. Cf. l'article de René Devisch, « Modalités de contact sensoriel chez les Yaka d'Afrique Centrale » in *Le Contact*, J. Schotte éd., 1990, pp. 47-63.
2 Cf. J. Clerget, « Des astres » In *Le nom et la nomination*, Erès, 1990.

vent qui pousse le sable du désir sur des terres interdites. En effet, sentir ne se fait pas par procuration. Et nous découvrons en son acte un *impalpable* qui n'est pas un impalpé, mais bien davantage un palpé qui se creuse de la touche du désir et du cerne d'un manque où affleure la jouissance de la Chose interdite.

Ce que la main tendue vers l'autre engendre, c'est l'acte de l'amour, la fraternité. L'amour *en face*. Entendez l'amour éclairant sa face, son visage, du sourire du consentement, de l'accueil et du don. Ce chemin de l'amour nous conduit ainsi de l'objet aimé (*érôménos*) à celui qui désire (*érastès*). C'est là que, pour ma part, je situe le *sourire*. Strictement, ce n'est pas de percevoir le bébé qui libère le sourire chez une femme enceinte. C'est de toucher le lien qu'elle entretient avec le bébé sur sa face vivifère de jalousie reconnue. Le sourire naît au contact rayonnant et symbolique de cette intimité où ça parle d'un Autre en vérité. Non pas de la vérité vraie de ce qui est attendu, mais de la *vérité vivante* de *qui* est rencontré. Que la main confère un visage à l'autre, notre frère en humanité, dans l'espace d'une rencontre, telle est l'œuvre ouverte par l'haptonomie. Un être qui n'est pas actant de la fraternité ne saurait être ni haptonomiste ni psychanalyste. Il y va dans chacune de ces deux pratiques de l'humanité vivante et parlante. Si le visage est, ce que dit Emmanuel Lévinas, l'énoncé de l'interdit de tuer l'autre, il dit : « Tu n'es pas l'autre, ne le tue pas. Sois avec lui dans la confiance et dans le don de la parole ». Interdit et visage se construisent au visible rayon du sourire témoignant de l'invisible parole et du tactile, de l'offrande du corps détendu aux effets du parler et du sonore, au rayonnement des mots de la tendresse sous l'égide des noms.

Donner la main, donner sa main, l'expression est riche du don et du consentement, du don de soi-même à l'autre éprouvé dans l'amour[3]. Mais nous avons peur d'aimer et de désirer. Ce don potentiel, non encore vécu, met certains dans une situation d'extrême vulnérabilité, si proche du péril subjectif. La résistance est grande, du côté des patients comme du côté des praticiens. Car de cette main tendue vers l'autre naît un *maintenant*. Une main tenant en son recueillement d'accueil ce qui nous remet, ensemble, dans la communauté des humains. Les deux, patient et praticien, font alors l'expérience actuelle de ce qui fonde leur appartenance et n'est l'objet de nulle propriété. Ce maintenant signe et scinde la vie. Après ne saurait être comme avant, alors même qu'après, telle est la vie, s'entretiennent des fondations d'avant dans l'histoire du désir et l'archéologie de nos vies. Ce maintenant révèle qu'au plus intime, au plus proche du contact avec l'autre, je découvre la foncière altérité qui nous constitue en prochain. Maintenant est un si différent séjour.

---

3. Tel n'est pas Don Juan, « épouseur à toutes mains », I, 1.

Le souffle

Le bébé dans le sein est au contact de ses enveloppes accolées à la paroi de l'utérus maternel, corps en corps, et vivant d'élans rythmés. On pourrait dire : il est sensible au contact, tactilement, et peut-être plus subtilement encore à la voix. Il réagit. Il fait parler, invoquer sa présence vivante dans ses mouvements, s'ouvrir la bouche à des berceuses, et s'adresser à lui. Dans la mise au monde des enfants, la voix est là de toujours. Plus ou moins sonore, elle est là dans le concert des bruits du corps à nul autre pareil. La voix n'est pas un bruit. Elle est la voix de ce qui parle. Non pas que les bruits du corps : rythme cardiaque, souffle pulmonaire, transit digestif, etc. ne nous disent rien. Mais la voix porte la parole en portant la distinction des êtres. Elle exerce ses effets bien avant la naissance, bien avant que l'enfant ne parle. Et bien sûr pas seulement physiquement. Il ne suffit pas de savoir, parce que la science acoustique nous le démontre, qu'un enfant entend dès le septième mois de vie intra-utérine pour lui parler. Nous lui parlons parce qu'il est notre enfant attendu et porté. Cela nous échappe. De même, comment entendre autrement ce fait que, dans l'intimité sexuelle, des femmes enceintes, pour ne pas menacer la vie du bébé en elle, mettent spontanément une sourdine à leur entrain et à leurs épanchements sonores. Elles le supposent donc bien entendre.

La peau n'est pas seulement réceptive aux messages sensoriels tactiles. C'est visible à la naissance, l'amplitude respiratoire forcée par la clôture ombilicale se porte à l'abdomen et au corps entier. Un bébé qui naît respire de tous les pores de sa peau. Le corps respirant du nouveau-né est animé par la souplesse du ventre, lieu de séparation, relais du respir. La peau est réceptive aux vibrations sonores langagières, à l'intonation de la voix. Nous ne pouvons vivre sans contact vocal. Etre en contact vocal et tactile, c'est vivre dans l'être de sa corporalité avec le corps que l'on a. La respiration est liée à notre état émotionnel et à ce qui s'inscrit dans notre corps, notamment au niveau des diaphragmes thoracique et pelvien. La solidarité du souffle, du visage et de la peau s'exprime à travers ce que dit Flora : « Le détachement d'avec lui, ça va me permettre de me refaire une peau. Je vais pouvoir enfin mieux respirer. J'étais tellement culpabilisée, oppressée. C'était tellement sans issue… Je vais pouvoir me recentrer. Quand je parle de peau, je peux *envisager* d'être plus enveloppée ».

Le souffle est autre chose que la respiration[4]. Il est la vie. Il est vivant, il est vital. Il est engagé dans notre existence avant la naissance par le souffle placentaire, qui a, selon mes amis obstétriciens, le son d'une brise légère dans les frondaisons d'un arbre. Le souffle n'est pas seule prise d'air. Encore qu'un bol d'air frais puisse faire du bien. Il s'inhale et s'exhale au rythme du respir, dans le

4. Cf. F. Veldman, *Haptonomie*, PUF, 1989, chap. 26, p. 379 sq.

battement des poumons, soufflets mouvant les côtes. La respiration brasse l'air substantiel nécessaire à la vie. Le souffle embrasse le circuit subtil du désir qui donne vie à notre être relationnel. « Inspirer confiance » dit la langue pour exprimer l'entrée de la confiance en l'autre. Nos échanges humains sensoriels intéressent le souffle, directement présent au goût, à l'olfaction et au toucher, à la vue : une scène d'horreur peut nous couper le souffle ou l'écoute d'une narration pénible nous oppresser. Lorsque nous sommes dans le malaise ou le mal être, notre souffle est perturbé. Lorsque notre souffle est dérythmé, nous ne sommes pas bien. Il suffit qu'une main fraternelle se pose sur nous pour que nous allions mieux. Respirer la santé, c'est être bien dans sa peau. De même, celui qui entreprend ne manque pas de souffle ou celui qui ose ne manque pas d'air. L'air fastidieux du mépris nous gonfle. L'air vicié de l'orgueil nous porte sur les nerfs.

Dans la pratique haptonomique, l'approché « s'introduit *lui-même* par sa corporalité, en tant que réalité ressentie et vécue dans une phase de réciprocité, *réciprotonus*, qui, outre la capacité de *rester-là*, se caractérise par la *synchronisation du souffle* »[5]. Comment entendre cette synchronisation ? Il y va d'un partage du temps : la respiration se fait *en même temps*. Quelle est la valeur relationnelle et symbolique d'un tel *accord des temps* ? La concordance des temps est une règle grammaticale de base où le temps d'un verbe suit l'autre. Il ne s'agit pas d'une conformité, mais d'un accord, au sens musical du terme, d'un accord commun, d'un commun accord.

Entrer dans le fil du souffle n'expose pas au vide, mais à la vitalité du respir, nous relie à nos images de base. Les échanges respiratoires constituent notre première fonction symboligène de nouveau-né respirant, avec l'air substantiel où se déploient nos alvéoles pulmonaires et l'air subtil du désir qui règne dans notre entourage, au milieu des autres nous recevant.

Respir initial d'autant plus vital qu'il emporte avec lui le cri de la naissance, l'exercice de la pulsion invocante en appel d'Autre. C'est dans ce mouvement natif que nous portent les mains et les paroles de ceux qui nous accueillent. Souffle, parole et toucher s'ordonnent à notre naissance de nommés. L'éveil du nouveau-né, dans un ressentir incluant *il y a* et *j'y suis* (Maldiney), redéploie la sensorialité prénatale auditive et tactile, autrement. En touchant l'autre, notre essor de sujet nous voue à l'Autre, nous *suspend* à lui, ce qui est le contact. En cas de perte des limites du corps, de morcellement, c'est l'arrimage à des bords de présence charnelle et signifiante qui peut redonner vie au souffle où s'anime un sujet, dans un espace de confiance et de sécurité retrouvées aux bras de l'autre. La traversée du souffle permet la traversée du fantasme et des temps constituant l'histoire de quelqu'un, là où le thérapeute ne pourra faire fi de son inanalysé. Car le point aveugle de son fantasme organisateur de la

5. F. Veldman, *op. cit.*, pp.421-422.

relation peut aliéner à ce fantasme ou à lui-même la vie d'un patient ne pouvant pas se résoudre à dissoudre les amarres imaginaires qui empêchent toute navigation. *Navigare necessere*.

Le souffle représente le sujet dans son rapport à l'autre. Par lui, il est en relation intime. Le souffle est signifiant. L'harmonie des souffles s'opérant à l'insu des sujets en présence relève d'une autre synchronisation que seulement physique. En effet, voulue, intentionnellement recherchée, elle ne serait que physique, pulmonaire, donc asservissement de l'un à la cadence de l'autre. Il n'y aurait plus alors de rythme, mais seulement une cadence. Car toucher, ce n'est pas mettre l'autre à notre main pour obtenir de lui ou d'elle quelque chose. Etre en contact psychotactile avec l'autre, ce n'est pas le mettre au pas, cela évoque de tristes souvenirs. Ce n'est pas lui imposer une manière d'être et de faire, ni obliger son souffle à une cadence. Ce qui est proprement étouffant. La rencontre où s'allient les souffles est contact, alliant le tact et le souffle de vie (*libido vitalis*). Nous nous rencontrons sur la touche fleurie du désir.

L'alliance des souffles — car il y a bien souffle de deux sujets puisant au même air ambiant, substantiel et subtil — indique un mode d'être ensemble au plus intime, là où toute réflexivité des pensées est suspendue. Ce n'est pas le seul toucher qui compte, dans une distance critique, mais le fait d'être au plus proche du sujet du désir et de la parole, en sa naissance et en sa distinction. L'autre devient autrui, non parce que je me précipite sur lui, mais par ce qui restitue au plus proche du lien avec lui — souffles partagés — le lointain qu'il ne cesse d'être, car intangible. La présence ouvre une clairière dans le temps du désir d'être, où se livre un *main-tenant*. Affaire de réel. Cela est rencontre.

Quand nous entrons en contact avec un bébé *in utéro*, nos mains et notre cœur s'ouvrent à lui et à sa maman. Les mains et le cœur de celle-ci, ceux du père aussi quand il est là, se dilatent en sourire, portant au visage de qui éprouve cette rencontre le témoignage de l'origine ombiliquée sur ce qui parle, en chacun d'eux et entre chacun d'eux. Au plus intime, car le bébé n'est pas seulement *in utero*, comme une chose d'organe incluse, mais en corps de mère. Il est dans l'expérience intime d'un contact où le détachement symbolique est à l'œuvre, à fleur de peau et à portée de main, remettant chacun à la vie qui est sienne, réunissant des êtres vivants en consacrant leur séparation. Cela s'appelle rencontre.

Apte à l'autonomie[6], nous nous co-naissons en un temps partagé de souffle accordé. Souffle de vie. Vent du sourire. Toucher, c'est se mettre en mouvement : délié du souci de vouloir dire quelque chose. Quand la parole se donne en nous, elle ne dit rien. Elle nous porte à la naissance. Elle nous repose dans le bain natif de notre être. Elle nous immerge dans la sérénité du nom. Elle

---

6. Cf. J. Clerget, « Autonomie, quand tu nous tiens », *Approches*, n° 67, 1990.

délie le souffle du désir de vivre. Et nous suffoquons si souvent par manque d'air. Ce n'est pas vraiment que l'air manque ou soit vicié de pollution. C'est plutôt que nous n'osons pas. Nous n'osons pas prendre le risque de la vie. La vie au fond est ce qui nous fait le plus peur. Nous croyons parfois avoir peur de mourir, alors que c'est de vivre qu'il s'agit. Nous projetons notre impossibilité à vivre sur la peur de mourir. Mais cela nous empêche de vivre. Nous sommes à bout de souffle, épuisés et dolents. Nous nous traînons. Car vivre est notre secrète espérance, celle de rencontrer quelqu'un qui nous tienne la tête hors de l'eau et nous invite à poursuivre la route. Reprendre souffle dans la main de l'Autre. Un autre nous tend la main. Ses mains n'ont pas à bouger sur nous pour se faire sentir. Les mains de la présence sont légères.

Par le souffle, nous respirons et nous parlons, nous les êtres de liens par la chair et les êtres de parole par le cœur. C'est par le cri que nous en appelons aux mains de l'autre, au bercement dans ses bras où déployer les alvéoles de notre être. Si difficile abandon de ceux qui ont les bronches pleines de mucosités morbides de leurs atteintes physiques et psychiques, dévivre desséchant et déviant du vrai. Manque de toi. Manque de toit. Qu'est-ce qui, dans la vie, relaie le placenta comme compagnon des profondeurs et le premier toit, le giron maternel ? Le sens qui constitue tout habitat, tout milieu est le toucher. Ce sens aiguisé dès le sein « jusqu'au contact par les entrailles, une peau allant sous l'autre peau » (Lévinas). Tangence majeure inscrite à vie dans le mouvement tangentiel du désir vers l'inceste, où prendre la tangente fait parfois figure d'échappée libre à toute expression de vie désirante. Ce vécu de tangence du corps de bébé en contact interne au corps de femme est le lot de la maternité, ce qui lui revient en propre.

Les troubles respiratoires, oppressions, spasmes, asthmes, contractions du diaphragme, se donnent comme signal d'une *striction* de la personne sur elle-même. « Ça me saute à la gorge ». Et comme s'il ne suffisait pas de le dire, la personne montre de la main et du doigt l'endroit concerné en disant : « C'est là ». Les restrictions de l'amplitude respiratoire atteignent la capacité vitale. Elles portent atteinte à la présence du sujet dans son corps. De ce souffle court et coupé, la voix se retire et les mains se déssèchent, au sens propre du mot. Elles sont sèches, là où elles sont humides, comme dans l'inhibition. La solidarité du respir et du toucher se fait par les mains et les pores.

Deux poumons et un cœur. Le rythme systolique et diastolique engendre de l'intervalle et ménage des interstices. La respiration est inspir-expir, comme le rythme cardiaque est diastole-systole. Le respir n'est pas un, pas plus que les battements du cœur, chaotiques à souhait. Le contact est sens et moyen. *Yad* en hébreu allie la main et le souvenir. La peau est le « pas encore de lumière ». La main se souvient de la lumière. L'acte humain procède de la main. Il suffit de relire les *Actes des Apôtres* pour rencontrer les nombreux « jeux de mains » de l'esprit. « Et le saisissant par la main droite, il le releva » (3, 7). Il s'affermit dans le marcher. « Par les mains des apôtres, ils faisaient de nombreux signes » (5, 12) ; « Ils mirent la main sur les apôtres » (5, 18) ; « Ils leur imposèrent les mains » (6, 6) ; etc. Au chapitre 17, Paul est devant l'aréopage. Le signifiant de la main conjoint au verbe faire (*poein*) insiste singulièrement. Il y va d'une opposition entre une opération du sujet comme tel, s'indiquant à distance des choses, et une opération d'un membre du corps agissant au plus proche de la réalité matérielle (Jean Calloud). L'homme entre en scène sous forme de main et d'adjectif qualifiant la main de *cheiron anthropinon*. La main humaine construit des réceptacles vides et distribue des objets quelconques tant qu'elle n'est pas subordonnée à l'Autre et que l'échange n'est pas réglé par les lois du langage et le passage à la parole. Dieu attend de l'homme qu'il fasse quelque chose de ses mains : autre chose que des idoles.

Évidement de l'ombilic

L'interdiction : « Faut pas toucher à ça » ou « ne pas *se* toucher » tient à un rapport tactile inajusté. La main et le licite. La main et l'interdit. L'interdit de toucher confine souvent au tabou du toucher. C'est oublier que « l'intouchable est le nom d'une impossibilité avant d'être celui d'un interdit » (Lévinas). Tabou à entendre comme l'envers de la rencontre. La peur à l'œuvre ne serait pas tant le toucher, mais ce dont il est investi : une charge érotique, une densité pulsionnelle, un mouvement de haine de l'autre, une envie de le tuer. Car sentir le corps de l'autre, c'est sentir la présence de l'autre corps. Or s'il y a deux éléments qui ne peuvent pas occuper simultanément la même place, ce sont bien deux corps, de toute nature, dans les cieux comme sur la terre. Corps célestes ou corps humains. Les doigts ne perçoivent pas les seules nuances tactiles, ils touchent *à* l'autre. Ils touchent chez l'autre une autre scène. Et surtout le toucher *implique* une réciprocité. Sa dualité fait peur. « Ce n'est pas vraiment moi. Je me parle avec l'enveloppe des mots » peut dire un patient.

Je me touche. Je touche de la main ou du doigt une partie de mon corps. Je sens de mon doigt la pulpe de mon oreille, son tracé, sa texture. Mais je sens aussi du point de l'oreille touché la pulpe du doigt touchant. Je sens la main sentir. Je sens ma main sentir et sentant mon oreille. Le touchant est touché. Le senti est sentant dans le toucher.

Le toucher du corps propre ordonne deux couches, en continuité digito-tégumentaire. On ne touche pas seulement avec la main, mais aussi avec les lèvres, ou toute zone du corps pouvant être contiguë à une autre, au corps d'un autre. Se toucher désigne l'onanisme, la jouissance de soi à soi. La masturbation amène la main à être en contact avec les seuls bords du corps, sans autre, autrement qu'imaginairement. Plus manuelle pour les hommes, plus digitale pour les femmes, la masturbation laisse le sujet sur les traces d'une carence onaniste (Freud). Il manque toujours quelque chose à la satisfaction trouvée. Qu'elle soit faite pour le plaisir, pour dormir ou pour soulager une tension, il lui manque la dimension de la rencontre qui redéploie les jouissances partagées. La masturbation est un plaisir de seconde main. Elle n'est pas en tiers. Le besoin d'affection peut faire préférer la main inerte de l'autre sur soi « même si la main est morte, tant pis, j'aime mieux faire avec que sans ».

Dans l'approche de l'autre, le corps se fait livre ouvert, page à écrire, geste d'amour, portée de désir. L'autre me fait découvrir et mon corps et moi-même, comme jamais je ne l'aurais découvert de moi-même seul. Il est agent et témoin. Mon corps et mon être vibrent à l'autre parce que c'est sa main, parce que c'est lui. Toucher est le chant profond des êtres. Toucher est la corde sensible de l'instrument du temps jouant la musique des êtres. Toucher requiert du doigté. Toucher est une « voix d'outre-chair » (François Solesmes).

L'esprit d'évidement dans l'art d'entrelacer les mots est comme une architecture propre à faire chanter les édifices. Nous tenons notre intériorité de cette tangence outrepassée de l'en-corps, du fait que le commencement est lui-même précédé, non représenté, d'un *ayant eu lieu*. D'où la part inaliénable de ce qui fut vécu dans le corps de celle qui nous a porté. D'où cela que la lumière d'un visage est nécessaire à la séparation. « Je sens la peau de l'air, et pourtant nous demeurons séparés » chante André du Bouchet. C'est sur la peau de l'air, milieu où se propage la lumière, que se posent et se reposent les *intouchables*, ce qui se dérobe entre les êtres. Mon prolongement dans les intervalles produit l'épaisseur, « comme en avant de soi », où retrouver, y ayant pris corps, le discontinu de l'autre, l'interruption, « aussitôt à la tangence de la main avancée ».

Le contact, comme son nom l'indique, n'est pas un pur et simple toucher. Il est contact requérant du tact. Le laisser aller dans le contact ne va pas de soi. Pour personne. Dans la situation d'attente d'un bébé, ni pour la mère, ni pour le père, ni pour le praticien, ni même pour le bébé. Il ne suffit pas de dire que l'on veut entrer en contact pour être prêt subjectivement à le faire. Les phobies intégrales du toucher sont assez rares, le plus souvent le phobique ne craint pas le toucher. Il vient même contre nous parfois. Ce qu'il craint, ce n'est pas de s'abandonner au contact, il le désirerait plutôt, c'est d'être abandonné passée la matérialité du contact. Le phobique est assez matérialiste en un sens. Il a de la peine à avoir foi en la parole. Il y croit tout simplement. Et de ce fait, il la défie. Il est avec le besoin de sentir ce qui se passe, d'en contrôler le déroulement et de garder vigilance, en une part réservée de lui-même. A respecter, bien évidemment. En cure, la phobie requiert de la patience. La patience de ce qui ne cessera pas. Au-delà des fantasmes érotiques à l'endroit du thérapeute, ce avec quoi il lutte intérieurement, c'est avec une *catastrophe*, le vécu catastrophique d'une séparation, celle de sa mère et de lui-même. Les phobies ont des racines subjectives anténatales. Elles sont souvent héritées d'un moment de la grossesse où la mère a abandonné son enfant au fond de son ventre : du fait de sa propre phobie ou dépression (larvée), du fait de traumas, de peurs violentes ou de terreur. On peut s'interroger sur le rapport entre l'objet phobogène de la névrose ultérieure et la position de l'enfant pour cette mère-là. Ne fut-il pas pour elle, au cours de la grossesse, durablement ou non, corps vampirique, cheval de guerre, place vide, grotte atterrante, araignée... Ce que le phobique va craindre dans le contact, c'est la perte du contact. Tout contact psychotactile est une sorte d'ombilication, plus ou moins régressée, à la fonction vitalisante de l'autre — placentaire. Alors le contact est vivifiant, heureux même et source de grand apaisement. Mais après, la rupture — ce qui est vécu comme tel — est plus insupportable encore, car elle est pareille à un redoublement de l'abandon et au sentiment de s'être laissé prendre au piège de ce redoublement et à celui de s'être fait avoir. Quand la proximité redouble le trauma d'une séparation intenable, c'est qu'il manque la distance symbolique où peut s'élaborer l'intenable de cette séparation — et la répétition qui s'en suit dans les symptômes.

Une ombilication vocale et tactile est déterminante pour la reprise des lourds traumas de vie et la possibilité d'en symboliser l'existence dans une vie. Pareille ombilication a pour enjeu que quelqu'un y croie, qu'un autre que moi y croie par delà toute réalité de souvenir, y croie comme étant ce qui m'empêche de vivre. Une écoute objectivante, un contact chargé de la volonté de réparer, comme on le ferait en chirurgie, participent de la négation de ce qui est exprimé. Ils sont le fait de l'incrédulité. Comment articuler en vérité la quadruple dimension de l'incrédulité et de la *crédulité*, de l'incroyance et de la *croyance*, du *crédit* et de la *foi*. *Qui* croire ? Dans la reprise transférentielle d'un trauma, l'analyste est *délocalisé* (Monique Schneider), ébranlé dans ses assises et ses convictions, que ce soit dans le cri inmaîtrisable, les pleurs irrépressibles, les secousses qui font choir du divan ou les mouvements qui empoignent le corps de saccades effrénées. *Où* s'arrimer ? Reprendre le trauma n'est pas seulement le revivre, ce qui n'ajouterait en soi pas grand chose de résolutif, mais le revivre avec un autre dans le contexte d'un *travail* où le contact lui-même fait effraction, où la parole elle-même prend valeur traumatique. Il n'est pas étonnant que le corps soit le lieu électif d'inscriptions lésionnelles : perte partielle de la vue, inversion hormonale, poussée de boutons, mastose, infections urinaires, toux rebelle... tous symptômes en appelant au nom du père. Car l'un des ressorts en est la re-mise en scène du meurtre du père qui sourd de *l'anachronie* de sa *per*pétration, ce qui pose référence à l'origine. La reconstruction de ce fond de référence paternelle autorise l'usage du souvenir en tant que celle-ci participe de la fonction mémorielle du langage. Le langage est mémoire d'un crime rejeté du souvenir. Crimes primordiaux, l'inceste et le parricide, ne tuent personne, mais ils sont à l'origine de la Loi universelle, comme l'énonce Jacques Lacan, parlant du *Totem et Tabou* (1912) de Freud. Avec la loi et le crime commence l'homme. C'est fort gênant pour l'imaginaire.

C'est à cette double ombilication, déroutant toute image, que s'adosse l'écoute, celle qui reconnaît un mouvement tangentiel du désir vers l'inceste et le meurtre du père. Ce n'est donc pas une affaire de touche-pipi ou de jeu du docteur, mais celle de deux écoutes entrecroisées comme une naissance portant témoignage de l'origine. On n'est pas trop de deux pour produire le mouvement ombilical où l'on va retrouver la confusion, reconnue cette fois dans son caractère insupportable (qui ne peut être souffert) aux fins de l'expulser au dehors, comme lors d'une naissance, ce qui ne l'enlèvera pas de la vie du sujet, mais lui permettra *de vivre avec*. Qu'il y faille là parfois mettre la main ne me semble rien moins qu'humain. A la condition que ce « cordon » ne donne pas sur un vide absolu, durablement[7], là où l'autre compte sur nous, mais ouvre sur l'évidement de l'autre, animé par la castration ombilicale symbolisant la séparation du langage et la clôture corporelle. Il ne s'agit pas de s'arracher le nombril, mais de restituer au patient la possibilité de *rêver le mythe*, pour le façonner à sa main et ne pas exclure toute origine.

Il se peut que quelqu'un veuille être touché, mais ne puisse entrer en contact avec l'autre.

Il se peut que le contact touche de trop près les choses du désir recluses dans la démarche de toucher.

Il y a des personnes qui ne peuvent *ressentir* le contact, n'ayant pas encore découvert ou ayant déjà perdu ce que toucher veut dire. Nous rencontrons des sujets pour qui les effectuations sensorielles ne sont pas constituées ou incomplètement. Chercher avec eux ce qui fait sens pour eux est la prime chose à établir.

Base de vie

Cette vie qui naît de l'accouchement des mains du contact, saurons-nous lui donner un nom ? Le souffle de cette vie trouvera-t-il la voix de l'appel et du nom ? Notre adoption de vivant en humanité.

Y aura-t-il assez d'Autre dans la main de l'autre pour que j'y puisse confier ma vie ? Car là aussi est un ressort périlleux. La possibilité de réaliser ce passage où la vérité ne s'accomplit que si nous nous y sommes livrés entièrement, corps et âme. Je dis *entièrement*, et non pas totalement.

Il convient de distinguer la jouissance du corps de l'autre et le plaisir de la rencontre, la beauté de l'autre et la joie de le connaître. L'un des points d'échec du contact est la *séduction* au sens où le toucher nous revient en jouissance, où il conduit à soi (*se-ducere*), où il ne conduit qu'à soi. Cette séduction-là est subtile. Elle est très présente dans les discours des praticiens, à leur insu. Dire que quelqu'un nous plaît n'est pas une séduction à proprement parler. La séduction, c'est d'être conduit par quelque chose qui nous plaît en l'autre — un trait d'identification —, et que nous méconnaissons, ignorons, rejetons ou ne

7. P. Prayez donne un exemple de pareille absence, *op. cit.*, pp. 236-237.

voulons pas connaître. Cela est la séduction inconsciente qui a un double effet : celui de nous identifier à un élément de l'autre et celui d'y suspendre notre être et le sien. Nous ne pouvons pas rencontrer l'autre comme tel lorsque nous sommes l'un de ses traits. En même temps, cela est incontournable au transfert. C'est une telle séduction qui requiert l'expérience préalable de la cure pour le praticien et l'activité psychique de l'écoutant.

Les propos de certains amis engagés dans la pratique haptonomique, attendant un bébé, faisant une thérapie ou se formant, m'incitent à la réflexion. Le vouloir découvrir n'est pas un désir de vivre. Car là où il est question d'acquérir quelque chose surgit un ne pas pouvoir se confier à l'être-là. Lorsque le temps subjectif n'est pas respecté, quand l'accouchement par exemple est programmé, précipité ou médicalisé plus que nécessaire, chez une mère qui garde en elle la fixité du temps de naître de son bébé (tel jour, car chaque mère a une date intime pour cela), c'est l'enfant en elle qui est malmené. C'est en elle que l'enfant n'est pas né. Mais surtout s'établit un point de *non retour*. L'enfant va rester collé au corps maternel en ce qu'il ne peut faire retour psychiquement en elle. Il ne peut être incorporé vivant sur sa scène psychique, comme vivant hors de son corps, comme né.

Emouvante est la naïve confiance d'une mère qui *sent* bien en elle, avec son bébé, l'effet apaisant et vivifiant de l'accomplissement du contact. L'inscription du sujet prétendant à la parole, pour lui-même et le bébé porté dans l'exercice du symbole, conduit à *s'abandonner à un acte de foi* qui accorde crédit sensoriellement à la parole de l'Autre, engageant son histoire écrite en son corps. Ecouter sous la main l'inconscient à fleur de peau, fleurissant en la personne d'un bébé, c'est instaurer un lien de transfert où se créent des formations de l'inconscient, rejetons des désirs infantiles, avec ressac émotionnel possible des éléments de vie refoulés, déniés ou rejetés. Tenir dans cette traversée inattendue permet de donner place et vie au bébé, comme étant autre que soi. Confier son enfant à la main du papa de celui-ci est acte authentique de mère, mouvement de son adoption dans le chant des noms. C'est laisser vibrer l'âme du contact.

Juste un point d'illustration. Lorsqu'une femme attend un bébé, l'intégration de sa base pelvienne, et après l'accouchement, la réintégration de celle-ci, est une pratique qui n'est pas essentiellement physique, mais implique un remaniement de la relation avec le bébé. Marie parle d'avoir porté un bébé dans un ventre mort et tendu d'angoisse. « Haut porté dit-elle, et dès qu'il descendait, ça me paniquait. Il remontait... Je repense à la patience et à la prudence, au risque de court-circuit, à la hâte, et qu'il faut prendre le temps, faire le chemin ». L'enfant n'est pas sans la mère. L'enfant naît passant la mère.

Cette femme, avant d'être enceinte une autre fois en cours d'analyse, rend visite à un praticien de l'haptonomie « pour prendre conscience de sa base ». Elle « descend » donc dans sa base, lors d'une séance dont elle parle ainsi :

« J'étais à la fois bien et mal. C'était très émotionnel. Il y a quelque chose que j'ai pensé à retrouver. “Réintègrez votre base, disait-il, il faut revenir, pourquoi vous êtes partie ?”. C'est donc que je l'avais perdue. Le soir-même, j'ai eu envie de faire l'amour avec Patrick *dans* moi, tout de suite. Il est venu dans moi. On a fait l'amour. On a été tellement surpris. Il a eu du plaisir *avant* moi. J'ai été surprise : je ne m'attendais pas à ce qu'il ait du plaisir si vite. On s'est retrouvé très surpris. J'ai pleuré.

J'ai repensé : “Réintégrer votre base”, c'est pas le bon mot. Ce serait plutôt habiter, y aller, découvrir pour être aimée de mes parents, pour garder leur amour. Je ne suis pas allée dans ma base.

Il était là. Dedans. Je le sentais.

Le soulagement qu'on a après un orgasme, je l'ai senti après avoir dit : aller dans ma base.

Je me suis coincée pour être aimée de mes parents.

J'ai pleuré. Me dire que *réintégrer*, c'est pas le mot, ça m'a bercée. C'était quelque chose de très doux. Ça a quelque chose de rassurant, Patrick si proche.

J'ai eu une sensation physique qui partait d'en haut, comme une vague, un souffle. Ça a été très fort. Des tensions sont tombées dans les liens que j'avais avec mes parents, une agressivité qui s'est apaisée ».

Pour réintégrer, il convient d'avoir préalablement intégré, ici la base pelvienne, métaphore de l'ouverture non pas du sujet qui en serait écartelé, morcelé, mais de son corps, de ce lieu du corps qui vaut comme nacelle du porter. Cela apaise, l'erreur de l'autre, car elle fait venir à la vérité de son expérience qui est d'habiter. Cette femme met en acte immédiatement, le soir même, ce signifiant de son histoire. Son corps n'est pas habité, il est *à biter* sur le champ, dans l'insistance mise à ce que son mari soit *dans moi*, comme s'il s'agissait de traverser l'image de soi par le sexe de son homme et dans la révélation d'une profonde surprise. Le discord temporel du plaisir a révélé la profondeur d'une surprise, d'une *prise sur* ce qui était latent de son histoire : avoir cédé sur son désir d'être, en fermant sa base pour ne pas perdre l'amour de ses parents, fermeture entretenue par la haine et le reproche à eux adressés. D'avoir ressenti sa base, son mari *dedans* elle, a valu comme équivalent d'un orgasme, dans le bercement de la proximité de son compagnon. Et c'est l'inscription dans le corps qui fait force : vague et souffle. Elle a été comme soufflée par cette vague ; toute à la surprise du plaisir antécédent de l'autre. Et ce d'autant plus qu'un des signifiants de la jouissance féminine était présent dans le propos de l'obstétricien : « Pourquoi vous êtes partie ? », comme si elle avait joui. « Je suis partie » disent certaines femmes à l'éprouvé de l'orgasme. Mais nul doute aussi que la grossesse puisse être pour une femme le temps d'une jouissance particulière et celui de la découverte de celle-ci.

L'apaisement du sujet ressenti dans le corps en appelle rétro-activement à la lecture de son histoire portée à l'écoute d'un autre, pour cette femme, en deux lieux distincts (pratique obstétricale et psychanalyse), entre deux hommes distincts (l'obstétricien et le psychanalyste).

Lorsque les tuniques vaginale, périnéale ou pelvienne se font tunnel et mur, obstacle au passage, une sorte de mise en alerte s'opère qui laisse craindre le pire à la parturiente à venir. Si les accoucheurs écoutaient les femmes, les interventions seraient assurément plus pertinentes et en meilleure intelligence d'à-propos. Certaines cessations de contractions en cours de travail évoquent l'arrêt d'un mouvement de mort ou de rétreinte douloureuse de la mère sur elle-même, une imminence de fin, une crainte hémorragique d'y rester. « Ça ne passe pas ». « Ça ne pouvait pas passer », disent-elles ensuite. « C'était la dernière heure ».

L'inscription de la base, éminemment génitalisée comme on vient de le lire ci-dessus, atteste du secours et du recours à la place du mari — père des enfants. Comment pouvons-nous aider les mères à *transférer* l'enfant de leur giron aux bras d'un père qui sache respecter la sécurité de base de l'enfant dans son ouverture au monde ? Naître, c'est passer à travers la filière génitale d'une femme, être brassé par les os de son bassin, presser sur ses parois charnelles, les distendre, les forer, les forcer même. Le biais par lequel la sensation, la sensorialité maternelle est concernée, introduit à la considération de la sensibilité du bébé, dont la maman-parturiente est mémoire et porte-trace, agent, scribe et voix du souvenir. Une maman raconte la naissance à son enfant à l'ombre ou à la lumière de son vécu de l'accouchement. Et le père est là, vivant témoin de l'acte — et non spectateur de la scène, non pas voyant, mais donnant à entendre. Il se peut qu'il ne comprenne rien à ce qui se passe. Cela ne l'empêchera pas d'exprimer dans sa sensibilité propre en quoi et à quoi l'événement l'affecte.

Phorie — phobie

Une femme enceinte peut se clore sur la satisfaction qu'elle prend à l'état de grossesse, par la nouveauté d'un tel vécu dans sa vie, par le repli qu'intime ce moment, par le retrait qu'il suscite. Je ne parle pas là de la jouissance qu'elle a du bébé porté, qui le fait être pour elle, dans son corps et dans son cœur. Sont intimement mélées les deux formes de jouissance : celle de l'état de grossesse et celle du bébé. Non, je parle de la capture par des sensations qui forment clôture de son être et bloquent les issues de son ouverture au monde, ferment les voies de la mise au monde qui est en cours, cette clôture qu'on dit être une enceinte, dans un monastère par exemple.

Cette prise des sensations, de la mère pour elle-même et d'elle-même avec l'enfant, opère un collage qui obstrue la part du tiers et paralyse leur enmarche. Les maux prennent le premier plan, le devant de la scène, et le ventre lourd de chagrins, de douleurs ou de passions masque le surgissement de son visage de porteuse de la vie. Il y a réclusion de son être en deçà de l'acte où s'opère la transmission de la vie, de par elle avec un autre. L'enfant se fait objet d'appropriation des maux ressentis dont il « est » la cause et l'enjeu de propriété comme chose à garder en soi inexpugnablement. Du coup, l'enfant se vit — dès le sein ! — comme envahi de mère, la portant constamment en lui, non seulement comme un fardeau, mais plus encore comme un miroir, n'ayant qu'elle à qui se vouer, sans autre recours qu'elle. « Avec l'amour maternel, la vie vous fait à l'aube une promesse qu'elle ne tient jamais » écrit Romain Gary[8]. « Jamais plus » s'écrie-t-il ? Et le cycle du retour du connu et du même, « partout où vous allez, vous portez en vous le *poison des comparaisons* », s'installe, n'ayant pas d'autre terme, nul autre mot et nulle autre fin, que de revenir à cette empreinte première. Empreinte qui annule tout tracé de séparation instaurant un sujet.

Du coup, la *phorie* de l'attente se transforme en phobie qui prévient tout mouvement de parole. L'*oser dire* est reclus dans l'œuf de la toute-puissance. L'enfant n'aura d'autre regard pour dire des mots que celui de la crainte d'échapper à l'inclusion du regard maternel. Son être-*là* au monde est bloqué dans le mouvement d'invention de ses possibles. Il n'y a plus ni possible ni véritable impossible. Il n'y a plus que la ritournelle comportementale du déjà su, abolissant toute surprise. Surprise tenant à la *prise* du signifiant *sur* nous pour nous faire exister comme sujet de la parole. Le phobique a peur des mots. Il a peur des mots en tant qu'ils séparent de la chose représentée. Il craint le mouvement que les choses créent en nous, émotion, surprise, quand elles se refusent à leur nom auquel nous les reconnaissons comme semblables et différentes à la fois. Le phobique a peur de la naissance et du mouvement qu'elle engage. Il tend à chercher refuge dans le grand ventre du Tout qui le met à l'abri de la mort.

Le phobique est malmené par l'objet maternel qui prend figure de terreur et de dissociation de son image de base cohésive atteinte et menacée par cette pression intérieure. Objet non césuré de lui, occupant, telle une place forte, enfermante et défendue, le lieu de la coupure ombilicale non symbolisée comme césure entre enfant et placenta. La phobie est une tentative — compromis névrotique — de résister à ce mouvement de précipitation et d'inclusion dans l'objet initial, viscéralement et scopiquement, dont un sujet se défend de tous ses sens et de toutes ses sensations, avec lesquels il finit par se confondre, se *prévenant* ainsi de ce qui parle dans une rencontre et à l'intérieur de lui. Parole qui aurait un effet de séparation et d'institution subjective. Cela fait peur au parlant que de venir à ce qui parle en lui, car ce qui parle le coupe, le castre de la jouissance d'être Un pour le Tout. Les sensations occupent le lieu où la parole serait. Sans jeu.

---

8. In *La promesse de l'aube*, Folio Gallimard, Paris, 1980, p. 38.

La phobie, et l'angoisse qui en surgit, est apparentée à une peur « que je te vole, ta vie, ton nom, ton sexe ». Si la parole est de la mise, on va savoir « que j'ai volé la vie », donc qu'elle n'est pas donnée. Le vol de la vie va jusqu'à la disparition de toute enveloppe porteuse. « La menace dit une patiente, c'est que je me sens sans enveloppe. Maintenant, je surveille la peur. [La peur de la folie dissociante]. J'aimerais jouer parce que quand on joue, on s'oublie ».

Le phobique est *sous le regard* du fonctionnement digestif ou viscéral, allant jusqu'au vomissement ou dans certains cas l'avortement pour éprouver la séparation du contenu de son ventre et du contenant qu'il se croit être. Les phobies si actives des parents à l'endroit de *leurs* enfants participent de cette nécessité. Toute séparation éprouvée comme insupportable est ramenée à la volonté de reposséder l'unité perdue. L'enfant ne peut être *supporté* hors du regard, sans quoi il est perdu, devant vivre de la permanence de cette instance scopique sur lui, qui, par intériorisation progressive, devient l'œil du surmoi dans la tombe de jours sans soleil. Le *surmoi* est la forme intériorisée et jugulante d'un regard sur moi porté sans autre recours. Il n'est pas étranger à certaines frigidités féminines, celles des femmes en qui est instillé un regard au lieu d'un *être avec*. Regard qui empêche ou arrête leur transport au bras de l'Autre. Cette forme de frigidité vient d'un trop d'attention aux sensations qui rapte le mouvement du don de soi à l'autre dans l'abandon de soi-même. Cette capture des sensations prive de l'autre sujet, le mettant en la position de vous prendre comme objet, dans la soumission à sa toute-puissante volonté. Mais c'est alors l'autre qui est pour vous objet et non l'inverse.

L'apparition d'une phobie est un refus de l'inceste. Sous forme symptomatique, elle est une lutte contre le dédoublement incestueux qui paralyse et enraie *l'être avec*, engluant dans un trop de chair ou d'image. La peur phobique de l'inceste — d'abord vécu avec la mère — surgit quand il y a risque d'épouser le regard de l'autre. Ne pouvoir oublier ce regard, ne pouvoir, au sens strict, le refouler amène à camper sur les positions de la réserve ou du retrait. Si une femme qui fait l'amour est arrêtée dans l'ascension de sa jouissance, c'est qu'un regard surgit. Et, avec ce regard, s'impose une scène où figure « un père » aliénant et rapteur, coupant court aux effets engagés dans le laisser aller de soi à l'Autre avec un autre. La peur phobique des mères insatisfaites engendre l'inhibition de leurs enfants. Elle porte à conséquence de symptôme par défaut de reconnaissance de la peur agie. Que des parents se fassent du souci quand leurs enfants sortent par exemple est chose qui signe leur désir de les « voir » continuer de vivre. Autre chose est la peur prenant la place du souci en interdisant toute sortie — le mot dit bien ce qui convient — et en devenant la règle qui ordonne toute prescription familiale. La vérité du partir inscrite au cœur de la vie appelle le retour — et sa joie — quand elle n'est pas empêchée par une jouissance redoublée de possession qui devient sa propre fin. Possession sans résonance, c'est-à-dire excluant ce qui touche l'autre sans l'aliéner à nous dans une relation où se fait entendre la parole séparatrice des êtres.

Or, une femme enceinte peut avoir des fantasmes meurtriers à l'endroit de son enfant, du fait même qu'elle n'en est pas l'origine. Car elle est, avec un père, aux commencements de la vie de cet enfant-là, leur enfant. Mais de crainte de paraître mauvaise mère, elle devrait taire de tels vœux, afin de préserver, aux yeux des autres et aux siens propres, la figure d'une bonne mère. Mais une mère, c'est quelqu'un dont de pareils fantasmes sont reconnus en parole, car exprimés, ils ne sont pas mortels pour le bébé. Ce poids de la mort s'infiltre en nous comme un abandon. L'angoisse d'être dévoré, assassiné par sa mère et plus couramment abandonné, occupe une part de la vie d'un enfant, et ce dès les débuts. L'accouchement fait vibrer cette question : qui des deux risque de mourir ? Demandez-le aux sages-femmes. Que la mort soit en jeu ne leur échappe nullement. Ce qui sous-tend le fantasme infanticide est le vœu de reprendre la vie qui s'est donnée de par son entremise. Car donner la vie nous divise, entre joie et souffrance, entre plaisir et douleur. La dépression du post-partum pourrait aussi engager le deuil du fantasme mortifère sur le chemin de la vie réelle et bouleversante du bébé, dans la cessation de l'état de grossesse, ce dont une femme a à se remettre dans son corps et dans son esprit. Il peut y avoir en elle de la haine pour les signes de la maternité : traces laissées sur les seins et le ventre, les cuisses ou les hanches, vergetures, épisiotomie, césarienne. Haine qui témoigne de la prise signifiante de la fonction de l'inscription au corps des marques de la vie — qui, dissoutes psychiquement comme traces, permettent la ré-incorporation de l'enfant vivant dans un cœur de mère, lieu en elle d'où elle lui parle quand elle le tient dans ses bras. La rupture des eaux, rupture de la poche langagière du discours maternel, libère la parole de l'enfant, dont le cri, entendu par une personne avertie, résonne comme mise au monde de son être à une demande et signe sa dépendance vitale à l'Autre.

Une sensation d'enfant qui ne serait pas référée, au départ, à une différence dans la parole, entre l'autre et lui, sera ressentie, plus tard, chez « l'adulte » qu'il deviendra, comme *extérieure* à lui, ne le touchant pas, demeurant en lui comme douleur, propriété de l'autre, siège de l'autre en lui. Cette sensation enkystée de l'autre en soi, et dont on ne sait ni d'où elle vient ni quoi faire, a nom d'angoisse.

Quel est le doigt, quelle est la main autorisant l'inscription d'une différence ? Pas celui, pas celle de la papouille qui invalide l'inscription signifiante, qui fait que « le signifiant ne se greffe pas » (Sophie Collaudin). Sur l'arbre de la génération, la chair du surgeon ou l'élan du rejet requièrent une greffe de signifiant pour donner fécondité à cet arbre franc de pied — qui ne reste pas à l'état de sauvageon non institué dans la sève du désir et dans le terreau de la parole qui donnent vie au vivant. On nomme celui-là un *rejeton*, qui est enfant de ses parents, et fils de la parole dans le grand arbre du langage. Et c'est l'entente qui permet que des signifiants soient entés sur le sauvageon du vivant pris d'Autre.

Il y a des peurs ou des violences in utéro qui ont comme interrompu le courant sanguin de l'échange fœto-placentaire, et le courant de vie entre mère et enfant. Des femmes enceintes ont l'angoisse de ne pouvoir, de leurs mains, de leurs sens en éveil symbolique, de leur cœur donc, *adopter* véritablement leur enfant. Elles se sentent coupées de lui. Cela témoigne d'une contradiction inhérente au don de la vie et à la relation avec le bébé. Ce qui est traumatique, c'est une rupture constante dont la mère n'a aucune conscience, qui, du fait même qu'elle est insue, passe inaperçue, mais demeure vivace. Tout le monde alentour croit qu'elle vit un heureux événement, mais au fond d'elle, parfois le percevant et parfois non, elle n'est pas avec le bébé : grossesse déniée, refusée… Il ne bouge pas, se terre au fond de son ventre qui ne grossit pas. Il est vivant, mais il n'est pas en vie. Tout autre est la coupure due à un choc physique — qui peut menacer la vie réelle du bébé — ou émotionnel qui met à distance de lui par retrait au dedans de soi-même. De même, le dédoublement ponctuel d'une femme qui livre son ventre à la ponction choriale ou à l'échographie, qui n'en veut rien ou n'en peut rien sentir, la détache provisoirement du bébé.

Différente est la coupure d'avec le bébé dans l'intimité sexuelle, seule, lors de la masturbation ou avec son compagnon. Une femme enceinte relate. « Mon enfant sera dehors bientôt. Tous les deux, ça va bien. On s'entend bien. Ça se renforce. Ça va bien aussi avec Jean [son compagnon]. On s'aime bien. Mais les relations sexuelles entre nous, c'est toujours un problème. Pourquoi on peut pas avoir la tendresse et l'amour physique ? J'arrive à me culpabiliser, quand je me fais plaisir toute seule, par rapport au bébé. C'est un peu comme une faute, comme s'il était *témoin* d'une chose vécue seule sans son père. Dans cette intimité énorme entre nous, il doit *bien ressentir l'idée qu'il y a du plaisir dans moi, violent et qui fait plaisir*, comme s'il était *voyeur* de quelque chose… Elle parle des pièces de l'appartement et poursuit : Je pourrais pas avoir de rapports sexuels avec mon mari avec les enfants présents. Avec le bébé, ça me gêne qu'il partage cette intimité-là.

J. C. — Vous lui prêtez un regard.

– Oui, souvent après, ça tire sur mon ventre. Peut-être il le ressent ?

L'absence de rapport sexuel, Jean et moi, c'est un désir qui se concrétise jamais, et c'est pas plus mal. C'est une façon que le bébé ne participe pas à cette chose-là. Je voudrais qu'il soit exclu de cela. Enfant, ça nous arrivait d'aller frapper à la chambre des parents. "On fait l'amour" disait mon père. Ma mère était choquée de ça. "Qu'est-ce que tu dis là ?" rétorquait-elle. Un tas de choses transitaient par cette chambre… »

Les mains de la masturbation sont et ne sont pas les mêmes que celles qui entrent en contact avec le bébé. La culpabilité accuse le retrait, la perte du contact avec le bébé, comme si *se* toucher ne permettait plus de *le* toucher, trait marqué par le retrait du « toute seule », sans son compagnon, au moment de cet acte. Cette femme est prise par un plaisir qui fait plaisir et qui rend coupable de ne pas ouvrir à l'autre. Culpabilité redoublée de projection : comme si elle serait obligée plus tard de parler au bébé de ce qu'elle se faisait durant la grossesse, comme si la masturbation pouvait porter atteinte à la phorie de la grossesse.

Cette inscription de la phorie tisse la trame des mémoires charnelles et fonde la possibilité du souvenir, ce en quoi elle est un frayage de notre avancée dans le monde, lieu où notre vie s'aventure en penser et en sentir, où s'institue le ressenti. La pratique de l'haptonomie prénatale est une *visitation*. Nous venons « voir » quelqu'un chez lui dans un temps de fécondité révélée. Nous lui rendons visite et visitons son histoire, à son consentement, dans la compagnie d'une écoute qui fait œuvre de discernement et de discrimination : tout ce qui est dit, tout ce qui est perçu, tout ce qui est senti n'est pas du même registre, ni du même tabac, ni de la même eau.

Dans le concert de cette coprésence, nous sommes dans l'état d'une *intimité indescriptible*. « On ne raconte pas comment on fait l'amour, même à son ami le plus proche », écrit Henri Gougaud[9]. Ce n'est pas tant par pudeur fausse, mais pour *préserver le secret* et partant l'intime de cette résonance et de cette mélodie portée par le souffle. Visitation du visage, l'impudeur du toucher pourrait consister à croire qu'on donne à l'autre un visage, voire même son visage, mais l'œuvre du parler nous expose à une nudité dégagée de toute forme. « Une telle nudité est visage » (Lévinas). L'aisance des femmes enceintes à se dévêtir pour entrer en relation avec le bébé tient à ce qu'elles ne craignent pas alors de manifester à qui l'entend le visage de l'humanité naissant à la génération. La nudité n'est pas ce qui s'offre à moi de visible parce que je le dévoile, et qui serait alors offert à mes perceptions et à mes pouvoirs. Elle est plutôt l'intime surgissement d'un recueillement, l'attente *sur*gissante des *va*gissements du nouveau-né qui dit, dans son cri de naissance : « Me voici ». Natif dénuement.

Entre-deux

L'oubli du bébé fait partie de la vie de la femme enceinte. Il atteste d'une autre mémoire constante insue, celle de sa présence par-delà les pensées ou les perceptions conscientes. Cet oubli signifie que l'enfant n'est pas la mère, qu'il

9. In *Les sept plumes de l'aigle*, Le Seuil, 1995, p. 47.

croît en elle, malgré elle une fois consentie sa venue, qu'il est son hôte et non point son otage. Il se développe hors des sensations que sa mère a de lui. Bref il a déjà, dès le sein, sa part propre. Part propre qui se joue à ne pas savoir son sexe, dans une jouissance d'être particulière. Comme le fait remarquer Catherine Dolto-Tolitch, avec la révélation du sexe disparaît « le seul moment de son existence où il peut avoir un statut d'"autre" ni nommé, ni sexué »[10].

Une femme enceinte qui s'abandonne à la jouissance du sexe avec son compagnon n'abandonne pas son enfant. Au contraire, elle le remet à leur *entre-deux*, celui dont il s'est conçu. Car c'est d'une telle scène qu'il prend élan dans le corps maternel, présent, déjà plus ou moins appelé pour ceux qui sont en passe de devenir ses parents. Et qu'il nommera tels au jour de ses premiers mots. La pratique haptonomique prénatale montre combien la manière de porter le bébé est une manière signifiante requérant de notre écoute silence et attention. Ecouter n'est pas dire avec des mots perçus comme jugeant, mais accomplir de ses mains et de sa voix ce qu'il convient, en ayant entendu. C'est cela un *geste vrai*, qui n'est pas dans la rigueur d'un bien-fait, si tant est qu'il reste toujours quelque chose à faire, — mais le mot faire trouve là sa limite et perd alors sa raison d'être quand c'est *d'être avec* qu'il s'agit. Etre avec est un acte, ce n'est pas un faire. La manière de porter le bébé autorise ou non l'intimité sexuelle et les remaniements de celle-ci au cours de la grossesse. L'être avec le bébé, dans la cession des tensions diaphragmatiques et pelviennes, lui laisse la liberté de venir au centre du giron, de s'étaler dans les flancs maternels, non plus ogive abdominale projetée au devant du corps, mais ludion bercé dans les eaux amniotiques se faisant discret aux ébats parentaux, comme au creux repli de la tendresse. Cette position-là de l'enfant au bassin maternel est accueil pour le père qu'il rencontre au départ sous la forme de sa voix, de ses mains autour de lui et de son sexe parcourant les voies de femme de sa mère, et le touchant.

On oublie trop que l'enfant connaît aussi son père, et le père son enfant, par le sexe, par l'intimité de ses parents où son papa vient en le corps de sa mère, homme et femme unis par le désir de vivre les élans de leur être. Qu'est-ce qui empêche une mère de dire à son enfant, dans le secret de leur intimité bien à eux, inviolable — et comme seules savent les mères — si elle a eu le désir de faire l'amour, que le remue-ménage, au sens strict, dans lequel il vient d'être emporté, tient à ce que sa maman n'en est pas moins une femme pour l'homme qu'elle aime et désire, qu'elle vient de s'égayer avec lui et qu'ils viennent de se donner l'un à l'autre, ce qui la transporte de bonheur, elle qui est porteuse d'enfant. Elle a certes la jouissance de l'état de grossesse et de sa présence en elle. Elle partage aussi la jouissance d'être avec son homme. Faire l'amour, voilà bien un moment qui transporte ou emporte la porteuse quand, ne faisant plus

10. « Qui a peur des désirs du fœtus ? » in *Turbulence,* n° 1, octobre 1994, p. 71, note 6.

rien d'autre que d'être avec, donnée, elle jouit de la présence de l'autre en elle, d'elle avec l'autre et du don mutuel. Une femme donnée au père de l'enfant donne à celui-ci l'espace d'être singulier qui le fait exister dans son nom de né de leur union, leur enfant, leur fils. Après la naissance également.

Beaucoup de femmes ont à trouver ou à retrouver des moments de bien-être avec leur bébé, des temps où leur giron est tourné à la vie, dans l'alternance des temps de coupure. Que la grossesse ne soit pas faite de l'univocité d'une position : ou tout beau, avec la facticité d'un visage faussement ouvert, ou tout mauvais, sans l'espoir de poser cette vie qui arrive dans le berceau des mots. C'est l'alternance des temps de pesanteur et de légèreté, de joie et de souci, de peine et de réconfort qui circonscrit la culpabilité abandonnique. C'est aux autres — avec la particularité de la réceptivité d'une femme enceinte — de susciter ou d'entretenir des relais où s'exprime la contradiction inhérente à toute vie, faisant sortir la femme enceinte de l'enceinte de ce qui empêche de vivre, en étant avec elle, en l'accompagnant.

L'intéressement du père aux choses de la mère en portance de bébé permet la concrétude, s'il le désire, de leur lien, qu'il ait place entre eux deux. Il convient de compter avec ses craintes à lui, ses émotions qui le meuvent au bord de la syncope, au fading devant la chose en cours. Le papa ne vient en contact avec l'enfant, du cœur et des mains, du sexe et de la voix, que s'il est en relation avec la mère. *On ne peut entrer en contact avec l'enfant que si l'on est en lien avec la mère*. Dans le contact haptonomique psychotactile, c'est l'établissement de ce lien avec la mère qui, lui donnant sécurité d'être et affermissant sa capacité d'être avec, lui permet de se détacher de l'enfant, pour le porter de ses propres mains à celles de l'autre. Cela demande du cœur et du tact. Cela suppose de la discrétion et le respect d'elle de notre part. Respect d'autant plus exigé que le contact *touche* au plus intime d'elle-même et de son histoire, celle relative aux aléas de la génération en premier lieu. Il touche au secret de la relation qu'elle a, sue et insue, avec ce bébé-là. Il touche à ce qui les unit, père et mère, à ce moment-là, fruit de leur histoire ensemble[11]. C'est un contact qui nous touche nous-mêmes comme aucun mot ne saurait dire. Nous pouvons là perdre la tête et le sens, la prudence et la clarté, quand se confondent en nous l'émouvoir, l'émotion et l'émoi. Ce dernier vient du vieux verbe *esmayer* qui signifie faire perdre à quelqu'un ses moyens. L'émoi s'inscrit dans le champ des rapports de puissance, sous l'angle de ce qui vous les fait perdre. Devant la force et l'ampleur de ce qui est en cause dans l'approche de la mère et du bébé,

11. « Une intimité étrange, presque impudique, s'était installée entre sa femme et l'enfant invisible... Il y avait quelqu'un d'autre entre eux deux, témoin voyeur... Ce qui le dérangeait, c'était la prolifération de cette vie dans le corps de sa femme, cette poussée de sève qui ne lui appartenait pas, cette conversation intime, secrète, qu'elle devait entretenir avec cet être encore informe... Quand il entrait en elle, il avait peur désormais de lui faire mal, d'entraver la progression de l'enfant, de changer l'ordre de sa vie » écrit Alain Vircondelet, in *Naissances d'un père*, Ed. du Rocher, 1993, pp. 19 et 20.

nous sommes démunis, dessaisis de ce que nous pouvions espérer rencontrer pour être. Pour être au don de la parole en acte. Cela suppose en nous la modestie du consentement à recevoir ce don de l'autre et l'humilité de redonner à l'autre de recevoir ce don.

La *préservation du secret est décisive*. Ce qui unit mère et enfant dans le sein, nous ne le connaîtrons pas. Nous en respectons le secret. Nous ne le connaissons pas, quand nous sommes un homme, de ne point connaître la grossesse. Nous ne le connaissons pas, et cependant cela est. Nous ne connaissons pas le secret du cœur de l'autre. Nous le connaissons agissant, effectif et parlant. Ce qui unit mère et enfant, nous n'avons pas à le connaître — ce serait viol — nous avons à le faire exister et reconnaître, dans la vitalité symbolique d'un don de parole. Il ne s'agit pas de prendre. Il ne s'agit pas de conquérir. Il ne s'agit pas davantage d'abandonner ou de se laver les mains de toute présence. Il s'agit, et c'est sagesse, de susciter *l'être là* de l'autre, au moment où l'altérité nous saisit dans le concert de la fraternité humaine.

Cette interaction symbolique nous confronte à notre engagement et à l'authenticité de notre relation : accueillant, père, mère et enfant — dans une rencontre où la mère n'est pas manipulée ou abandonnée, mais acceptée dans son surgissement à l'événement qu'est la rencontre. Dans la responsabilité d'être impliqué dans la génération d'une vie nouvelle le père, coresponsable avec la mère donne à l'enfant sécurité dès le sein. Dans la confirmation de sa mère à même de vivre ce que cette vie fait entrer dans sa vie et lui fait vivre, l'enfant peut alors se sentir adopté et aimé, attendu dans des signifiants qui le posent existant pour d'autres, dans leur voix de tendresse et leurs mains d'accueil respectueuses de son être singulier. Il réagit d'aise à la plénitude de ce contact qui le fait exister, dût-il être ensuite confié à l'adoption.

Ces gestes simples, ces paroles confirmantes, l'enfant peut les vivre comme étant de *sa* mère, sans être envahi d'elle — indistinctement, sans avoir à la porter constamment en lui comme elle serait elle-même censée n'avoir cessé de le porter. Il peut vivre avec elle et son père, dans la distinction de leurs personnes qui leur permet de se rencontrer. Telle est la promesse du sourire qui éclaire le visage de la femme enceinte à la réception sensible et parlante du bébé confié à la main du papa. Telle est la promesse du sourire au visage de l'enfant nouveau-né, témoin vivant qu'il parle.

Après la naissance, il y va de la réintégration du bébé, par la réintégration sensitive de la base périnéale et pelvienne. « Je suis vidée ». « Je n'ai plus rien ». Une femme qui accouche ne perd pas le bébé, elle le retrouve dans une autre forme de relation. Elle ne perd rien d'autre que l'état de grossesse. La symbolisation de la dépression du post-partum permet de nouer et de renouer avec l'enfant. Symboliser veut dire donner un sens à la mesure et à la hauteur de l'événement qui vient de se vivre : la naissance d'un bébé, acte de la vie qui n'est comparable à aucun autre, si singulier. Il convient de ne pas faire de cette dépression un symptôme psychiatrique ou une maladie à soigner comme une atteinte organique. C'est dans son être que la jeune maman est en souffrance, pas seulement dans sa chair, fût-elle incisée d'une épisiotomie ou d'une césarienne. La déshabitation de la base amène à des comportements d'évitement du bébé, une difficulté d'être là avec lui, avec ce qu'il suscite dans le corps et le cœur.

La rencontre adoptante, devant l'inconnu de l'autre, rappelle toute notre histoire personnelle d'adoption dans nos relations avec les autres. Tenir une main quand quelque chose est difficile à vivre, c'est sentir la vie.

Le tact et le nom

Tout contact impose la nécessité du vide. Le contact sourd, non pas d'un trop-plein de la sensation de toucher, mais de l'activation d'un vide sur quoi se fonde et se pose le tracé du contact, pas simple trace d'un perçu ou d'un senti, mais véritable inscription d'un *ressenti*, d'un éprouvé, sillage et sillon d'une rencontre. Avec le contact, ce qui aura été, c'est la rencontre de deux sujets, une affaire de tact, et pas de seul toucher des dermes, épidermes ou muqueuses. Le contact, trait de présence, est comme le pinceau-encre, ayant déposé à même la page du corps, la source de l'Autre envisagé. Et ce vide, qui n'est pas abîme, mais base non saturée, insaturée, est le point d'ancrage du surgissement d'un événement. Or quel est l'événement humain par excellence ? Du reste en est-il un autre ? *C'est la rencontre*.

Si le contact psychotactile n'est ni érotique ni esthétique, c'est qu'il est éthique, et par là même poétique — faiseur de la naissance des êtres, non pas à eux-mêmes, mais à l'Autre, c'est-à-dire à la portée de leur être aux bras de l'Autre dans le berceau du parler et la tendresse des mots. Dans la présence de la rencontre haptonomique, le vide est au retrait licite et facilitant de ce qu'il laisse être, de ce à quoi il laisse être : deux êtres exister, existant l'un de par l'Autre, sous leur nom d'humain qui jaillit de cette ex-sistance même. Le visage éclairé rayonne du nom qui appelle de cette coprésence le surgissement de l'événement. Il y eut un soir, il y eut un matin. Et entre ciel et terre, un humain avec d'autres, engagés dans la parole, corps transformé, tensions ayant cédé, ventre animé des mouvances de la vie et de la mobilité ouverte par cette main de l'Autre.

Face à moi, le lac du Bourget, et derrière ses eaux, la montagne — mais doucement, serait-ce déjà le lac ou seulement encore le possible surgissement du lac. C'est un lac, cher à Lamartine célébrant les temps qui passent. Est-ce déjà le lac du Bourget pour le révéler à son nom, qui fait de cette calme étendue un lieu nommé, existant pour des mortels ? Entre les arbres au surplomb du lieu, le dessin de l'eau et puis la griffure d'une frêle embarcation, la signature d'un vaurien qui vaut la révélation de cette eau à sa valeur de lac parafé de cet esquif, surgissant de l'esquisse où l'aurait laissé l'absence d'une voile. Et voilà que s'éveillent les montagnes et les pins. Une lame de soleil coupe le paysage. Deux chevaux paissent l'herbe juste sous les yeux. Et la route au bord de l'eau, sur laquelle roulent des points brillants comme rasant la surface, apparaît. La montagne si proche, nimbée de nuages, forclot tout horizon naturel, réverbéré de fait au fond de l'eau où nagent de succulents lavarets.

Nous nous tenons *entre* les choses et les mots, non pas chose parmi les choses, non point mot parmi les mots, comme entre l'écorce et le tronc. *Entre*, le verbe entrer mis à la réponse du coup porté sur la porte. Il frappe à ma porte et je lui dis : « Entre ». Entre dans l'entre de nous deux et sois des nôtres. Entre dans le filet des mots, entrelacs des choses, entremise des êtres, entretien de nous deux ouverts à l'Autre. Cet entre qui nous tient dans l'espace du temps lie et sépare. Il allie l'antagonisme de l'écart et de la proximité. Tout aussi irréductible l'un que l'autre. Entre, la fonction symbolique à l'œuvre dans le don de parole porté par la main donnée à l'autre, non pas portée sur lui comme il en est dans les coups, mais confiant l'autre à l'Autre dans la paume où gît l'affleurement de notre être. Ma main n'est pas avec ta chair. Elle est avec toi, avec ce que de toi tu ne sais pas — et moi non plus. Notre main prise aux mots du contact ne dit pas ce que sont les choses. Elle dit la façon dont nous les abordons. C'est sans doute le lien étroit de la manière et de la matière qui met toujours le toucher en passe d'être érotique, c'est-à-dire chargé de nonchaloir, en passe de trop-plein. Car notre main posée à même la chair de l'autre dit comment nous le considérons, qui il est pour nous. Proximité de l'être. Ecart de l'altérité. « Ses paroles étaient comme des mains qui caressaient non point ma peau, mais la vie de ma peau » écrit Henri Gougaud[12]. On pourrait dire, ses mains étaient comme des paroles qui caressaient la vie de mon être.

Si je me laisse aller à la puissance de l'acte, ce qui surgit dans le contact n'est Autre que le nom de l'autre et son visage d'homme. D'ailleurs, comment puis-je faire autrement, à cet instant où je requiers sa présence, que de l'appeler par son nom et recevoir, de la surprise lue à la lumière ouverte de son visage, le don de la parole elle-même, avec et par-delà la chair qu'elle convoque et dissout, dans le calme non agir qui laisse être les êtres et les choses ? Creuset du don où se réchauffe l'homme à l'intime feu du désir. Ce langage donnant au senti le goût de l'éprouvé, le nom donnant au langage la saveur des paroles.

Et le côté *palpable* du semblable met en présence de l'impalpable du prochain. Il y va d'un saut dans un autre côté sans que l'on puisse dire de quoi il est fait, d'un autre côté sans côtés, sans arêtes, si ce n'est l'impalpable de la Chose. Bord-rupture qui nous voue à la pratique des mots et nous engendre,

12. *Op. cit.*, p. 217.

tel un jugement, dans le sein de notre humanité dont nous ne saurions dire ce qu'elle est, tant nous la vivons. Bord du nommé au sans nom parce que c'est la vie même. C'est par la main que nous venons à l'épaisseur du monde et à la profondeur de la pensée. Il ne s'agit point d'abolir l'opacité de l'autre.

J'évoquais le vide sous-jacent, celui qui est *sous* ce qui est étendu, à nos yeux, à portée de notre main, à vue de nez, etc., comme celé dans l'apparition. La plénitude du vide tient à ce qu'il n'est pas rien. Il a permis le surgir de la présence, non pas chose perçue, mais à travers le tact, la *position* même de ce qui est, et nous met en souffrance, « un train de pensées grises » (Francis Ponge). L'avènement de l'événement comme ce qui ouvre au monde et fait naître.

Nous ne nous serons rien dit, mais nous aurons écrit un poème, la langue aura résonné à l'état naissant de la parole entre nous.

Contact et écriture sont un *oser dire*.

Le Tao comme manifestation du vide est ainsi décrit par Lao-Tzu (chap. XIV) : « Regardant sans voir, on l'appelle Invisible ; écoutant sans entendre, on l'appelle Inaudible ; palpant sans atteindre, on l'appelle Imperceptible », voilà trois choses inexplicables qui, confondues, font l'unité[13]. Le vide a une représentation élective : c'est la vallée, creuse et vide dans le paysage. Quand l'Esprit descend en elle et en remonte, c'est le souffle. S'ils se marient, c'est la vie, dont l'eau pénètre partout. C'est d'un *vide médian* que les possibles réalités vécues du réel impossible à dire s'originent, et que souffles et rythme s'ajustent.

A la base de toutes les questions de la peinture chinoise se trouve la notion de *Pinceau-Encre*. Le pinceau désigne l'instrument et le trait qu'il trace. Le trait, volume et rythme, vise à capter la « ligne interne » des choses et les souffles qui les animent, ce qui confère à la calligraphie cet aspect instantané et rythmique. « Avant de peindre un bambou, il faut que le bambou pousse en votre for intérieur », dit Su Tung-Po, ce qui pose référence à la vacuité ; celle du *hsü-wan*, le « poignet vide ». Le peintre ne commencera à peindre qu'au point culminant où le plein de sa main cède soudain au vide, agissant en tout le corps, le trait pénétrant le papier mû par le souffle.

Le juste toucher révèle la chair sans y enfermer le sujet. Il y a du charnel dans le toucher, c'est même sa matière. Mais la matière de l'acte qui surgit du contact, et que l'on peut nommer le tact, est la révélation d'un sujet, sa naissance au lieu de l'Autre, sa conception dans les entrailles de l'Autre et son portage dans son sein, dans ses bras. Le tact suppose du doigté. Et le doigté du tact.

---

13. Cité par F. Cheng, *Vide et plein,* le langage pictural chinois, Le Seuil, Col. Essais n° 224, 1991, p. 55.

Le toucher comporte, outre le tact, la perception des sensations thermiques et douloureuses. Le sens du toucher suppose que le toucher soit érigé à la hauteur d'un sens. A quelles conditions ? Par quelles voies ?

Nous avons le don des mots au bout des doigts, à portée de la main. De même que la langue cherche en l'acte poétique de la création l'ouverture du langage, son aperture à la parole, une sortie du mutisme d'un langage fermé, de même la peau sollicite en l'acte poétique du tact l'ouverture de la chair à la parole, une sortie de la mutité d'un code charnel clos, une aperture sur la parole qui donne vie au sujet sous le nom. En témoigne le sourire qui non seulement éclaire le visage, mais qui, en éclairant la figure, lui donne visage. Et pas une face de semblable, perceptible déjà sans cela, mais véritablement une ouverture au visage invisible et là cependant, celui de l'humanité en tant qu'elle parle. Au singulier, dans la particularité d'une relation, dans le style propre à chacun, là surgit, rupture entre la Chose et l'Autre, le visage inaltérable du prochain. Comme la main s'ouvre sur ce qu'elle ne prendra pas, de même notre corps de vivant nommé s'offre à ce qu'il ne tiendra pas, la Chose. La main de l'Autre nous porte à faire notre chemin de sujet sur la terre, parcours subjectif disons-nous, mais elle ne tient pas ce qui la porte à nous porter.

Je ne sais pas ce que je dis quand je parle, car si je le savais, je ne pourrais plus parler. Le mutisme serait en moi à la hauteur de ce savoir pour la mesure de quoi je ne pourrais plus trouver le moindre mot. Les hommes parlent sans comprendre ce qui anime leur chair, meut leur esprit, agite leur cœur en les propulsant dans le temps. Ils parlent pour suivre mot à mot une chose étrange qui glisse et se dérobe, ne se laisse pas saisir, et cependant ordonne leurs paroles. Nous marchons pas à pas dans les mots, dans leur grâce et le manque qu'ils fomentent à chaque pas nouveau, dès avant la fin de chaque phrase. Ils creusent en nous la ravine du sens. Et le désir s'infiltre dans nos chairs et nous saisit le cœur.

Le nom est le foyer d'ouverture de la langue — là où se pose l'enjeu de son épaisseur et de sa densité.

La présence du nom éveille à l'homme l'humanité qui l'appelle à nommer pour que soit — pour qu'il *y* ait. Dans le *y* de il y a s'ouvre la présence du *entre*. L'ouverture de cet entre conditionne la possibilité de tout rapport de proximité et d'écart (Maldiney). Pour celui qui est là, naissant, exister, c'est être dans cet entre, mais aussi comme pour en sortir, pour le porter à l'intérieur de soi. Et comment ? par l'appel, quand de celui avec qui nous sommes, nous proférons le nom. Non pas seulement sonore et décliné du nom et du prénom. Mais l'éclat de notre nom d'humain. Cet appel a pour fin d'amarrer l'événement, en y intégrant ce entre. Entre nous. Entre nous couramment suppose une connivence et comme la mise d'un aparté. Or qu'est-ce qu'une connivence ? C'est fermer les yeux. C'est être en complicité, dans le secret. Mais entre nous interpelle. Il appelle entre Je et Tu, entre moi et toi, le *il* de la fonction tierce. Entre nous, il y a un Autre pour qu'il y ait un entre nous.

Le sens du toucher est indissociable de la nomination, car il touche à l'intime surrection du sujet au lieu de l'Autre, impliquant distance et manque, et par là même tension d'être appelé.

Le toucher juste, harmonique, sort de la nuit et de la mutité. Il ouvre de sa fissure la rumeur ambiante, traversant l'atmosphère. Car nous avons le souci de toucher le réel, mais non toujours celui d'être touché par la grâce d'une parole et de rencontrer des êtres dans leur irréductibilité. Ceci provoque « une émotion *à la rencontre*, émotion faite de sa beauté ? sans doute, mais peut-être surtout de *sa différence*, de *son mystère* »[14]. Se lève alors en nous un désir « de ne pas laisser perdre cette jouissance unique, un sentiment d'urgence » qui nous requiert d'écrire ou de porter témoignage de *cela* qui conjoint le vivant et le symbole, le vital et l'esprit à l'état naissant, et portant à dire. La joie de la rencontre porte à parler, fût-ce dans le silence d'un sourire éloquent. Alors vibre la corde tendue de la lyre. On appelle *cela* avoir touché la corde sensible, ce que Francis Ponge nomme une « *vibration de certitude* », résonnant de la sensibilité éprouvée à la pointe du temps, à la fois raison et réson. Notre sensibilité s'aiguise au cœur de l'événement, à l'aigu de sa naissance comme à la fine pointe de l'insaisissable du *bien là* ressenti. « Résonance dans le Vide » (Ponge) d'une Parole sans autre raison d'être que d'être résonance. Parole où vibrent et se forment les significations — à perdre pour la naissance du sens — et par qui se forment et vibrent les harmoniques où se tiennent les tensions, les « Raisons adverses ». A cette harmonie dont Héraclite dit qu'elle est « l'accord de ce qui s'oppose », nous y allons ou non. Non par volonté. Nulle affectivité portée aux nues de la sensiblerie ne pourra faire de la mièvrerie la source de l'entente. Nulle rationalisation spécieuse ne fera du toucher une chose qui se prend et qui capte. Nulle annulation de tension qui fera l'un devenir l'autre. Mais le franc respect de l'autre en la médiation du corps de qui est advenu en contact, et celui d'une parole. Un contact serti de la parole sertissant le toucher. Mais d'une sertissure offerte à l'aperture.

Ecriture

Il arrive que deux êtres s'adonnent au plaisir d'écrire sur le corps, qui se fait, pour l'heure et la circonstance, parchemin. Il est alors lieu d'inscription de la saveur des mots et zone réceptrice de cette écriture. Le dos a la faveur de cet éloge appelé dermographie. Ecriture sur le derme, elle est une expérience cutanée de communication par la peau, invoquant, en filigrane si l'on peut dire, les potentialités et les richesses du langage et de la peau. Le corps s'offre en

14. Francis Ponge cité par H. Maldiney, *Le vouloir dire de Francis Ponge,* Encre Marine, 1993, p. 177.

plage et en page, avec une absorption différente de l'une et l'autre personne concernée. « Je la sais dans son écriture »[15] dit une femme. Dans l'écriture de ce texte, prétexte à se toucher, la main joue avec les lignes du corps et l'encre du stylo. « Une encre puisée dans le sang de ses veines », pour des lettres incrustées dans la chair, jusqu'à la limite d'un *ci-gît*, celui de la dernière écriture sans retenue. Le corps écrit serait alors comme une pierre tombale où reposent les noms des morts antérieurs. Le corps écrit serait comme disséqué par la traversée d'une lame, ouvert à l'écoute de l'autre ; car « toutes ses expériences de jouissance sont déjà marquées sur mon corps »[16]. De cette bascule, fonctionnant parfois comme bord et comme limite, Annie Giust écrit : « L'attention prêtée aux mots n'est rien à côté de celle que je porte à ses fesses ». On *prête* aux mots et on *porte* aux fesses une attention distincte. Ce prêt des mots n'est pas porteur d'attention comme le serait une fesse. Le port des fesses n'est pas prêteur comme des mots. Car avec lui surgit une saillance. Et d'ajouter, le stylo venant dans les parages de la marge anale : « Les mots si on ne les écrit pas se perdent dans l'anus ». Le corps en appelle à l'esprit des mots et à leur perte, en un bord de *main tenant* originaire. Le relief de la mort et du cadavre fait surgir la dimension de perte que comporte toute écriture.

La peau fonctionne comme surface d'inscription, parchemin de l'histoire, kératine du temps, feuille lisse de l'arbre mouvant quand un autre support fait défaut, un support fait de la texture de la parole sur l'horizon de l'écriture. Deux amantes dans le concert de leur intimité, exaltent, au départ de leur relation, les vertus de leur peau, celle du dos plus large et plus plane étant propre à recevoir la consignation d'un message écrit, échappant au regard de la réceptrice. L'insistance est mise par la narratrice à la surface du corps de l'autre aimée, à ses formes planes manquant justement de reliefs, de formes dit-on pour le corps d'une femme. Ce *plat* avait pour elle la tâche d'incarner l'inscriptible, hiéroglyphes du désir, et de refouler les aspérités du devant avec les seins, et si l'on admet que le dos d'une femme s'apparente au dos d'un homme, de refouler les aspérités de la génitalité dans ce qu'elle a de masculin. Et notre dos, dont s'empare si bien autrui, est un domaine de notre corps menacé d'absence de contact, inaccessible au toucher et au miroir. D'où la prédilection de l'autre à y inscrire sa marque. Je demandai à cette femme où, dans toute sa description du corps plat de l'aimée, elle mettait les fesses, en vue de donner forme et volume au corps au point dorsal où une rondeur, une convexité s'annonce et s'énonce. « Justement, de ses fesses, dit-elle spontanément, je ne savais jamais quoi faire ». Quand la peau est surface d'inscription, il lui manque d'être la peau de quelqu'un, c'est-à-dire d'être le lieu d'échange ouvert au rapport à l'autre. La peau

15. Annie Giust, *Sorcières* n° 15, « Mouvements », p. 35.
16. *Ibid.*, p. 35.

— et par métaphore, le contact — est ouverte à de nombreux et variés *orifices* qui la bordent et lui confèrent relief et sensibilité différenciés.

N'écrivons-nous pas toujours sur des matières offertes à la métaphore de la peau, fibres et textures, tissus et feuilles, rouleaux et autres papiers ? « La syntaxe, écrit Chantal Chawaf, c'est, par exemple, mon organe du toucher qui me l'enseigne : peau, main... douceur soyeuse d'un textile que la sensualité perçoit et remercie... »[17]. Le texte-pâte est pétri, travaillé à la paume de la main. « Ecrire est un geste de l'amour. Le Geste » dit Hélène Cixous[18] ajoutant : « La vie fait texte à partir de mon corps. Je suis déjà du texte »[19]. Nous interrogeons : comment ce qui nous affecte vient au langage et comment ce qui nous vient du langage nous affecte ? Hélène Cixous de reprendre : c'est que la « venue » au langage est une fusion, une coulée de fusion, dans laquelle s'engage pour elle une plus grande passivité. « Cette passivité-là est notre manière — en vérité active — de connaître les choses en nous laissant connaître par elles »[20].

L'écriture, et le mouvement qui nous fait couler en elle, ouvre la main des mots aux feuillets de notre encore à dire. La main où se blottit l'esprit. Paume de la main, nid pour l'esprit.

« Toujours cette image
de la main et du front,
de l'écrit rendu
à la pensée »

dit Edmond Jabès. Comme s'il s'agissait de faire rendre à la main les pensées de notre cœur sur la main. L'intimité de la main et de l'écriture tient à ce que l'acte d'écrire, sillage d'une voix qui s'échappe, est le support de l'activité symbolique « où viennent s'articuler la représentation graphique de l'image du corps et le lieu de la présence du sujet » (Denis Vasse).

Le doigt de Dieu écrit les tables de la loi. Il les grave dans la pierre, de son doigt de silex « tables de pierres écrites du doigt de Dieu » (*Exode* 31,18), écrites sur l'une et l'autre faces. Ayant aperçu le veau d'or et les danses, Moïse se prend de colère. Il jette les tables qu'il tenait en mains. Il s'agit de ne pas être effacé du Livre de Yahvé et d'être à l'abri de sa main durant le passage. Au deuxième tour, retaille de deux tables de pierre semblables aux premières et c'est Moïse, après l'Alliance, qui écrit les dix Paroles. Et Moïse redescend de la montagne du Sinaï, ayant *en mains* les deux tables du Témoignage. « Il ne savait pas que la *peau de son visage* rayonnait, à la suite de son entretien avec Yahvé » (*Exode* 34, 29).

---

17. In *Chair Chaude*, Mercure de France, 1976, p. 71.
18. In *La venue à l'écriture*, UGE, 10/18, n° 1121, 1977, p. 47.
19. *Ibid*, p. 57.
20. *Ibid*, p. 61.

L'écriture tient l'unité de l'humanité et la constitue. Le premier livre où se grave la parole n'est autre que le corps, le nom opérant comme un pivot, une charnière entre la parole et l'écriture. Une inscription de signifiants sur le ciel du langage, tels sont les astres luisant sur la voûte des cieux. Sur cette voûte s'écrivent les bornes du désir (dé-sidération), la nuit se faisant véritable papier à lettre où brillent les feux de nos pas de mortels et de terriens. C'est dans l'ouverture entre deux langues écrit Paul Bauchamp, « que l'écriture s'accomplit et redonne parole au corps de l'humanité » ajoutant « *le véritable universel passe sous la peau* » [21].

L'écriture de la loi — corporelle — correspond à la fin de la grosse voix qui sourd de la montagne et qui tonne. Elle prend le relais de la voix qui tonitrue dans les montagnes. Le Dieu perd la voix au profit de l'écriture de la loi. Il rentre dans le silence. D'autres parleront en son nom, prophètes ou psalmistes dont « la peau est sensible à l'inflexion de la voix » (Christian Bobin). Ezéchiel en sait quelque chose, puisque c'est *là* que la main de Yahvé fut sur lui. Ce qui suppose un lieu pour ce transfert et que Yahvé ait un corps. Comment pourrait-il autrement parler ? Et le prophète de relater : « Je regardai : une main était tendue vers moi, tenant un volume roulé… mange ce volume et va parler à la maison d'Israël » (Ezéchiel, 2,9 et 3,1). En un raccourci saisissant, la quasi totalité des sens est impliquée : la vue, je le regardai ; le toucher : une main ; l'écriture : un volume roulé ; l'oralité : mange et la parole : va parler, ainsi que l'oreille pour entendre et la gustation du livre qui fut doux comme du miel dans sa bouche. L'écriture de la loi et la manducation du livre nous ouvrent la bouche à la parole, dans la référence à ça qui parle dans l'inconscient. Elles nous ouvrent la bouche autrement qu'en ramenant le principe à une voix ou à quelqu'un qui aurait la voix, ce qui a pour nom surmoi, avec son cortège d'oppression et d'impératifs. « Cette figure obscène et féroce que l'analyse appelle le surmoi, et qu'il faut comprendre comme la béance ouverte dans l'imaginaire par tout rejet (*Verwerfung*) des commandements de la parole » écrit Lacan[22] à propos de L'Homme aux loups, en tant que le surmoi trace les voies de la réalité. Ce surmoi est la grosse voix qui se fit entendre au peuple parqué autour du Sinaï, lui renvoyant d'ailleurs sa propre rumeur d'idôlatre. L'écoute de cette voix « désengrossée » pourrait-on dire, permet d'entendre les Tables de la loi et ce qu'elles font connaître comme énoncé : « Or sur ces tables, rien n'est écrit pour qui sait lire hormis les lois de la Parole elle-même »[23]. Ultérieurement, les rouleaux de la loi seront des peaux, car il est interdit d'écrire sur la peau humaine (Daniel Sibony).

21. *L'un et l'autre Testament,* Le Seuil, t. 2, 1990, p. 85.
22. *Ecrits*, Le Seuil, 1966, p. 360.
23. *Ibid.*, p. 684.

L'inconscient, sinon c'est notre peau qui trinque et les choses s'écrivent sur elle en lettres capitales, est une écriture effacée, qui taille en son acte le maintien de l'écriture. Quelque chose est écrit, non pas sur le papier tangible au style, mais aux fins de garder vive la dimension de l'écriture, de perpétuer la mémoire d'une vérité déjà écrite ailleurs[24]. C'est écrit et les choses ne commencent pour nous qu'avec l'exclusion de la Chose que nous ne touchons pas. La toucher nous brûlerait les ailes du désir, la peau et les yeux, les oreilles et le nez, la langue et les pieds. L'humanité en nous s'écrit comme corps de l'humanité à laquelle nous appartenons comme membre, rejeton de la parole. La psychanalyse est un dispositif offert à un sujet pour qu'il entende ce qu'il dit, comme la lecture permet à un lecteur d'entendre ce qu'il lit, pour autant que le dire comme l'écriture soit constitué en texte, et donc lisible en tant que tel. L'analyste participe du scribe. Entendant ce qu'il dit, l'analysant, par la médiation de l'écoute versée en écriture d'un autre, peut risquer sa parole sans craindre d'y laisser sa peau. La psychanalyse est, de son étymologie, une déliaison du souffle. Et nous voilà de nouveau voués au geste de l'écriture, au rythme d'une phrase comme au phrasé d'une singulière interprétation.

Le toucher opère comme écriture en cela que l'écriture intéresse l'œuvre de la main, stylo, calame, machine à écrire, ordinateur, outils suspendus au fonctionnement des touches.

Frayage

Au toucher du semblable, nous entrons en contact avec le prochain. Cela est rendu possible par le symbole qui fait l'homme et l'humanité partagée, sans que nous puissions la définir. Et ce côté infranchissable du miroir comme de la chair de l'autre ne tient pas au miroir ou à la chair, mais au symbole qui nous arrime, comme sujets, à être ailleurs que dans l'image : c'est l'hypothèse de l'inconscient. Comment peut-on entrer en contact avec un autre sans la prise en compte de cette autre scène (*ein anderer Schauplatz*, Freud) qui nous réfère, l'un et l'autre, à l'Autre qui nous constitue ? Il peut y avoir un tassement sur l'image de soi, une volonté insue mais opérante d'aliénation de l'autre à soi, par le discours d'une découverte toujours à venir d'autre chose, alors que tout est là, donné. Lorsque le contact se fait entreprise de séduction qui s'ignore, fascination qui se renie, chantage qui se méconnaît, une sourde agressivité s'entretient en dépendance de maîtrise, mensonge et faux semblant, dans un usage utilitaire du toucher à des fins mercantiles. Jalousie et médisance. Le rejet de l'inconscient dans l'approche tactile de l'autre clôt la relation sur la sphère imaginaire de l'utile où se ferme la question même de l'homme, celle de parler.

---

24. *Ibid.* p. 259.

Il n'y a demande que s'il y a eu contact. La demande est un effet du contact. « Je peux maintenant vous demander de m'aider » dit une patiente. Elle venait de vivre, le matin même, un moment de tension et d'agressivité avec son compagnon : « Je me suis dit, je dois revenir vers lui. J'y suis allée. Je me suis blottie contre lui, avec tendresse. Il a bien réagi. Nous avons fait l'amour. C'était bien. C'était une journée qui commençait bien » peut-elle dire avec un sourire heureux.

Comment dès lors entendre, dans le risque pris au contact, le jeu des signifiants et leur combinatoire, dans un espace de désir où la vérité ne perd jamais ses droits, pour le dire avec Freud ? Or le réseau des signifiants n'existe qu'à partir d'un point central exclu que nous nommons la Chose, hors de toute maîtrise et de toute prise imaginaire certes, mais encore inaccessible à la parole elle-même. La rencontre entre humains a lieu dans la parole sur le fond d'un espace où l'on n'accède pas à la parole, sans quoi l'on deviendrait détenteur d'un savoir ce qu'est l'humanité, la Chose elle-même[25]. Début de la Shoa. La Chose est ici l'humanité vécue sans savoir ni pouvoir la définir, exclue donc de par le jugement de la parole qui la sépare de l'Autre ; opérant de cette exclusion. Ne pouvoir dire ce qu'est l'humanité ne nous empêche nullement de la vivre et de la partager avec nos frères en humanité. Cette absence de toute définition de l'humanité *nous met en contact* les uns avec les autres comme frères. Dans l'incomplétude. Le risque est celui de se croire en position d'être pour l'autre au principe de toute complétude. Tentation de serpent qui, dans l'air du temps, siffle la chanson du tout est possible — y compris de guérir en touchant.

Avec le toucher, nous reprenons, dans le champ de l'Autre, notre parcours de sujet. En ce sens, toucher *pour* obtenir quelque chose de l'autre, fût-ce qu'il demande, est un travers qui ne traverse aucune patience et que ne traverse aucune écoute. Car écouter l'autre avec nous, c'est venir *à la grâce* du contact, dans la castration de l'envie ou de l'intention de faire quelque chose. Ce qui ne veut pas dire que ce consentement et cette gratuité donnés à la rencontre ne nous fassent rien. Bien au contraire.

Dans le frayage de la venue de l'autre à nous et vice versa, nous ne découvrons pas le déjà connu du chemin, mais la mise renouvelée de la préservation de la Chose, si son office n'en est pas perdu ou sa suscitation à nouveau si ses vertus se sont dissoutes. Si je parle du *toucher comme acte poétique*, c'est que tout acte vrai invoque, pour être, une trouure, une ouverture sur ce que le toucher opère, alors qu'il est saisi de dessaisissement, au cœur même de son exercice. Je ne parle pas de la perte de l'autre ou de son inabordable accession, mais de ce que *toucher en vérité* va susciter ou re-susciter le vide qui autorise préci-

25. Cf. Annexe, p. 195.

sément le parcours de la tactilité vécue. A ce prix, le toucher est signifiant. Et plus, il est voie par où le signifiant advient à l'homme dans la nudité de son désir, le dénuement de son être et le rayonnement d'une présence. Il est voie de reconnaissance du jeu des signifiants qui se vit là sous la main, non pas tangible, mais œuvrant à la naissance du sujet au lieu de l'Autre.

Le symbole ne s'extrait pas des sensations, car c'est lui qui autorise la pleine valeur de celles-ci. Le symbole est ce creux où nous reposons dans la stabilité de ce qu'il exclut pour garantir la viabilité de la mouvance signifiante. Nous entrons dans la génération par ce qui prend chair, ce dont atteste la pulsion. Dans le lien social fomenté par le contact, il y a rapport entre deux sujets de droit, nommés, filiés et générés, en passe de faire valoir leurs prérogatives de sujets.

La rencontre de l'autre comme sujet me met *hors de moi*. Pour deux sujets, le moi de l'un et de l'autre confronté à chacun d'eux les met hors de leur moi. C'est porté hors de moi, non pas en colère, mais heureux de l'être, que je garde rapport avec le prochain en moi. *Le désir porte au prochain*, dans la main tendue, la parole adressée. Or céder sur le désir, c'est trahir le prochain en restant avec un semblable. La joie d'un sujet consiste à ne pas renier le prochain en lui et en l'Autre lorsqu'il croise un semblable. Et c'est une joie qu'il ne rencontre que dans l'amour.

Il peut arriver que la révélation d'une telle rencontre soit l'appréhension d'un ressenti qui ne s'était encore jamais, comme tel, révélé à un sujet, qui n'avait jamais rien ressenti. Mais de ce que nous ressentons, qu'en savons-nous ? sinon *le fait de le ressentir* — la reconnaissance de cela.

Si l'haptonomie est une pratique vécue de la fraternité, c'est sur un fond d'interdit, celui, au sens fort, du touche-à-tout, qui ne s'attache à rien. Si nous n'entrons pas du côté de la Chose avec des signifiants — interdit fondateur — parce qu'alors nous pourrions définir ce qu'est l'humanité dont nous *jouissons* du fait même de vivre en humain, d'être un humain, c'est pour préserver cette jouissance d'être qui n'est pas la jouissance d'un bien quelconque. Or ce n'est pas l'Autre à lui seul qui fait du semblable un prochain en ouvrant la duplicité du moi, mais la Chose, posée comme part constante et séparée du complexe du prochain par Freud lui-même. L'Autre nous offre des semblables soutenus d'images et de discours. Mais la Chose séparée par le jugement nous rend à l'autre comme prochain. La place authentique de ma jouissance, vacuolaire, n'est pas celle de la satisfaction pulsionnelle dont le trajet est mû par l'Autre. Elle est ce creux où je jouis d'être un humain vivant. La fraternité discrète qu'ouvre la prochaineté de l'autre tient à l'humanité partagée — que l'on ne saurait dire — partagée par les humains et posée comme telle par la rupture de l'Autre et de la Chose, le désir étant du côté du premier, la jouissance du côté de la seconde. La fraternité tient au maintien de cette autre dimension qui nous lie et nous fait être ensemble en humanité. La fraternité du prochain nous maintient hors de la similitude du semblable. Elle est ce dont nous jouissons du fait de partager l'humanité.

Le surgissement du vide au contact de l'autre homme, c'est que ce vide dans l'autre est même au mien. Le sien et le mien, notre vide est le même. Cette mêmeté d'être n'est point la similitude de l'image. Car ce vide du même, ou ce même au vide, n'est pas définissable, alors qu'il n'y a rien de plus identifiable qu'une image, mais il est notre visage d'homme. En ce sens, rappelons qu'un enfant non désiré n'en est pas moins toujours attendu dans l'ordre signifiant. C'est là son droit de vivre, celui d'être avec des humains qui lui ouvrent le cœur et les mains.

Mainmise de l'inceste

Mainmise, une main mise sur un autre aux fins d'exercer une influence exclusive, une abusive manipulation de son corps, une prise de possession de son être. La mainmise n'est ni une main tendue, ni une main donnée, ni une main posée sur l'autre, mais une appropriation de l'un par l'autre.

Il ne s'agit pas ici de reprendre le dossier de l'inceste et du viol, mais de filer, dans ces actes, la trame relative à la place de la main et du toucher, sans occulter que tous les sens sont concernés par le viol et l'inceste, du fait de leur constantes solidarité et interaction.

Le trou noir du silence

Au regard de la loi, tous deux, viol et inceste, sont des crimes. Ils sont des violences faites à un sujet, dans une abolition de son être de désir par la manipulation de son corps et de son sexe. Cette manipulation se redouble de manœuvres (œuvre de la main) d'intimidation et de menaces, en cas de rupture du silence. Ces actes, effectués par la main appliquée sur un sujet, entraînent une plus ou moins grande *désaffection sensorielle* et le *passage par la mort*. Actes pris de non-dit, de secret, de taire et de mutisme, ils sont envahissement de mort pour le sujet pris aux mains de l'autre le dominant.

Crimes sexuels, ils ignorent la sexualité, autrement que réduite au jeu des orifices corporels et du sexe génital, sans l'assentiment du sujet concerné ou dans un accord tacite, extorqué du fait de son jeune âge, par des arguments pédagogiques d'initiation. Ces crimes procèdent de la violence d'un contact réduit au forçage du corps et du psychisme, comme si la sexualité n'était pas affaire de désir et de parole pour un sujet dans ses relations ou sa relation élective avec un autre particulier ; comme si la sexualité n'était pas frappée de la marque d'une faille et des limites qui assurent l'instauration de notre subjectivité. L'envie seule guide alors les exactions commises au corps de l'autre. Et répétitivement. Le vœu de boucher les trous du corps en y mettant du sexe obture et met en cause la fonction même de la peau, sa profondeur et la structure des bords où elle se réverse en muqueuse. Cette visée obturante de la surface tégumentaire, que les caresses assurent, mais que, plus encore, la précipitation du viol opère, en forçant le passage et le lieu du sexe ou de l'anus, touche la personne violée au plus intime de sa respiration et du mouvement de la vie en elle. Ils le disent tous, filles et garçons : ils sont morts. Le geste de la vie en eux s'est suspendu à cette heure-là, à ce silence de mort.

« La poupée bâillonnée n'avait pu crier ni parler : pas un mot, le silence total, lourd, épais, solide comme les murs d'une prison, le silence absolu, rien que du silence noir » écrit Eva Thomas[1]. Le silence solide comme les murs d'une prison est l'enveloppe même du corps bafoué dans sa fonction d'échange et dans sa structure topologique alliant l'intérieur et l'extérieur. Le silence absolu qu'aucun cri ne révèle, qu'aucune parole ne fait naître, le bâillon mis sur la bouche de celle qui devient poupée, autant de termes indiquant, dans l'inceste, la clôture de toutes les issues, tant corporelles que subjectives.

« Elle savait qu'il ne fallait pas, poursuit Eva Thomas, pourtant elle n'avait pas bougé, elle était paralysée. Elle était devenue statue de pierre. Elle avait quitté son corps. Elle lui avait juste laissé son corps vide. Elle s'était enfuie ailleurs. Ce matin, quand elle s'était réveillée, elle avait en elle un *énorme trou noir* »[2]. Ne pouvant fuir, la jeune fille s'est dédoublée, comme des feuillets d'elle-même, abandonnant sa chair à la manipulation du sexe paternel, quittant son corps, partant ailleurs, en même temps figée, comme au regard d'elle-même et de l'acte mutique qui se consomme en ses chairs meurtries et pétrifiées. Redevenir statue de pierre, c'est revenir en deçà de toutes sensations, dans l'abolition des fonctions vitales, en premier chef le souffle. Demeure ce qui pour elle fera le point de douleur : un énorme trou noir. Comment, subjectivement, ne pas sombrer dans l'abîme de ce trou noir en soi ou ne pas être collé(e) pour la vie, à cette masse noire laissée dans le ventre, comme une marque de pourriture, de déchéance ou de faute ? La pensée est broyée sous la terreur de l'abîme vécue dans le corps. Et le cerveau refuse de traiter le malheur. Perte de mémoire. Disparition des traces. Secret gardé. Mutisme de mort. L'analyste est requis d'interpréter l'universel de la loi (interdit de l'inceste) dans la particularité d'un sujet, requis de tenir compte de ceci : dans les situations extrêmes « des pans entiers de langage et ses signifiants s'effondrent » (Armand

1. In *Le viol du silence*, J'ai lu, n° 2527, p. 13.
2. *Ibid*, p. 13, *souligné par moi.*

Gatti), détruisant les repères spatio-temporels. Par dessaisissement de l'histoire, il n'y a plus possibilité d'énoncer un maintenant.

Puis, elle se retrouve dans le lit *à la place de* sa mère, constat qui redouble en elle la crevasse de la culpabilité par usurpation de la place (*ibid.* p. 14). Ce triple enjeu — celui du silence compact comme un mur clos, celui de la pénétration et du trou noir, celui de l'usurpation de la place maternelle (pour une fille) — montre à quel point c'est la possibilité même de l'échange symbolique qui est altérée, bafouée ou éradiquée, à quel point aussi est malmenée l'image inconsciente du corps, par la dissociation de soi, lorsqu'on tente de sauver sa peau.

Car ce qui est concerné par ce mur du silence, c'est un triple élément de structure : le rapport sexuel ne peut s'inscrire en termes signifiants, impossible qu'il est comme tel à écrire. Il convient de compter avec ce réel qui, dans le langage, fait obstacle à la jouissance sexuelle en tant qu'elle porte vers la Chose — interdite. Ensuite, il s'agit de faire avec ce qui maintient un sujet comme désirant dans son ouverture à l'Autre. Et enfin, il y a à tenir le vide autour duquel se construit la culture dans ce qu'elle intime de réseaux d'échange et de circulation. Le viol fait entrer dans le corps ce qui est exclu pour que la vie soit possible, c'est-à-dire que la Chose et l'Autre restent séparés de par le jugement de la parole. L'altérité soutient notre parcours de sujet. Elle soutient le père parlant à sa fille ou l'éducateur aux enfants dont il a la charge. Dans le viol, cette position est compromise par un franchissement, qui consisterait à faire découvrir et quasiment toucher du doigt la Chose elle-même, ce qui s'indique comme passage par la mort dans cette tentative de désubjectivation et par l'horreur qui est afférente au crime. Non pas qu'il y ait une horreur naturelle de l'inceste en soi, mais l'horreur s'impose quand la nature de l'acte éclate, c'est-à-dire quand surgit pour un sujet la réalité du viol de la loi de différenciation.

La chosification

Viol d'un sujet. Viol de ce qui fonde un sujet dans une vie de nommé : la loi et la parole données. L'extrême précocité de la manipulation du corps des enfants, filles et garçons, vient au moment précis où les choses se constituent dans leur vie. Le viol fait équivaloir la Chose exclue par le symbole, notre humanité même, avec la chose de quelqu'un (sexe, mains), par laquelle il fait de l'enfant sa chose. Il y a mélange du circuit du désir (de l'Autre) et du circuit de la jouissance (du côté de la Chose), « interdite à qui parle comme tel » (Lacan). Interdite, cela veut dire qu'elle ne peut se dire qu'*entre* les lignes (entre les générations aussi bien) pour un sujet de la loi, du fait que c'est la loi elle-même qui fonde cette interdiction. Et c'est le plaisir comme liaison de la vie qui apporte à la jouissance, barrière et limite. Le viol fait rentrer de force un objet (sexe), là où le sujet naissant est en attente d'être porté par le symbole que lui apporte un autre tutélaire.

Toute violence est en son fond incestueuse, en tant qu'elle est refus de l'Autre (Denis Vasse). La violence est refus de l'autre comme corps signifiant. Une racine de ce refus tient à ce qu'un corps est toujours une gêne pour un autre corps. Deux corps ne peuvent occuper en même temps la même place, La violence touche à l'identité de ma personne. Elle est un refus *a-charné* qui s'en prend à la chair, quand elle n'est pas séparée symboliquement, c'est-à-dire avec des paroles. Elle s'en prend à la chair qui s'écharne, au lieu même de son institution comme lieu du sujet : à la jonction du corps et de la parole, à la jointure de la chair et du langage. C'est en cela que l'inceste est une embrouille des places et des noms, des fonctions et des lieux, qu'il est une embrouille dissociante, objectivante et chosifiante.

La part du père revient à mettre obstacle symbolique, de présence et de parole, à l'objectivation de l'enfant dans la mère et de la mère dans l'enfant. Ainsi, lorsqu'il entre en contact avec le bébé dès le sein, un papa entend la voix et la vie de leur bébé. Métaphoriquement, il le décolle du ventre de la seule chair pour le tenir dans la main du parler séparateur des êtres. Il le porte à la dimension d'un enfant, fruit du désir, et non objet de jouissance de ses parents. Ce qui ne veut nullement dire que les parents ne jouissent pas de la venue au monde de leur enfant et de sa présence parmi eux. Jouir et se réjouir de sa présence n'est pas jouir de son corps ou de sa personne comme d'une chose, mais être à la joie de l'accueil d'un nouveau-né. Les mains du contact ont une fonction séparatrice initiatrice de vie quand elles ne sont pas choses à prendre et à rapter la vie du bébé aux fins de jouissance, mais sont ouvertes au plaisir de l'accueillir en citoyen de la parole. Le défaut d'usage de la référence à notre citoyenneté, c'est-à-dire à notre droit de vie dans la cité du langage, n'est pas étranger à l'invasion incestueuse et abusive à l'endroit des enfants et des jeunes. Car la vertu d'un citoyen est de pouvoir dire en quel lieu il vit.

La chosification de l'enfant est différente de son objectivation. Tout enfant est *objet de* soins, d'attention, et c'est par cette passe même qu'il devient sujet de la parole. Car à cette objectivation des besoins répond la subjectivation du désir. Ce n'est pas cela qui a cours dans le viol incestueux. C'est une chosification. L'enfant devient la chose d'un autre dans la menace faite à son altérité de sujet. Etre la chose de l'autre, dont il jouit à demeure, c'est n'être pas un autre pour lui. C'est être en lui-même, une part de lui-même non séparée et non reliée par les lois du parler. La génération est atteinte par les troubles de l'alliance, en tant que la fonction paternelle est révélée par l'alliance[3] et dans le lien père-mère. Un père qui « sait » qui est sa femme ne saute pas (sur) sa fille. A l'une

3. Cf. J. Clerget, *Le nom et la nomination*, Erès, 1990, p. 39 sq.

comme à l'autre préside un ordre préférentiel dont la loi implique des noms, ceux de la parenté. C'est une loi qui est, pour le groupe humain, comme le langage, impérative en ses formes, mais inconsciente en sa structure, selon une loi des places[4]. Tout ceci fonctionne sans qu'on y pense, une fois les choses clairement posées. La confusion des générations, dans la *Bible* et ailleurs, est honnie comme étant la désolation du pécheur et l'abomination du Verbe. Cette confusion nous frappe d'une extrême affliction. L'abomination de la désolation étant le comble de l'horreur.

Le complexe d'Oedipe n'est jamais que notre participation inconsciente aux structures de l'alliance, où nous rencontrons singulièrement les effets du mouvement *tangentiel* vers l'inceste, inhérent au fait d'être membre de l'espèce parlante et de désirer, c'est-à-dire de désirer être, de vivre avec d'autres.

La main coupée

Selon le proverbe Sironga : « Un parent par alliance est une cuisse d'éléphant »[5]. Pour qu'une femme puisse prendre sa fonction de valeur d'échange dans un réseau, il convient qu'elle prenne place dans ce qui est *institué* comme l'échange des femmes, non pas comme chose trimbalée entre les cuisses ou pour le sexe des hommes, mais dans son corps comme métaphore du don, du recueil et de la parole, comme être de parole de plein exercice, ce qui est une exigence symbolique. La femme dans l'échange est une métaphore de l'esprit dans l'alliance. On voit que le mutisme, conscient ou non, des mères d'enfants victimes des sollicitations paternelles est un aveuglement et une occultation de cette place d'être une femme qui parle quand elle est en commerce sexuel avec son homme. Il y va d'une valeur d'échange et de ce que l'on risque *à titre* symbolique comme sujet de la parole. Place occupée par une femme dans ce qu'elle est et fait avec son bonhomme quand il est, avec son concours, son recours et parfois son secours, en passe de devenir papa. C'est quand est instituée une telle *valeur d'échange* que s'instaure l'échange symbolique qui règle alors la copulation. Baiser et faire l'amour sont deux actes distincts. De même, tringler sa fille ou lui parler dans la reconnaissance de l'émoi qu'elle engendre en soi n'ont rien de commun.

L'interdit de l'inceste vise à donner une place dans la génération, un nom dans la filiation et un corps dans l'humanité vivante. Génération, filiation et humanité sont une à cet endroit, place, nom et corps étant indissociables. Chacune des trois confère au sujet un lieu d'être dans l'intégrité ouverte d'une peau. Les traces de la lèpre de l'âme s'incrustent dans la peau écrit Eva Thomas.

---

4. Cf. J. Clerget, « Pratique des mots », *Cahiers des praticiens de la relation*, n° 85-86, décembre 1993 et J. Lacan, *Ecrits*, Le Seuil, 1966, p. 277.
5. Cité par Lacan, *op. cit.* p. 276.

La peau des mots se fissure sous le sexe du père, craquelée et se défait, membrane de la langue explosée en mille morceaux. Pendant un temps, Eva Thomas eut comme surface d'écriture, comme aire de dépôt des mots, la surface du corps d'une poupée de toile. Elle lui a donné une peau de mots, une peau pour la possibilité de penser aussi. C'est à partir de l'inscription de mots en peau que s'est réinscrite la possibilité de reprendre son parcours subjectif. De ses mains. Elle écrit : « Elle était là, fragile, face à la feuille blanche, un pinceau ou un pastel à la main, et elle laissait ses mains, son corps dessiner, *son corps qui hurlait le mal à travers ses mains*. Elle avait mal au ventre, aux seins, quand elle peignait ainsi, la nuit. C'était la douleur de son ventre qui arrivait jusqu'à ses mains, qui les guidait »[6].

Il y a certainement, dans tout viol, une anesthésie de la fonction manuelle. L'inceste coupe les mains du sujet et les doigts de la main. La force créatrice des mains dans le rapport aux objets et aux autres est paralysée. Le rétablissement passe par un laisser revenir dans les mains une valeur d'échange perdue, ce qui ne va pas sans perte.

Le discours incestueux est plein. Il lui manque le manque qui anime l'ensemble. Dans l'inceste, l'enfant satisfait à une valeur *d'usage* sexuel. Il n'est pas posé dans un échange qui suppose la mise des castrations symboligènes : notamment que l'usage du sexe est pour d'autres extrafamiliaux. On ne mange pas un enfant pour le plaisir de sa chair : qu'on le dévore des yeux, l'avale dans sa bouche ou l'engouffre dans les abysses du sexe. Un bébé n'est pas comestible. L'inceste est un cannibalisme latent. Il est du côté du sexe chosifié, voué à l'exclusive jouissance d'un usage pénien, usage fonctionnant comme une sorte de bouche avide et aveugle, qui engloutit en pénétrant ou pénètre par engloutissement. Les papouilleries incessantes des parents sur leurs enfants sont autant de palpes qui ne laissent pas en repos la libido et la captent à l'intérieur du milieu familial. Les palpes ont lien avec la palpation, le toucher. Ils sont des pièces buccales des arthropodes : maxillaires ou labiaux. Les mains balladeuses mettent du sexe dans tous les sens, saturant la sensorialité. La chair prime à la table comme au lit. L'inceste, c'est quand la chair, toute crue, se prend pour la parole. Abusivement.

Pour les Yakas d'Afrique Centrale, l'inceste est une violation des frontières physiques, sociales et morales, relevant du registre olfactif. L'incestueux, « le géniteur qui ravale l'écume de sa propre fermentation », s'expose à la décomposition de la peau, à la lèpre, car cette promiscuité sexuelle remet en cause le rôle de la peau, limite minimale entre consanguins (Devisch, 1990). Cette atteinte de la peau dans l'inceste, indique combien il porte atteinte à la constitution des frontières et des lieux d'échanges.

---

6. *Op. cit.* p. 75, *souligné par moi.*

L'abus et le signalement

Qu'est ce qu'un abus ? C'est un mésusage, un usage détourné, excessif ou injuste. *Abusus*, c'est l'utilisation. C'est un passer outre à la loi, un détournement du cours de la vie. Abuser veut dire aussi violer. Celui qui abuse d'un autre use de lui comme d'une chose, comme de sa chose. Pris à l'état de chose de l'autre, de sa séduction et de son envie, il n'est pas objet d'attention pour lui-même en tant que lui-même, ni sujet d'un désir Autre. Dans l'abus sexuel, l'un *use* sexuellement l'autre, et non seulement de lui. Cliniquement, on constate combien les sollicitations libidinales permanentes du corps érotisé des enfants par leurs proches familiaux les usent littéralement.

La difficulté tient à ce que la sexualité abuse toujours du sujet, traumatique qu'elle est par essence. La fin de la loi est d'interdire que le corps de l'enfant ne soit tripoté ou tripatouillé sans relâche. Et ce d'autant plus, qu'à l'évidence, le corps d'un enfant qui naît est une houle de jouissance diffusant par tous les pores de sa peau. Les abus sexuels sont des abus de confiance. Ils altèrent la confiance en la vie, dans les autres et en soi-même, en faisant passer pour la vérité du désir une chose interdite. Ils sont défiance à la loi. Ils introduisent de la méfiance dans les choses du désir. Or, être dans la méfiance à ce niveau-là paralyse la vie.

Que signale un signalement ? Un défaut de mise en jeu de la fonction tierce entre les êtres, dans la médiation de leurs rapports, un manque dans l'exercice de la fonction paternelle symboliquement séparante, un défaut de la parole. Mais il ne convient pas de marquer l'interdit au fer rouge, faut-il encore une parole de promesse. Apprendre seulement aux enfants à se défendre peut conduire à un mouvement perverti qui les dévie de la reconnaissance du désir à l'œuvre en leur personne grandissante et de leur appartenance à la parole. C'est plutôt de parler qu'il s'agit. Au sens fort, du pouvoir dire oui ou non. Un jeune homme de quinze ans commence sa formation de plombier par un stage chez les pompiers. D'emblée, la première question qui lui est posée est la suivante : « Toi, tu danses avec les filles ou avec les garçons ? ». La fermeté de sa réponse à dire « avec les filles » a mis fin à toute insistance insidieuse et homosexuelle. Ce jeune ne fut plus du tout importuné par la suite. Mais un jeune qui se trouve dans l'embarras devant une telle question qui ne relève pas de l'apprentissage du métier, rougissant, ne sachant quoi répondre, se trouve être la proie de l'imaginaire de l'autre qui peut prendre le trouble du jeune homme pour l'expression d'un désir homosexuel. La possibilité de dire tranche net dans l'imaginaire. Un autre exemple. Dans une classe de l'école primaire, un enfant très excité agace les autres enfants en leur touchant le sexe, au point que ses camarades, pour le faire arrêter, voulaient lui casser la gueule. L'un d'eux lui dit seulement ceci : « A moi, on ne me la fait pas. Tu ne touches pas mon zizi ».

C'était tout. Mais cela a stoppé net les envies du garçon. Il y a des choses qui ne se font pas. Il y a des choses qu'on ne me fait pas. Cela vaut d'être dit. Nous ne sommes pas dans la vie sous le coup de la maxime sadienne qui énonce : « J'ai le droit de jouir de ton corps et ce droit, je l'exercerai, sans qu'aucune limite ne m'arrête dans le caprice des exactions que j'ai le goût d'y assouvir »[7].

Le *signal ment* de sa nature même puisqu'il fait signe. Or les signes pour le sujet du désir et de la parole sont des images qui entravent l'avènement de la vérité du désir. Ils mentent donc par définition. Ce qui ne veut pas dire qu'ils ne sont pas voies d'accès à la vérité qui parle. Une image peut devenir le signifiant d'un sujet à la condition de perdre sa valeur d'image. Ce que les violences et les abus sexuels signalent, par l'interrogation qu'ils soulèvent, c'est d'une part, le rapport à la légalité, et d'autre part, la place de l'interprète. Si l'abuseur nie si souvent les faits, c'est que principalement *il nie l'effet*. A travers la négation des faits, il nie l'effet engendré par ses actions sur l'autre, subjectivement parlant. Les mains de l'abuseur sont sourdes et aveugles. Elles n'entendent pas le massacre qu'elles consomment. Et qui ne relève pas de la seule réalité des preuves. « Ce qui détruit le plus une victime d'inceste, c'est la négation des violences subies, le désaveu de la réalité ; ce qui guérit, c'est la reconnaissance sociale et juridique de cette vérité » écrit Eva Thomas[8].

Dire que « le corps est fait pour être marqué » (Lacan), pose le corps comme texte, surface d'inscription et lieu du sujet. Dans l'ouverture de la chair, close à la naissance au point ombilical, nous vient un ailleurs dont la marque signifiante, fruit du nom, tient de l'Autre, strictement de la main de l'Autre qui nous porte en lui. A la racine du fantasme sado-masochiste, il y a une association « avec la gloire de la marque » (Lacan), voire même avec les oripeaux d'une pareille gloire. La marque sur la peau, dans la flagellation par exemple, est un laisser-traces. « Le corps est zébré de traces rouges », « des traits rouges apparaissent sur la peau », « les marques ont gonflé sur sa peau » écrit Ghislaine Dunant[9]. Par là, un sujet s'identifie comme étant objet de jouissance. C'est au niveau du jouir, dans son ambiguïté même, « que se touche l'équivalence du geste qui marque et du corps, objet de jouissance » (Lacan). Jouissance de qui ? De l'Autre, advenue par la médiation de l'objet perdu par quoi elle s'introduit et qui donne consistance à l'image spéculaire de l'appareil du moi qu'il ne fait qu'habiller.

La violence du père sur ses enfants

Elle est faite d'une jouissance du corps de l'enfant qui prive en fait les hommes de la joie d'être père. La violence des pères violeurs a pour nom le

7. Cité in *Ecrits* pp. 768-769.
8. In *Le sang des mots,* Mentha, 1992, p. 208.
9. In *L'impudeur,* Gallimard, Folio n° 2254, 1991, pp. 170 et 171.

crime d'inceste — à quoi répond, structuralement fondateur de l'espèce humaine, l'interdit de l'inceste dont la fonction paternelle est le vecteur. Il convient de distinguer :

a) *l'acte incestueux*, crime dont la particularité est d'embrouiller les langues entre adulte et enfant et de brouiller le système des places dans l'arbre des noms qu'est l'arbre généalogique. L'arbre généalogique est l'arbre grammatical des noms. Il inscrit dans ses branches et dans ses ramures, *un dire non*, une négativité qui lui vient de la fonction symbolique. A travers ses racines et son tronc, ses branches et ses frondaisons, ses fleurs et ses fruits, c'est toute la fécondité d'une vie qui se profile. Cet arbre particulier puise dans le terreau du langage une sève de parole et de vérité. Il ordonne les noms dans un système réglé de places définies, à l'intérieur d'une famille où se consomment alliance et génération. Ses ramures imposent une classification. Elles assignent une place à un sujet compté parmi les vivants et les morts. Pour reprendre Max Jacob, nous ne chantons juste que dans les branches de notre arbre généalogique, celui dont la voix d'un père anime le bruissement des feuilles. Comme enfant de nos parents et fils de la parole qui passe à travers eux, la parentalité apparaît comme contingente, ce qui impose de l'écrire, dans les branches de la généalogie, sous la figure du nom. L'inceste, en mettant le feu au nom et par l'embrouille des places qu'il opère sur l'axe de la génération, fait flamber l'arbre des noms et avec lui, le sujet du désir qui s'y brûle les ailes. Le père incestueux méconnaît ce qui manque au désir pour être désir : un objet interdit. Il nie tout à la fois la règle, la loi et le manque. Il fait usage de la force de sa place, de sa séduction et de ses arguments là où la parole interdit la possession de l'enfant. Il fait violence à la loi, et ce faisant, il détruit en l'enfant les assises de la loi qui font désirer et parler. La violence de l'acte incestueux cisaille la vie de désir et de parole, compromettant la parole et le désir de l'enfant, ce en quoi l'inceste bafoue la fonction séparatrice du nom.

Nombreuses sont les jeunes filles qui sont concernées. Le problème étant qu'elles ne sont pas crues ;

b) *l'atmosphère incestueuse*, entre parents et enfants, qui fait loi des guilis-guilis et autres toucheries et coucheries pour le développement des sens ou le bienfait de la chaleur des corps en contact. L'effet en est l'impossible sortie de l'enfant de l'ambiance familiale, l'inadaptation aux relations sociales, l'impossibilité d'apprendre et de grandir comme sujet de la parole, enrayé qu'il est par des pratiques aux relents de fusion. L'ambiance incestueuse s'entretient du mythe fusionnel. Dans notre société, manquent les rites, à orientation paternelle, qui défusent et dé-collent de la première image et de la première personne qu'est la mère. Il ne s'agit cependant pas de promouvoir la violence d'un arrachement, mais d'engendrer une distinction parlée et parlante ;

c) *le fantasme de désir incestueux*. Il est inhérent à tout désir, avec le meurtre. Une barrière au fantasme incestueux du père est certainement la reconnaissance des fantasmes meurtriers de la mère à l'égard de l'enfant, et ce dès le sein. De tels fantasmes s'originent dans la différence de l'enfant, autre qui parle et qui vit (jalousie). Signifiés, ils ne sont pas mortels pour l'enfant, mais bien au contraire porteurs de vie. Ces fantasmes non reconnus donnent des allures de bonne mère et d'épouse empêchée, argument que les pères incestueux prennent pour justifier leurs agissements. Bien sûr qu'il y a de la haine dans les rapports de génération, la haine non seulement de la différence, tout le monde dans le discours est pour la différence, mais celle de l'altérité de l'autre. Que l'autre, mon enfant ou mon frère, soit différent, je l'admets, mais qu'il soit Autre blesse mon narcissisme et me voue moi-même à l'altérité de la parole.

C'est précisément parce que les fantasmes de désir incestueux sont à l'œuvre dans les deux générations, du côté de l'enfant et du côté des parents, que l'inceste en acte est interdit. Cette digue du désir est limitée par le mur du refoulement. L'inceste *réalise* un fantasme de jouissance, aux sens érotique et juridique mêlés, absolue et sans limite. Le fantasme en donne la scène et le scénario. Or réaliser un fantasme n'est jamais que faire un symptôme. Là, le symptôme est l'éradication du sujet en tant que parlant.

Un père, et c'est violence faite à son image, violence symbolique, a à s'interdire de réaliser son fantasme pour que ses enfants vivent selon la loi de l'espèce parlante, *différenciés*.

La main basse du regard

Quand il y a identification de soi comme objet dans le regard d'un autre, l'œil est confondu avec l'objet regardé. Il est façonné comme un œil pénien. Quand il n'y a pas la parole, il y a identification à la sensation elle-même jusqu'à l'abolition de celle-ci. Du coup, on ne peut plus même savoir ce qu'on a ressenti. La brillance de la violence de la scène occulte la lumière avec laquelle apparaissent les souvenirs et la mémoire archaïque qui fait concomitamment retour avec la construction de la référence paternelle. Voir, sentir et ne pas dire court-circuitent le sens des sens, court-circuitent la portée de la relation à l'autre, en restant dans l'ordre des signes. Voir, sentir et ne pas dire, c'est ne pas voir, ne pas sentir, ne pas avoir vu, ne pas avoir senti. Ni vu ni connu est une devise de l'inceste. Pas vu, pas pris. Ça n'aura pas été vu, ni senti, de n'avoir pas été dit. La loi du silence est mutisante et mutilante. L'angoisse, c'est de ne pas être écouté dans le surgissement du silence, dans une relation de transfert quand viennent à manquer les mots qui séparent et ré-unissent. Dans l'inceste, il y a collage de l'oreille et de la voix, des yeux et du regard, de la main et du toucher, par contention.

Alix a douze ans. Il se produit avec son grand-père une scène d'attouchements de sexe à sexe, durant les vacances, avant les règles. Elle en a parlé plus tard avec une copine. Elle a écrit ensuite des mots très durs à son grand-père, mais petite, elle a pensé qu'elle pourrait être enceinte de lui. Sa peur se traduisit par un fort sentiment de honte, surtout avec les hommes. Elle rougit beaucoup du visage. Cette rougeur est une expression visible sur son visage de ce qui a trait au sexe et au désir, notamment les caresses clitoridiennes. Elle dit : « Je pique mon fard ». Elle lie cette apparition gênante au fait d'être regardée par « un autre » dans l'acte sexuel, n'ayant jamais de plaisir vaginal, ou plus subtilement, à celui d'épier le visage de son compagnon, en parallèle avec celui de son grand-père, au moment le plus intense.

J'avais écrit à la suite du premier entretien : « Femme en souffrance de vie dans la relation aux hommes, avec un désir de maternité et de lien conjugal ; inhibée quant à sa place avec les autres, à suivre sur l'inceste et ses traces ».

Elle ne supporte plus d'être touchée par son compagnon et se confine dans les ténèbres. Elle apparaît souvent nue dans ses rêves, vulnérable, *exposée à un regard diffus*, puis se précisant comme étant celui de son grand-père, scrutateur, pénétrant, sadique, *ailleurs*. Un regard repoussant qui lui rappelle qu'elle aussi a du mal à concentrer son attention et qu'elle a l'impression de regarder ailleurs. Et son dégoût de la sexualité se confirme. Une présence dans la chambre.

Elle associe sa honte à la passivité, au regard vicieux et de plaisir du grand-père qui ne disait pratiquement rien : « Je te fais du bien ». Il ne parle pas du plaisir. A la suite d'un rêve où il est question de serpent, où elle tremble de peur de bouger, elle réévoque sa passivité lors des rapports sexuels et le regard de son grand-père, comme n'étant pas agressif. « Il m'observait ». Dans un rêve, un homme entre dans la pièce. Elle lui donne peut-être un coup de bombe, comme une bombe pour les *insectes*. Souvent, aussi, il sera question d'allumer la lumière dans la nuit.

D'un rêve où apparaît un miroir avec un bord cassé, elle dit : « C'est une partie de moi qui est cassée. Je sais laquelle, c'est, c'est toujours la même chose [répétition], ce qui ne va pas bien, mais en fait dans ma relation physique, ça m'embête, je réagis pas, ou peu. Un jour, ça se débloquera tout seul ». Un autre rêve : « C'est comme un WC extérieur, une cabane étroite et haute, mais c'est en carton, la partie haute bascule et tombe. Un garçon de dix ans se penche dans le vide. Je tombe. Je le retrouve en-dessous, enfoncé. Il n'y a que la tête qui dépasse, comme si c'était de la boue. Je marche dans du vomi. Je suis dégoûtée. Sur deux lits défaits... ça me gêne, je faisais des taches avec mon vagin. En fait, c'était du pipi, de l'urine sur les deux lits. Inconsciemment, je suis dégoûtée des relations sexuelles, écarter les jambes, ça me donne envie de vomir et j'ai envie de me venger : "Toi, t'auras du plaisir, moi, j'en aurai pas !" ».

Du champ flottant ménagé par le dispositif analytique, surgit une fragmentation : des lits, des lieux, du corps, de la cabane, d'une partie de soi cassée comme un miroir. Et les lieux du corps se posent aux niveaux anal, urinaire, oral, vaginal.

Elle dira qu'elle n'a jamais aimé le regard de son père sur les jeunes femmes, quand elle avait quinze-seize ans. C'était un regard malsain. Elle rêve souvent qu'elle montre son slip à des gens autour d'elle.

Elle rêve qu'elle est dans un ascenseur avec son ancien compagnon, au septième étage, dépassé jusqu'au neuvième, et qui redescend sans freinage, en fait en douceur, en cercle. C'est agréable. « Ce que je supporte mal, ajoute-t-elle, c'est que l'autre ait du plaisir à me voir ayant du plaisir. Dans le regard de l'autre sur moi ayant du plaisir, je me dédouble. Mon grand-père, lui, il avait du plaisir à me voir avoir du plaisir. Je ne supporte pas. [Elle pleure]. J'ai la même réaction vis-à-vis d'un homme qui s'intéresse à une gamine. C'est tellement fort la réaction que j'ai, que j'ai envie de tuer la personne qui a ce regard-là. Ce regard, il me revient tout le temps. J'ai rougi pendant des années. Le regard d'un homme me troublait ».

Dans ces passages, elle ne supporte pas de se voir dans le regard de l'autre qui la dédouble, la perd et la fait rougir de honte. Ce qui est passé dans les jeux de mains attoucheurs s'est comme figé en une concrétion de regards. Elle fut à l'affût des regards en leur variété masquant la mémoire d'un regard unique : celui de son grand-père épiant sur son visage d'enfant les signes d'une jouissance restée fixée au fond d'elle-même à la jouissance de ce qui se voit et à cela qu'une jouissance qui ne se voit pas n'en est pas une. La main incestueuse ne cesse d'être tueuse. Elle donne à voir ou à entendre mais sur un mode visuel, à l'œil de l'autre, l'effet qu'elle produit sur le visage. L'inceste est une déconstruction du visage.

Alix avait très peur, quand je bougeais derrière elle, qu'il me passe quelque chose par la tête, peur d'une violence sexuelle de ma part.

Elle poursuit sur le dédoublement : « Mon mari me regarderait. Je ne veux pas qu'il ait du plaisir. En lui disant de détourner son regard, ça suffirait pour que ça marche. Le plaisir clitoridien, quand on n'est pas les yeux dans les yeux, c'est plus facile. Il n'y a plus ce regard. Le dédoublement, c'est me mettre en position de spectateur [prise au jeu de l'autre, elle en garde et en reprend la place au masculin, comme celle du grand-père]. Je me mets à la place de quelqu'un qui rentrerait dans la pièce. Je parle aussi à la place des autres qui me regardent. Je me regarde trop. Je fais une auto-analyse en me mettant à la place des gens. »

J. C. : — Ce qui est traumatique dans la scène avec votre grand-père, c'est que le regard de vous sur la scène est différent de celui de votre grand-père.

— Oui.

J. C. : — Comme deux lieux.

— Le fait que lui m'ait regardée et que moi, je me sois regardée… Je me juge. Ça ne me plaît pas d'avoir eu du plaisir avec lui. Je n'aime pas avoir eu du plaisir avec quelqu'un de vieux, qui me dégoûte ».

Il n'est pas question dans son propos de ce moment-là du lien de parenté, mais de l'âge, ce qui traduit la nature adhésive du lien incestueux et la forclusion de l'interdit. Un grand-père, encore jeune et qui n'inspire pas de dégoût, n'en serait pas moins interdit.

« Je ne me supporte pas de me voir *à travers* les yeux de mon grand-père comme moi ayant pu avoir du plaisir comme ça.

J. C. : — Le terme à travers insiste comme l'indice que vous êtes restée, face à ce qui se passait, dans les yeux de votre grand-père.

— Il avait un regard vicieux, malsain.

J. C. : — Jouisseur.

— Oui, tout à fait, vraiment. Ça me dégoûte vraiment. Il avait un sourire primaire. Oui, jouisseur, qui ne pense à rien d'autre qu'à ça. Le regard de mon grand-père qui jouissait, de quelqu'un qui jouit, j'aime pas. *J'aimerais pas mon visage s'il jouissait.*

J. C. : — Ce qui est fort, en parlant de cette manière, c'est de découvrir que le lieu d'expression de la jouissance est le visage.

— Oui.

J. C. : — Le visage et pas le sexe.

— Oui ».

L'inceste génère d'infinis dédoublements en chaînes, jusqu'à pouvoir dire que c'est le visage qui jouit, la personne restant captive de la scène où le lieu de jouissance de l'autre était l'œil. L'œil et le visage sont distincts. Et le visage peut se faire le lieu d'expression de la jouissance quand il est soustrait à l'emprise du regard. C'est cela que l'inceste ravit en maintenant la toute-puissance du voir et du taire. Il s'agit que soit tu, envers et contre tout, ce fait tout simple : l'intime bonté de la jouissance de l'être donné à l'autre ne se voit pas. Elle n'est pas du registre du visible. Pour que surgisse cet invisible dans la vie d'une personne violée, encore faut-il que la monstration de la scène et ce qu'elle a inscrit, s'estompent et se dissolvent, laissant, cette image chue, place à ce qui, entre deux êtres, n'a pas d'image et parle au cœur de leur être en dialogue.

La main des mots recherchés

Les attouchements peuvent avoir lieu sans la vision qui revient dans l'évocation ultérieure de la scène : « Je revoyais la scène où mon père a eu des attouchements… en fait, j'ai jamais vu le pénis de mon père, dans la scène, il me touchait le clitoris, et il a dit : "Donne-moi ta main", pour que je touche son pénis… La sensation que j'ai éprouvée était très jouissive, très violente, en même temps très culpabilisée parce que c'est mon père... Cet être que je déteste, et pourtant au niveau de la jouissance, je n'ai jamais joui avec un type comme j'ai joui de cet attouchement-là... Je me remémorais les scènes de copulation de mes parents, les gémissements de ma mère quand elle baisait avec mon père, peut-être j'avais envie de jouir comme ça » dit Blandine. On pourrait dire, c'est précisément cela l'inceste : la visée de retrouver en soi l'intimité des parents, intacte, avec pour étalon leur jouissance et celle reçue de son père. C'est cela, une fixation à vie de la fille aux manières du père et à sa jouissance à lui. « Je me sens très liée à lui, d'une manière presque indélébile, je voudrais m'en détacher [elle pleure]... cette image incestueuse qui revient... je croyais que c'était possible de gommer tout cela... J'ai l'impression d'avoir été touchée profond, profond, profond, d'être atteinte et que c'est fini ». Elle pleure.

Et cette prise de possession va se rejouer dans la cure. « Dans mon corps, je suis coincée, bloquée, oppressée, mal à l'aise, étrangère à ce qui se passe, à ce qui se dit. J'ai eu un fantasme. J'étais dans une baignoire, bien [elle s'étire sur le divan], pleine de votre sperme. Il entrait dans tous mes orifices, mon nombril, mon vagin [elle fait alors des bruits érotiques], ma bouche... Il y avait de la chaleur dans mon corps. J'étais bien. Vous preniez dans votre bouche du sang de mes règles, vous m'embrassiez et le laissiez sur ma bouche. Je vous en couvrais de partout, sur tout le corps. Vous vouliez l'effacer sur votre main. Vous n'y arriviez pas. Je pensais que vous ne pouviez plus avoir aucun contact, avec plus personne. Vous m'apparteniez totalement ».

Le bain de sperme et le baiser de sang menstruel ont la particularité de circonscrire des lieux du corps, orificiels, et de faire comme une peau de sang à l'autre, dont la tangence ferait que l'analyste ne puisse plus être à un autre, mais doive devenir sa chose à elle seule. Elle traduit aussi la dissociation du pénis émetteur de sperme d'avec la bouche, et le renvoi au bouche à bouche, aux lèvres de sang, dans l'expression du sang sur la main, ineffaçable, comme celui d'une faute et de la culpabilité qui s'y rapporte.

Quelques séances plus tard. Elle pleure. « Ma main est comme morte.

J. C. : Elle a envie de toucher, de battre ou de prendre.

– De tuer, de tuer mon père. C'est avec cette main [gauche] qu'il voulait que je touche son sexe quand il me caressait... elle est sale, noire, grise. Ses grosses mains pleines de culpabilité. [Elle revit la scène de viol, râle, se débat, crie...]. Je voudrais mourir. Je suis sale ».

Une autre séance : « Une vision, j'ai le pénis de mon père dans la bouche. "Tiens, suce". Avec mes dents, je lui avais coupé, arraché son gland. Je le lui envoyais en pleine figure. J'ai la sensation de *mauvais* sur la langue et celle d'un *étouffement*. J'ai l'impression qu'il est assis sur moi, avec son sexe à la hauteur de ma bouche, écrasée, écrasée, écrasée. J'étouffe. Quand mon mari me demande de prendre son pénis dans ma bouche, ça me dégoûte.

J. C. : Avec la sensation d'étouffer ?

– La sensation de mort [elle pleure] ha ! [elle remue sur le divan]... J'ai l'impression que je ne suis qu'un orifice et qu'un objet plein de trous. Il faut les remplir. Mon père, j'ai la sensation qu'il a voulu me remplir et il m'a fait mourir... il a ôté toute possibilité de vie.

J'ai la sensation souvent que mon mari veut m'étouffer, m'écraser... c'est moi... je recherche le plaisir trouvé un moment avec mon père... c'est tellement ancré en moi... Il me dégoûte... je ne suis pas grand-chose d'avoir accepté de jouir avec mon père... en même temps, je me demande comment ça pourrait être réparé. J'ai l'impression que ça ne pourra jamais l'être.

J'ai l'impression d'*être une peau* qui peut résonner à n'importe quoi, sans aucun fond, qu'il n'y a rien derrière. J'ai l'impression d'être toute béante, toute ouverte, offerte à n'importe qui... ».

La séance suivante : « La dernière séance, j'ai beaucoup toussé. J'avais le pénis de mon père dans la bouche, lui qui se vidait de son sperme dans ma gorge. Le fantasme que j'ai eu *c'est de faire jouir les mecs jusqu'à la mort* ». Elle évoque alors une envie de langues qui la lècheraient de partout et la feraient hurler de jouissance, ainsi qu'un ami avec qui elle « jouissait énormément ». Elle souhaite connaître une situation de vie où elle cesserait de lutter et pourrait ne plus opposer de résistance à rien.

L'impression de n'avoir rien pour la retenir, ni barrière ni enveloppe, celle aussi de se liquéfier, culmine dans l'expression *ne pas avoir de peau* ou alors une peau, dont elle dit combien justement ce n'en est pas une quand elle est ainsi, *trouée de partout*, *ouverte à tout le monde*, dont « tout peut sortir sans qu'il y ait un écran » ou encore une pure et totale carapace. La peur de devenir folle, liée à la peur d'être brisée, émiettée, en lambeaux, déchirée, s'expose en peur d'être *défigurée*, du fait de cette peau piquée de partout. Le perçage de la peau en trous qui ne sont pas des pores lui fait perdre sa fonction d'articuler les reliefs tégumentaires entre eux et les variétés d'épiderme, composé de plusieurs assises de cellules. Ce trouage altère en fait l'unité du visage par le risque de défiguration qu'il comporte. Il renvoie le sujet au défaut de portage, de soutènement et à l'abandon maternel initial. Il appelle la quête d'être « parlée » par un geste soutenu par le désir et les mots cohésifs d'un autre. En effet, se sentir « toute percée de partout », ne pas avoir d'enveloppe, fait qu'elle ne peut pas se préserver. Blandine se sent percée dans le vagin par les hommes, dans les oreilles par les mots et par les comportements des autres au travail. Elle vit une atteinte de la fonction respiratoire elle-même, en tant qu'elle est reliée à cette fonction partagée avec la peau. La peau non seulement respire, mais elle assure une part de la respiration, altérée par les brûlures. Elle est le lieu d'inscription de l'image de base respiratoire greffée sur le relais placentaire qu'est l'air ambiant dans lequel nous vivons avec les autres. Ce n'est pas seulement le contact qui nous met proche des autres, mais aussi le partage de l'air dans lequel nous vivons, et qui fait de nous des contemporains. L'air vide de paroles est une atteinte à l'intégrité. Cet air respiré, « placenta des vivants » (F. Dolto), est un lieu de désir, de rencontre de l'autre. Et ce qui empêche cette respiration du désir se prend dans le corps en étouffement et en « *boule noire* » dans le ventre, comme si le « *frère placenta* » demeurait après la naissance, non pas séparé, libéré par la césure et par la clôture ombilicales, mais occupant l'intérieur du corps, comme une condensation de tous les maux de la vie qui n'ont pas trouvé la voie des mots.

« Dans le ventre de ma mère, il y a une *masse noire*, noire, comme si c'était moi. J'ai l'impression aussi que c'est dans mon ventre, que ça veut pas sortir, avec la sensation que les mains sont toutes noires. C'est quelque chose qui est... *collé*... [elle souffle]... comme... comme une main qui veut me prendre quelque chose... [elle souffle, expire, inspire très fort].

J. C. : La vie. [Silence]

— J'ai téléphoné à ma mère qui m'a beaucoup parlé de mort... [Silence]... C'est comme si j'avais la sensation d'avoir été morte dans son ventre [à une séance antérieure, elle était avec le fait d'avoir incorporé le pénis de son père dès le ventre de sa mère], comme s'il restait aussi quelque chose de mort dans mon ventre qui m'empêche de vivre ». Du coup, la clôture des orifices de son corps fonctionnait fantasmatiquement par obturation d'un pénis en lieu et place d'un cordon.

« Je sais que vous n'allez pas prononcer les mots que j'attends. Ça se passe d'une autre manière. J'attends de vous quelque chose de très, très, très maternel. Une mère, quand elle caresse son enfant avec des mots, l'enfant n'y répond pas par des mots, mais par une jouissance qu'il doit éprouver...

J. C. : A quoi sert une peau ainsi façonnée ?

– Surtout à me protéger, à faire écran entre l'intérieur et l'extérieur. Je peux sentir des choses avec ma peau. Je voudrais être caressée comme un tout-petit... que ma peau redevienne uniforme et lisse ».

Et sur ce trajet où se dit la demande profonde d'un passage à l'acte, comme quelque chose d'incestueux qu'elle avait envie de revivre, Blandine entend le *non* de la voix de l'interdit — et il lui semble alors qu'elle est découverte dans un lieu d'elle qu'elle voulait tenir caché — et surtout, ce non fait qu'ici, à la différence d'ailleurs, elle ne parviendrait pas à tirer les ficelles pour parvenir à ses fins. « Ça a fait s'effondrer en moi une toute-puissance et que tout est toujours possible... et fait une remise en place au niveau des limites ». Le non de l'interdit d'un acte particulier (re)donne au sujet la promesse de limites dans lesquelles il puisse vivre, qui lui confèrent une assignation symbolique, celle du nom précisément. Elle évoque alors le fantasme d'être proche du corps d'une autre femme, comme pour retrouver une mère, mais aussi pour conjurer le fait de se sentir violée par les mots des femmes.

C'est par la peau que l'absence antérieure des bras de l'autre (mère) se fait sentir. Elle aspire à ce que l'autre dise des mots pour lui tisser une peau, la peau des mots tissée en écriture, trame et maille des signifiants d'une histoire en laquelle vivre et « se faire ». Ce serait comme des mains cherchant à accrocher une parole sur le corps, visant une ombilication sur le corps des mots, lorsqu'ils tendent la main qui permet de vivre debout, par la médiation de la voix d'un autre et permettent de rompre avec les scènes de colère, de soûlerie, de violence et de jouissance de l'enfance. Sa mère avait son mari dans la peau et avec lui la jouissance à fleur de peau. De fait, ce sont les paroles qui donnent une peau, et non les intentions paternelles du genre « prends ma main », « donne ta main » pour la porter au sexe. L'ouverture des mots de l'autre est comme des mains qui attendent leur voix, et la transformation topologique qui s'ensuit.

« Je pensais que tout pouvait rester au niveau intellectuel, de ma tête, sans que mon corps ou mon cœur puissent être touchés ». Je lui demande ce qu'est le cœur dans son analyse. « Je pensais que je pouvais rester très froide, garder ma carapace. Je suis touchée de l'intérieur. Ça vient pas du dehors vers le dedans, mais le travail se fait du dedans pour aller peut-être vers le dehors. J'ai peur que la carapace craque de partout. J'ai peur de me retrouver toute nue. J'ai l'impression d'être à vif ici, de ne pas avoir de protection… C'en est fini de la comédie… ».

L'enfant est en portance d'Autre. Prendre la main des mots permet de retrouver les fonctions de la peau, d'être soutenu dans la vie et de marcher. Elle raconte sa naissance fantasmée en disant : « Floc, je suis tombée par terre, je suis née comme une masse, sans qu'il y ait le petit bébé.

J. C. : Il n'y avait pas de mains.

— Oui… Mon père hurlait, ma mère était hideuse, il la battait, lui mettait un couteau sous la gorge ». Le défaut de mains, symboles de l'accueil, met en cause jusqu'à l'existence et jusqu'à la présence du bébé lors de sa propre naissance, comme si elle n'était pas là, ne pouvant être née des querelles jouissantes de ses parents. A son absence, lors de sa propre naissance, ne répondent que les coups des scènes conjugales, comme si, de toujours, elle n'avait jamais entendu autre chose : des cris.

La séance suivante : « Ça hurle à la mort, comme un enfant qui se replie pour ne pas entendre et ne pas recevoir les coups »… Il est question d'un *charnier*. « Le charnier, c'est la puanteur de la mort, ce que je peux ressentir de pourri dans mon ventre ou moi en train de pourrir dans le ventre de ma mère… quand je suis née, ma mère évacuait les débris qu'elle avait dans son ventre... ». A la fin de la séance : « J'ai la *sensation de sentir* mon souffle. J'ai cru qu'il allait disparaître ».

Le trou noir, ouvert dans le corps et dans l'être, laisse les chairs ouvertes, comme sans peau, et béantes sur le pourrissement, comme si l'enfant était de la saleté. Du reste, dans mon village natal, on situe la saleté dans la naissance comme bien distincte du ventre matriciel et de l'animal qui vient de naître, puisque les saletés (au pluriel) désignent les caduques, les enveloppes amniotiques et le placenta que certaines mères animales mangent — laissant ainsi en vie leurs petits. On dit : « Elle a fait ses saletés » pour dire la fin de la mise bas.

« Je suis un tas d'immondices, dit une autre femme, dans mon ventre tout peut rentrer sans jamais sortir. Les mots s'ajoutent à la pourriture et viennent pourrir sous cette énorme croûte purulente qui m'écrase le dos... C'est une plaie énorme, sanguinolente, repoussante, qui se creuse de plus en plus. C'est un immense trou sans fond, qui aspire tout ». La croûte dans le dos lui évoque un arbre dont on a ôté l'écorce, ayant des bêtes dessus. La bête tapie dans son ventre la ronge et la dévore. Elle pense toujours que les autres voient une *tache* sur son corps, comme une cicatrice indélébile. « Y a des moments où j'ai eu la sensation d'être rabougrie comme un arbre mort. Là, y a des branches qui vivent », puis « je me voyais au fond d'un trou sans fond avec cette corde qui m'enlace. »

La sensation d'un corps ouvert est sans doute ce qui insiste le plus comme suites de l'inceste. « C'est toujours tout ouvert. Y a pas de clôture. Je suis toujours sous le regard. Je peux rien cacher... C'était comme mon ventre... au lieu que les choses puissent rester à l'intérieur, j'ai l'impression que *ça apparaît*. Ce qui est visible, ça devrait pas l'être. Quand quelqu'un me regarde, j'ai toujours peur qu'il voie quelque chose que je ne devrais pas montrer... *comme une marque*... comme une cicatrice toute... qui est toute boursouflée, je voudrais que ça se referme [elle met sa main droite sur son ventre et pleure abondamment]... Je crois que c'est mon ventre qui est ouvert. » Ce que risque de voir l'autre extérieur, c'est ce qu'a réouvert et laissé béant la violence incestueuse. L'inceste a cet effet d'effraction du corps, de la peau, comme un s'arracher le nombril. Or il est de notre tâche de clinicien de veiller à ce que le patient ne s'arrache pas le nombril, c'est-à-dire retrouve, dans de telles passes et par la médiation du transfert, une situation de vie possible. Et cette non-clôture reste comme ce que l'autre pourrait ne pas cesser de voir. La fonction de la fermeture ombilicale est de rendre la vie possible. Elle est aussi de susciter la vue et les oreilles, d'ouvrir les yeux et l'ouïe. Fermer le ventre permettrait de voir à nouveau et de retrouver un équilibre : sortir du noir où le sujet est regardé constamment à la marque du trauma et pouvoir voir, sous un jour neuf, ce qui n'avait pas encore été vu, la personne ayant été aveuglée par l'obsession annihilante du regard de l'autre sur son corps.

« Je n'ai plus la parole. Mais, quand ai-je pu la prendre ? Les événements se déroulent sans moi et je suis étrangère à tout ce qui m'environne. Je survis dans une espèce de torpeur avec une sensation de vide. »

Blandine m'écrira ce mot d'un lieu où elle réside momentanément.

« Quel est à nouveau ce trou énorme et noir qui resurgit dans mes fantasmes, qui me fait si peur. Trou au niveau du ventre, ouvert, creux, au fond une masse noirâtre.

J'attends une mère qui fermerait ce trou béant pour qu'enfin je me sente rattachée à quelqu'un et non plus échouée comme une épave froide et sans vie sur du sable lourd et indifférent.

Je suis vide, isolée, coupée de tout et de tous — personne autour que des marionnettes aux masques grimaçants et hilares.

Quelle violence m'habite et que de tremblements m'agitent, des pleurs désespérés jaillissent, incontrôlables, les sanglots envahissent ma gorge, les larmes coulent et personne pour entendre les cris étouffés.

Où êtes vous ? Loin, si loin dans une nébuleuse où je ne peux vous rejoindre. Intouchable, dans les hauteurs. Inaccessible. Quelquefois pourtant, votre voix m'arrive, détachée, elle me martèle.

J'aimerai me laisser envelopper par votre regard et vos mains qui feraient suture et permettraient la cicatrice. Oh ! clore enfin ce trou. »

Longtemps après, l'analyse se terminera sur la réintégration du nom de son père et l'inscription de sa place dans la lignée. Elle écrit son nom sur une feuille au cours d'une des dernières séances. La vie est là — retrouvée. Elle peut faire avec son histoire. Mais il lui reste à la vivre.

Ecoute et trauma

Le viol incestueux fait vibrer la dimension de la mort, non pas du sujet, mais de ses aptitudes symboliques à se tenir en relations avec d'autres, sexuelles et de parole. Il annihile les capacités effectives d'un sujet de la loi en passe d'être institué. Il lui refuse son institution en violant la loi qui engendre le sujet naissant.

Ecouter le récit de l'inceste ne laisse ni le locuteur ni l'écoutant indemnes. Ce récit nous touche à l'intime du désir et de la vivacité des chairs. Il nous remue, car nous l'écoutons, de corps concerné. Et nous entendons l'appel de l'Autre scène, celle de la rétroaction du temps œdipien où fleurissait le fantasme incestueux, jamais reconnu comme tel par les familles à ambiance incestueuse, mais pourtant toujours signifié par les enfants. Ma filleule dit un jour à son papa : « J'aimerais bien être un garçon, parce que si j'étais un garçon, je pourrais coucher avec ma maman ». Ce passage par l'inversion dit bien ce qu'il en est du détour obligé quand il est question des choses du désir. Le fantasme incestueux œdipien est *de l'âge de l'enfant*. C'est l'attitude chaste et parlante de ses parents qui permet de castrer le fantasme en le symbolisant, et ainsi d'ouvrir aux sublimations de la culture. L'inceste a quelque chose de psychosant : il impute au réel. Il soudoie la symbolisation. L'action incestueuse grand-paternelle, paternelle : caresse sur le sexe, fellation, pénétration, éjaculation... se fait à l'orée de la puberté. Elle se pose comme une initiative, en une époque d'avant le sexuel postpubertaire redéployé par le primat de la zone génitale, avant la période où le sens sexuel des actes est patent pour un adolescent voué aux remaniements qu'apporte la puberté : la poussée des seins, la cambrure du bassin, le changement d'axe de la vulve, la pilosité et les odeurs qu'elle engendre, les règles, la lubrification du vagin, les érections, l'éjaculation. L'inceste est l'effet d'un espace où l'on ne parle pas, d'où le sentiment de *pourriture*, tenace et indécrottable. Les sensations de *noirceur* qui collent à la peau ont pour écho les gestes d'arracher cette noirceur ou la peau elle-même.

Ecouter fait jouer le temps, celui où l'enfant ne pouvait dire non aux sensations, celui d'un viol sans violences physiques manifestes, et celui de la scène œdipienne, par défaut de castration : se dire soi-même interdit alors que le fantasme y est. La découverte ultérieure que *cela ne se fait pas*, dans la prise de conscience de l'avoir fait, entraîne des effets déstructurants, des ravages subséquents.

Ecouter, c'est faire *confiance* à ce qui est dit comme expérience d'un sujet. C'est faire *crédit* à ce dire. C'est avoir *foi* dans la parole.

L'incrédulité de l'autre, si souvent dite par les « victimes », est un refus de croire que puisse surgir la dimension de la *vérité* du désir, avec l'engagement d'une plainte devant un tribunal le cas échéant. Non pas croire que cela est la réalité, mais croire qu'un sujet est affecté par ce dont il parle. Croire aussi que lorsqu'il raconte ses histoires, ses fantasmes..., il n'en continue pas moins de parler.

La fonction de *l'interprète* se doit d'être elle-même symboliquement inscrite, c'est-à-dire marquée du rapport à la vérité de *l'inter-dit*. L'interprète ayant lui-même taté de la *limite* et repassant avec celui qu'il écoute *à la limite*, aux limites de la crainte et de l'horreur de *toucher* ou d'être touché physiquement, affectivement, psychiquement, passage à la limite qui permet d'avoir un corps à soi.

L'inceste dans les faits occupe le devant de la scène parce que l'interdit en est difficile à saisir, car il bouscule l'indifférencié, le collage naturel qui fait qu'une masse de chair devient un sujet de la parole.

L'inceste est la folie d'un enlacement. « L'inceste, c'est un *toucher constant*, pas physique » dit une patiente. Il laisse l'empreinte d'un toucher qui ne cesse d'obséder. Il est l'obsession d'une cession qui ne se fait pas, par retour d'images où des souvenirs et des restes mémoriels — vomi, alcool, haleine, selles, sueurs — s'enlacent à la nécessité de se mettre avec leur compagnon à la place jadis assignée par leur père. La personne s'inclut alors dans la scène en la répétant, comme une misère qui lui colle à la peau. Son être-là est menacé de non-apparaître, en ce que personne ne tient compte d'elle et ne compte véritablement pour elle.

Tenir compte de l'autre qui est là en tant qu'Autrui, sans lui tenir grief d'être autre, le prendre en considération, c'est le tenir dans le compte des vivants, le compter parmi eux. C'est tenir le compte à jour des vivants et des morts. C'est tenir compte d'un sujet du désir inconscient, dans l'opacité du désir, de l'inconscient et du sujet. Etre au plus proche en assumant le plus lointain requiert du tact dans le contact.

La question rebondit sous la forme de la vérité et de la réalité du propos du patient. On ne peut que s'étonner des psychanalystes qui ne croient pas le dire de leurs patients comme étant une parole qui se cherche ou de ceux dont la croyance aveugle l'écoute, les empêche d'entendre. Aveuglement et surdité dont tous ceux qui s'offrent à pareille écoute prennent le risque. Ce n'est pas à celui qui écoute, nouveau surmoi, de dire ce qui est vrai dans le discours du patient, supprimant ainsi le conflit psychique, la contradiction d'où naît la vérité et la possibilité même de parler. Difficulté de l'inceste, la parole. Trop énorme la chose. Combien d'adolescents dans les foyers de jeunes s'adonnent à des actes délictueux, addictifs ou pervers pour ne pas être crus par les éducateurs. Propos trop cru pour être cru. Lui manque la tendre cuisson de l'écoute. Nous n'insistons jamais assez sur l'impact vital de cette réalité-là : être entendu.

Ecouter une victime de l'inceste, un père ayant commis cet acte criminel, c'est consentir, avec elle et contre eux souvent, à faire œuvre de ménage généalogique. Ce n'est pas simple dépoussiérage, ni seul balayage devant sa porte, mais c'est reprendre l'institution de la vie dans la maison de son corps, dans le foyer des Pénates et dans la circonscription du lieu. C'est reprendre place dans le fil des générations embrouillé par l'acte criminel. C'est reprendre cent fois sur le métier des mots « la chaîne du langage à la trame des paroles ».

« Les victimes d'inceste ont ce lent travail à réaliser : déloger l'occupant, déminer leur territoire, se réapproprier leur espace vital, leur corps, leur droit de vivre pour enfin sentir cette paix extraordinaire qui vient avec la liberté d'être soi, de penser par soi-même, d'exister comme un être autonome, séparé et seul, mais pas forcément solitaire », écrit Eva Thomas.

Sandor Ferenczi tente de mettre à jour les mécanismes à l'œuvre dans un traumatisme. Dans *Les fantasmes provoqués* (1924), il observe que la vivacité d'imagination est souvent liée directement à des événements vécus dans l'enfance sous la forme des traumatismes sexuels infantiles, dont une certaine quantité serait nécessaire. L'enfant trop bien élevé s'avère écrasé par les idéaux éducatifs. Dans ses *Réflexions sur le traumatisme*, Ferenczi commence par noter que « la commotion psychique survient toujours sans préparation »[10]. Cette soudaineté provoque un déplaisir qui ne peut être assimilé ni surmonté. Le principe en est le suivant : le traumatisme s'aspire en un mouvement de répétition qui vise une résolution psychique, notamment dans la passivité du sommeil.

Prenant acte du double fond dissociant du trauma, Ferenczi procède thérapeutiquement en recourant à l'articulation de deux strates oniriques : un premier rêve provoque le réveil ne laissant aucune image, excepté un vif ressenti de malaise ; après un temps d'insomnie et l'endormissement, un nouveau rêve survient qui laisse des images et donne matière à récit. C'est à partir de ce dernier rêve que Ferenczi recherche l'établissement « d'un accès direct aux impressions sensibles, à l'aide d'une transe profonde, laquelle régresse pour ainsi dire au-delà du rêve secondaire, et fait revivre dans l'analyse les événements traumatiques »[11], avec « inversion complète dans le passé traumatique ».

Cette « transe » permet à Ferenczi de ramener le traumatisme « pour la première fois à la perception et à la décharge motrice ». La paralysie mnémonique sera relevée en retraçant les lignes du souvenir. Ferenczi reprend les termes des victimes dans la description qu'il fait et soutient de la réalité de l'inceste. « Mais l'horreur des horreurs, c'est quand la menace venant du père coïncide avec l'abandon par la mère » ajoute-t-il *(Journal clinique)*. Il parle du clivage « qui peut aller jusqu'à "faire gicler toute vie psychique hors du corps, souffrant de façon inhumaine"[12], avec "atomisation complète de la vie psychique" ». Paradoxe du traumatisme. Laisse-t-il assez de traces pour être évoqué (hystérie) ou abolit-il la possibilité même de la trace ?

Eva Thomas s'interroge sur le sens de la répétition dans son lien à la réparation. « Si on veut que la victime ne s'abîme pas dans la répétition du traumatisme, il faut que la justice la déloge de sa place de victime émissaire en nommant et sanctionnant le vrai coupable »[13] et « répéter, se remettre en scène, en place de victime, rejouer le rôle, pour tenter d'être reliée à la loi. Ce qu'une victime cherche toujours à sauver, c'est ce lien à l'interdit »[14].

La violence perverse, avec ses fantasmes et ses mises en acte, montre un défaut d'entente de l'autre. Elle exprime l'interprétation que s'est donnée un enfant de la violence muette dont il s'est senti menacé. Mais elle est aussi une

---

10. *Œuvres Complètes*, Payot, 1982, t. IV, p. 139, ce que Freud avait développé dans *Au-delà du principe de plaisir* (1920).
11. *Ibid.* p. 145.
12. *Ibid.* p. 53.
13. *Op. cit.*, p. 238.
14. *Ibid.* pp. 240-241.

façon de lutter, par l'érotisation, contre la mort et la fixation à un état. Il lui faut une mise en mouvement. « Derrière toute problématique perverse se cache la menace d'un désastre qu'elle se doit de conjurer », écrit Marciane Blévis[15].

Il convient de penser en même temps l'inceste et la généalogie par la délocalisation qu'il suscite en privant le sujet de ses droits à parler, de ses prérogatives de sujet parlant. Le recours au *il n'avait pas le droit de me faire cela* ne suffit pas, bien qu'invoquant la justice et le jugement de l'acte criminel qu'est l'inceste. Mais cet autre a joué/joui de la chair. Le regard s'est fait barrière, le sexe a envahi l'appareil digestif (mal au ventre, masse noire), et la chair est une enveloppe vide. Alors, *je* tente de ne pas y être.

L'expérience traumatique — inceste ou accident — est une expérience autre, différente des autres, opérant un *clivage* (Ferenczi) entre une partie sensible de la personne, partie brutalement détruite, et une autre qui sait, mais ne sent rien. Une scission s'opère entre une intellectualité et une corporalité non reliées, séparées. Se pose alors la question, pour le sujet, de sa résidence, de son assignation. En quel lieu être, entre ciel et terre, entre des-astres et désir, pas seulement place parmi les autres, mais aussi mouvement de l'être bafoué dans sa prise de place en la vérité qui parle ? « Quand *on* est passé par là » signale un anonymat qui prend la place du mouvement de subjectivation faisant suite à celui de penser que ce n'est pas arrivé, que c'est non advenu, comme quelque chose qui n'a pas pu arriver, qui n'a pas pu avoir lieu. « Non, mais je rêve ». Le sujet tente de se garder en relation avec d'autres en disant par exemple *tout le monde*, devenant théoricien pour circonvenir les effets de la destitution. Il ne s'agit pas de leur faire dire « je », mais d'entendre ce détour par le tout le monde comme une tentative de rendre universelle le trop, l'excès, l'insoutenable, l'inassimilable du « vécu » personnel, afin d'y retrouver une singularité, celle du nom, celle du Je.

L'inceste fait ressortir et vaciller les rapport de l'incrédulité, du crédit, de la croyance et de la foi. Toutes les jeunes filles et tous les jeunes gens violés se plaignent de ce que « personne ne les croit », ce qui les fait douter de ce qui leur est arrivé, subjectivement parlant. On ne les croit pas. Ils ne croient plus en leur potentialité. Ils perdent confiance non seulement dans les autres mais dans la parole elle-même, ce qui porte atteinte à leur fondation. « Au centre de la parole qui dit le trauma est un *pouvoir y croire* », dit Monique Schneider[16]. Dire qu'ils fabulent, que ce n'est pas vrai, altère le dispositif de l'échange et du pacte symbolique. Dans l'évocation d'un trauma, l'écoutant est *délocalisé*. Il est affecté dans ses assises et n'en croit pas ses oreilles en un sens. De plus, parler du trauma, être atteint par son retour au corps et dans les mots, renouvelle le

---

15. In *Che vuoi ?* n° 2, L'Harmattan, 1994, p. 39.
16. Conférence à Correspondances freudiennes, Lyon, le 26 novembre 1994.

viol et l'effraction, la parole même faisant de nouveau effraction et l'écoute qu'elle autorise également.

Ecouter un trauma implique une passagère sortie du fauteuil, un mouvement discret, sûr et patient vers l'autre, une ouverture métaphorique des bras non pour susciter une régression, mais pour engendrer une passagère ombilication du corps mutilé du patient sur la respiration d'un autre désirant où la reprise du trauma se fait dans un couple ouvert à l'altérité bafouée. Articuler ce moment ombilical pour retraverser la confusion reconnue — et pas seulement dénoncée comme étant celle de l'autre — dans son caractère intenable, opère une expulsion, comme il en est dans une naissance (M. Schneider). Le retour à l'interdit fondateur permet de formuler que non seulement il n'avait pas le droit, mais que plus encore, la confusion des générations, l'embrouille incestueuse est interdite. La levée de la sidération et la « remise en route » de la sensibilité, de la sensorialité, de la sensualité et de la sexualité permettent de ne pas camper sur ce seul : « Il m'a touché(e) », sans espoir.

Dans cette *béance noire* que l'inceste introduit dans le ventre, c'est le peau à peau symbolique qui est atteint dans une recherche d'être en contact sans être touché, dans une quête de toucher sans être en contact. Ce désir d'être en contact avec un autre par la médiation des plaisirs porteurs des sens est altéré.

La loi et le nom

Réintroduire métaphoriquement la loi, en écoutant la personne là où elle est entravée dans sa chair — dans le rapport à son corps ou à celui de son enfant — moyennant les fantasmes et les rêves, en ne craignant ni ses fantasmes de meurtre du père, ni ses rêves de jouissance folle et affolante, c'est permettre à une personne, par delà la vengeance et la mort, de renouer avec son nom, avec les choses du désir en elle et les sensations de son corps. Sinon, toute la vie se brise sur ce triple refus du corps, du désir et du nom, et sur un rejet intime de tout autre, ce qui ne l'empêchera pas d'avoir des enfants, mais la mettra dans la dépendance tyrannique de ceux-ci, dépendance qui renouvelle, par défense, celle que le père avait consommé avec sa fille ou son fils. A l'endroit des hommes, certaines femmes restent dans la méfiance et la défiance, exposées qu'elles sont à leur violence, à leur perversion ou animées qu'elles demeurent de vengeance à leur égard, rompant leur jouissance en se retirant au fond d'elles-mêmes, provoquant et consommant la rupture au sein de la relation sexuelle. L'homme alors exige d'elles davantage encore de soumission, la prise de leur être *per anum* en étant la sanction. La sodomie devient souvent l'apogée de la séparation par et pour le moment où elle intervient : la lassitude de se faire baiser par tout le monde, c'est-à-dire de se faire mettre en un état de soumission qui prive d'une jouissance propre avec l'autre.

Or, c'est précisément la symbolisation de la masse noire de l'inceste qui fermente ou dégouline dans leur ventre, celle de la merde et des odeurs excrémentielles, qui est à faire, comme pour dissoudre ce *trop-plein* de fiente et de pestilence qu'est l'inceste pour elles. Au sens propre, « elles en ont plein le cul, ça les fait chier, et elles sont bien emmerdées avec ça ». C'est l'enfant de la période anale qui a été victime d'inceste, celle de la dépendance de l'Autre, celle à qui l'autre demande de remettre ses selles, phase dépassée par l'appréhension de sa génitalité réceptive de fille et émissive de garçon, quand la fixation incestueuse ne l'empêche pas d'être à un(e) autre hors de la famille. La confusion du don de son étron et du don de soi (de son être), entretenue par « l'éducation » ou plutôt par le discours paternel et le plus souvent familial, amène le propos paternel incestueux à soutenir qu'une fille se doit *d'être à* son père. C'est elle-même prise pour la partie. Alors sa perte subjective prend la place de ce que la perte des selles métaphorise et engendre de subjectivité. La métaphore anale elle-même est bloquée, un objet pour un autre, par une avidité dévorante au discours moral des plus matérialistes. Car, quand on ne peut plus donner à ses enfants ce qui est à leur donner : la parole de séparation, on va leur demander de se donner, corps et âme, dans la douceur ou la tendresse de gestes interdits dont la violence finit par éclater.

Ce qui frappe dans l'inceste, c'est l'atteinte dans le corps et l'impossibilité de trouver sa place. Car l'inceste, en portant atteinte au nom, malmène le sujet dans son corps et dans son inscription sur l'arbre généalogique. Comment réinscrire de la loi ? Par notre corps non défendu de désirer, non défendant de désirer l'Autre comme témoin de ce qui s'impose à l'homme pour naître et respirer, vivre et désirer.

L'atteinte du corps tient à ce que l'inceste met à mal l'image inconsciente du corps, par le pervertissement de la fonction du nom. En conséquence, elle affecte la sensorialité d'une jouissance indue, et parfois insue, quand les scènes demeurent entourées de flou dans l'esprit et le conscient de l'enfant, alors que son corps et son inconscient les ont enregistrées, parce que la fonction des sens est de médiatiser pour un sujet le rapport à l'autre dans la parole. L'interdit de l'inceste est fondé sur le nom qui rassemble la sensorialité sous son égide. Le nom n'est pas un objet de sensation, mais il réfère les sensations à autre chose qu'elles. Quand un père réfère la loi aux sensations éprouvées, il enferme la filiation dans les sensations. Du coup, cela colle à la peau de ceux qui, longtemps après, lors des séances, font les gestes de dégueuler ou de s'arracher la peau, gestes qui traduisent le dégoût et la saleté de l'acte. « C'est dégueulasse à évoquer » disent-ils. Nous avons à les écouter sans complaisance, non sans totale compassion — surtout un homme qui écoute une femme. Mais la tendresse de notre écoute et le lien de transfert si fort, qui vaut souvent comme premier lien et lien premier, ne doit pas les empêcher d'aimer ni de désirer. Il y va d'un acte d'adoption.

Aimer est un acte rendu possible par l'adoption. Ce n'est pas la symétrie aimer-être aimé qui opère, mais le fait d'être adopté comme fils de la vie où s'engendre une authentique reconnaissance de ce que l'amour doit au symbole et de ce que la parole emporte d'amour, là où le désir de l'homme trouve sens dans le désir de l'Autre, non pas tant parce que l'autre détient les clefs de l'objet désiré (être aimé), que parce que le *premier objet* de l'homme est *d'être reconnu* par l'autre.

Et c'est la force de l'appel du nom qui délivre le sujet des sensations captatrices de son être : on n'est pas ce que l'on ressent. « Autant le fantasme du désir incestueux pour le père est structurant pour la féminité de la fille, autant, il est ravageant pour sa libido s'il vient à se réaliser (avec le père ou le frère) », s'y soumettant avec le sentiment d'être une victime sacrificielle « déshumanisée ». « Dès lors, porter le nom de cet homme qui a voulu jouir d'elle, hors de la loi dont il était le représentant, c'est pour la fille *un déshonneur* », dit Françoise Dolto[17].

Cette défaillance au nom met la fille sous la prégnance d'un regard permanent, dans l'impossibilité d'être touchée, au propre comme au figuré. Le père a rapté la sensation pour soi-même, au lieu où, dans la vérité du désir, la sensation de vivre est remise dans un autre. Et c'est cela qui est aboli. Si personne ne dit : « *Tu es ma fille* », l'enfant n'a que ses sensations avec quoi entrer en dialogue. La construction du corps de désir est totalement liée à l'avènement de la filiation dans une vie. « Tu es ma fille » dit : « Tu n'es pas mon objet. Tu n'es pas à moi. Qui tu es te révèle à un *je* suis la fille de mon père », ce qui interprète et redistribue l'intensité pulsionnelle des sensations éprouvées, dans une altérité, un Autre lieu. Sinon, il y a collage à une signification qui fait loi. Et l'inceste est avide de signification contre les sens et le sens, le bon sens comme le sens commun.

La mise du symbole est une opération nécessaire pour que soit réinstauré le corps. Je ne parle pas à un autre *pour qu'il* devienne un sujet. Je lui parle *parce que*, pour ma personne, il existe comme sujet quand je lui parle, si je lui parle. C'est cela le symbolique, c'est qu'un sujet le supporte pour un autre. C'est occuper une place de greffe de symbole sans être l'arbre lui-même sur lequel le greffon du désir est enté.

La main et le tact

Le toucher conjoint l'exacerbation érotique — la jalousie des sens — à l'intimité de la parole au creux de la main. Il appelle dans l'étroitesse de la proximité des chairs une altérité séparatrice des êtres en des corps distincts, réunis par cette exigeante séparation qui se creuse au sein du rassemblement qu'il opère. En ce sens, on saisit qu'il puisse être tabou, objet de dégoût pour le phobique, interdit par l'érotique qu'il recèle et révèle. Toucher quelque chose, un

---

17. In *Séminaire de Psychanalyse d'enfants*, t. II, Le Seuil, 1985, p. 131.

autre peut précipiter dans la surdité mortifère des sens, quand l'acte de poser la main sur lui le conquiert, le prend et le capte, à l'insu de l'un comme de l'autre. Toucher peut ouvrir à l'espace de la rencontre quand la main se donne habitée de la tendresse de l'Autre ou de sa rudesse symbolique. Le toucher peut confondre et sidérer jusqu'à l'angoisse quand il vise à obtenir de l'autre quelque chose, quand il est envahi d'intentionnalité bienfaisante, qu'elle soit éducative ou thérapique. L'orthopédie incluse en certaines formes de toucher manipulateur et redresseur de colonne, assouplisseur de diaphragme ou amaigrisseur de ventre surchargé d'adiposité, bute très vite et très fort sur le redressement du sujet, son mépris par modelage de chair interposée. Ceci pour dire que la kinésithérapie et l'art du massage sont différents, pour trouver la justesse d'une main ouverte au traitement d'un symptôme sans nier le sujet. Le toucher est un lieu de forçage possible comme il peut être ce par quoi la respiration aérienne et libérante fait retour en l'espace de notre vie. Toucher l'autre, mettre la main sur lui, ne saurait être anodin.

Le point pervers du toucher obture, en chatouilles, papouilles et gratouilles, la venue de l'origine en nous, l'aperture où la parole nous arrive nous fondant en l'Autre, d'où l'avidité possible du contact, sur le mode d'une satisfaction pulsionnelle. La tendance à toucher s'exacerbe en avalant l'autre des mains, ayant comme objet n'importe quelle partie du corps de l'autre, pourvu que la tendance continue de fonctionner, « sadiennement » pourrait-on dire, au mépris de l'autre comme tel. Or, le toucher est parole quand il appelle en nous une réponse. Cela est sa grâce. La satisfaction donnée dans la rencontre est la venue à l'Autre et de l'Autre qui se donne à nous dans *l'acte* de se donner à un autre, vivant nommé. C'est le refus d'être touché par la parole que la perversion cherche à sentir. Or, pareil refus, nous ne pouvons le sentir. La parole nous vient quand nous croyons sans le sentir.

Qu'est ce qui nous autorise à frapper à la porte du *for intérieur ?* Quelle place accorder à l'expression sensible ? Comment articuler, humainement, la sensorialité à la parole dans le corps ?

Les sens sont des porte-parole, des portes de la parole, seuils du parler et lieu de son passage. Quelque chose du corps dont on ne sait rien peut être touché. A quelles conditions ? Aux conditions d'un Autre.

« Le contact corporel est le support de la rencontre. L'homme a besoin de toucher l'autre pour croire en l'existence de l'Autre » écrit Denis Vasse[18]. Pour Didier Dumas[19], la psyché se construit comme le corps en prenant sans cesse des matériaux hors de soi. Pour lui, l'appareil psychique a trois peaux : celle des sensations, celle des images avec le rêve, et celle des mots. Cela évoque les trois lèpres de la *Bible* : celle du corps, des habits et des maisons. Les villes, comme

18. In *Le temps du désir*, Le Seuil, 1969, pp. 78-79.
19. *Nouvelles clés*, n° 33, fév.-mars 1994.

les corps, ont une peau. *La pleurante des rues de Prague* (Sylvie Germain) est la peau du temps des hommes : « La tendre et vulnérable peau du visage et du corps des humains. La peau du cœur humain » (p. 60), la peau de l'Histoire. Et, face à la mort, « le moindre grain de la peau devient alors reposoir de l'âme en partance » (p. 201).

Là où le psychotique a perdu l'espoir d'être touché, répond le drame de l'époque moderne : vouloir communiquer sans désirer être touché.

L'araigne

Le lit de la pulsion se creuse dans le sable mouvant et les méandres tortueux des premiers liens où la voix prend vie d'être le premier objet, dans une adresse. Ce qui n'est pas un contrat de confiance, mais porte ouverte à la parole. Le langage dit : tu causes. La parole dit : tu parles. Et la pulsion demande : comment tu parles ? Par le langage, porteur de la parole et du jeu des signifiants, l'ordre des sensations — qui peut se faire impératif (gouvernant par la soif, la faim ou le sexe) – institue la vie d'un sujet du désir sous le nom qui le représente, le nom servant à l'appeler. Il lui intime de quitter l'image (le miroir) pour fonder ailleurs la vitalité de son être. Il l'oblige (*obligare*, c'est lier par un engagement) à quérir la source de son désir ailleurs qu'aux caractères voluptueux de ses chairs où les zones cutanéo-muqueuses fleurissent de sensations fortes. La sensation fait le lit de la pulsion dans le rapport à l'Autre.

Mettre bas les mots pour accoucher de la vérité.

Etre témoin de ce qu'un enfant sent, par les mots prêtés entre soi et lui, c'est lui donner de *ressentir*, d'éprouver, d'être vivant, de par des mots issus de l'Autre, dans un corps animé, vitalisé par le désir. C'est donner à un enfant de parler dans la médiation du corps et des mots, lui donner corps. La chair de l'enfant insomniaque ou qui ne peut s'endormir que lové au corps maternel est souvent surexcitée par une impossible séparation, entretenue du côté maternel par de permanentes chatouilles à composantes arachnoïdes, faites du bout des doigts sur les côtes, et non de la sécurité de la paume. Arachnéennes emprises aux palpes dont l'enfant ne peut s'extraire. Ces mains de mères sans présence opèrent comme des araignées, suscitent des réactions de chair de poule et des fantasmes de mains coupées, selon la loi du Talion. La présence est évacuée quand la main n'est *remise* à aucun nom, à aucune présence. Arachnoïde, l'anatomie nous en promet de belles, puisqu'il s'agit de la méninge située entre la pie-mère (intérieure) et la dure-mère (extérieure). Décidément, la mère a la vie dure, d'être installée autour de nos centres nerveux. Pas étonnant que les enfants papouillés à gogo grimpent aux murs ou deviennent fous à lier. Ils ont une araignée dans le plafond.

La chatouille et la gratouille, activités consommées des mains, inhibent la pulsion par l'annulation de la parole qu'elles consacrent dans leur action, par la suppression de résonance dans le corps d'un dire qui dise l'altérité incarnée.

Quand la main d'un autre donne à entendre une voix, elle n'est pas seule capture en miroir de mains excitantes et vides de tout don, mains avides qui font tourner à vide et mécaniquement le fonctionnement de la chair non consummée de désir, consommée du bouillon de la consomption narcissique dans un amaigrissement dû à la froideur des mains et dans un dépérissement dû à la dénutrition des capacités vitales sourcées dans les mots échangés. La petite bête qui monte, gênante, fait monter la tension jusqu'à l'exaspération d'une saturation de sensations qui finissent par étouffer et couper le souffle, de son fond incestueux.

Il y a débridage de l'articulation de la voix et de la main lorsque les mots se mettent à chatouiller comme des bouts de doigts détachés de tout corps parlant. La main-toile d'araignée forclot la présence à l'enfant par le trop-plein narcissique qu'elle sécrète. Or, la main, par son tissage et son tressage, est une médiation entre les objets partiels et l'unité du corps. C'est par elle que nous avons accès aux différentes parties du corps et à son rassemblement. C'est par elle que les trous du corps se constituent en orifices pulsionnels et que se génère le ressenti. Les bords du corps sont fondés en orifices, quand ils sont faits, constitués en bouche, par où ça parle dans l'articulation de la voix et de la main[20]. Dans les grandes déprivations sensorielles[21], telle celle vécue par Helen Keller, l'enfant ne peut que prendre contact par le corps, ce qui n'est pas sans angoisse. C'est par l'entremise de la peau et des mains qu'elle est prise par un réseau de signifiants dans les mailles duquel elle sera représentée et par lequel elle se représentera le monde, moyennant aussi l'olfaction. Elle se sépare du monde qu'elle nomme « l'eau », « la terre », « l'arbre »[22]. La nomination prend acte d'un contact séparateur.

Une main, qui n'est pas araignée qui chatouille ou une force qui opprime, *consent* à l'Autre. Elle délivre le bébé d'un enfermement sur lui-même qui le confine au repli et au retrait.

Avec Paul Beauchamp, Denis Vasse rappelle que dans la statuaire du Moyen Age, la parole est représentée par la main. La position de la main indique. La main qui fait quelque chose, celle de *l'homofaber* dans *l'homosapiens*, fait l'unité du corps ordonnée à la parole, donc à la filiation. Un homme de main, celui qui agit pour le compte d'un autre, se devrait donc d'être un homme de parole.

Présence de la main

Si la main médie sans remédier à rien, c'est qu'elle est porteuse, en son creux, non pas du poil de la paresse, mais de l'arbre du parler. La main porte.

---

20. *Os, oris* : la bouche et *facere* : faire. La bouche est ainsi la métaphore de l'origine.
21. cf. *Miracle en Alabama* d'Arthur Penn.
22. Cf. D. Vasse, *Le temps du désir*, Le Seuil, 1969, pp. 151-152 et J.B. Pontalis, « Entretien avec Françoise Dolto », In *Après Freud*, Gallimard, 1971, pp. 359-374.

Une main porte *l'humain* dans la plénitude du parler, la main haute. Par elle, nous viennent la sécurité du porter, le rythme de la vie, la scansion de la présence et de l'absence, les rumeurs de l'autre. Par elle, nous viennent la menace et l'atteinte, la gifle ou la dérobade, la caresse ou la frappe. La main porte la parole ou le glaive qui tue, la parole qui tranche et le tranchant qui révèle et fait vivre.

La main du bébé *in utero*, portée par les eaux amniotiques en l'espace du corps maternel dont il est l'hôte temporaire, cherche déjà à toucher et à saisir. Car c'est de la main que nous vient l'entendement. De notre main, nous serrons le cordon ombilical dans le ventre de l'attente. De la main, nous prenons une bouffée de désir préhensile d'*être avec* à la prise des choses. Avec la main, nous prenons des objets qui, dans leur préhension même, s'avèrent nous quitter. Notre main ne sait retenir les objets que pour les perdre. Notre main ne se ferme que sur ce qui l'abandonne, non pas à l'action de prendre et de garder, mais à l'acte de donner, de se donner à la gloire de l'Autre. Notre main voudrait attraper et conserver. Elle voudrait mettre la main sur l'autre, en faire notre homme de main, nous substituer à lui pour des tâches ambiguës, d'emprunt et de procuration. Notre main croyait mettre le grappin sur ce qu'elle enferme. Et voilà qu'au moment même où elle se ferme sur sa proie, elle s'ouvre comme aile d'oiseau désirant tenir sa place dans l'azur. Oui, elle s'ouvre et s'offre à l'Autre qui la tient dans le creux sans bord de son étendue. Croyant se clore sur l'autre, la voilà qui se donne à la présence de l'Autre.

La main du bébé saisit le cordon dans le sein maternel. Elle se joue du cordon et des rythmes, la voilà saisie d'un mouvement quasi réflexe de se refermer sur ce qu'elle touche. Nous désignons cela du vocable de réflexe d'agrippement, lequel disparaît dès le quatrième mois de vie extra-utérine. Car il n'est pas bon pour l'homme de saisir tout ce qui se trouve à portée de main. Cette main de bébé se fermant sur la vivacité du flux ombilical est comme sommée d'entendre la vie qui palpite et qui bat dans le cordon qui relie l'enfant et son placenta, vie d'échanges fœto-placentaires où repose la vie même de l'enfant que la vie nous donne d'attendre. La main serrée sur le cordon perçoit la promesse du sourire. Que l'on pense aux astronautes qui sortent de leur capsule ficelés, arrimés à ce qui tient leur vie au fil respiratoire et nourricier de l'espace aérien. Ils ont l'air d'enfants flottant dans la matrice des airs.

L'enfançon s'accroche et agrippe. Il sent la vie, cette vie faite de parole et de désir qui, dès le sein, moyennant la voix des autres, lui parle au cœur de son être. Cette même main qui, une fois né, se refermera avec vivacité sur un fil, sur un objet ou sur le doigt de qui le lui tend. L'enfant s'était animé au mouvement pulsatile de son cordon battant à la vitesse du cœur. Il découvre le doigt de l'autre, prolongement de la main de l'Autre qui l'accueille, né de la parole et dans la parole, dans le nom par qui toute chose arrive. Il retrouve le contact d'un autre au doigt de qui se passe la bague de ses doigts recourbés, bague le fiançant aux mots de la vie, alliance qui le marie à l'engagement renouvelé du désir. L'autre lui donne la main, les mots et les noms. Par lui, et c'est affaire de contact et de tact, lui viennent les lois, dans la métaphore des choses données et trouvées d'Autre. Imaginez Tarzan sans sa liane, à quelle fibre va-t-il s'accrocher ? Le bébé joue avec cet objet chéri qu'est la petite girafe offerte par sa marraine. Le cou, les pattes, cinq éléments qu'il peut prendre si aisément, ses doigts se refermant sur eux comme ils le faisaient sur le cordon dans le temps prénatal. Ils ont juste la dimension de sa petite main de nouveau-né, bien ajustés, mais un peu froids. Alors il ne cesse de chercher le doigt de l'autre, la main de cet autre qui, s'il n'est pas trop angoissé, réunit en son creux le mouvement des pulsions de mort auxquelles l'enfant, sécurisé, peut se laisser aller et se remettre pour trouver le sommeil. Quand nous sommes dans la peine, la détresse ou le désespoir, tous états qui paralysent notre mouvement vital, nous attendons qu'une main se porte vers nous. Que dis-je une main ! que non pas, mais que *quelqu'un*, un frère en humanité, nous tende la main, la pose sur nous, tienne la nôtre, non pour magiquement nous guérir de toute souffrance, mais pour nous donner la consolation de ne pas souffrir, celle aussi de ne pas mourir, hors de toute présence humaine. La main tendue, posée, maintient, en nous et avec l'autre, les ferments de ce qu'une main humaine contient et porte : l'humanité vivante que le langage constitue et que la parole engendre. Mourir dans la main, dans les bras de l'autre, c'est être né dans et à ce qui nous fonde.

Le geste du mépris et du soupçon réunis est celui qui consiste à donner la formule de toute demande à l'aune du doigt, de la main et du bras. Geste si souvent évoqué devant la provocation des adolescents dès qu'on dit que s'ils vous en demandent long comme le doigt, il *faudra* leur en donner long comme la main, puis comme l'avant-bras, le bras enfin tout entier. Cette main-là qui montre la démesure à la mesure du bras est une main sans présence, car toute demande a vocation d'absolu, étant foncièrement demande d'amour et de reconnaissance. Quand elle se pose avec respect sur l'autre, quand elle ne craint pas d'entrer en contact avec lui, la main est médiation de la limite entre les êtres. Elle est vectrice de ce qui parle entre eux par la médiation de leur corps. C'est dans la castration de ses vertus préhensiles et saisissantes que la main trouve sa fonction symbolique et symboligène de donner à l'autre une reconnaissance de sujet différencié, dans son désir de relation et de parole. Dans cette main portée vers l'autre et portée d'Autre, je suis dépris de toute représentation (tactile, sensorielle, imaginaire...) de l'autre, déporté du moi qui se veut être le centre de mon être et porté dans la vérité qui parle.

La main du vrai parler ne palpe pas. Elle palpite du bruissement de la vie. Elle s'éprouve dans l'épreuve et la souffrance du vivre.

Les bras du parler

« Ce qui s'est arraché se rejoint à nouveau.
Les voilà, prends-les à toi, tu les as tous les deux,
le nom, le nom, la main, la main,
prends-les en gage ».
Paul Celan

« Noli me tangere. Ne me touche pas,
car tu ne peux toucher l'infini, l'éternité,
l'immuable. Ne me touche pas des doigts,
car ce mystère de la mort nous sépare.
Ne me touche pas, car toi, matière,
tu ne peux toucher l'immatériel ».
Gustave Moreau

NOLI ME TANGERE

La frigidité vécue comme un espace psychique de non recevabilité du toucher est une demande d'être protégée, mise à l'abri de la tendresse. Cette frigidité-là est une peur de s'exposer à la tactilité génitale d'un homme. Elle n'est pas tellement peur du jeu avec la mort que tout engagement sexuel comporte, mais peur issue de l'imminence du moment où le mouvement, pulsatile et incoercible, ravit une femme, où son corps est sous l'emprise et la menace de sortir du champ du nommable. De l'expérience de la petite mort, au sens strict, on n'en revient pas… avec des mots. Cependant, si une femme *entend* de l'autre et de la confiance qu'elle lui fait, un lieu symbolique, où dans la jouissance — d'être hors de parler et partant, hors de soi, on n'en reste pas moins arrimé au langage, quoique hors du mot — elle peut se laisser aller aux élans et aux sons dont son corps et son être sont traversés par le jouir, sons qui peuvent joindre la clameur d'un orgasme à la subtile discrétion du chant des étoiles.

La frigidité peut surgir de la peur d'un regard surmoïque implacable, qui verrait tout, annihilant la montée progressive du plaisir au moment où il y suspend une femme, ce qui est souvent l'un des effets de l'inceste et du viol.

La frigidité : quand *une* jouissance ne prend pas et reste retenue, voire contenue, dans l'espace d'une enveloppe close, mais non affranchie, non oblitérée de la porosité d'une peau. La frigidité ferme les pores de la peau sur les battements du pénis à une jouissance qui n'est pas exempte de jouissance inconsciente. Elle pourrait jouir, vulgairement, outrancièrement, mais ne le veut pas, inconsciemment s'entend, *absorbée* à autre chose ou livrée à un autre. Une transmission de féminité ne s'est pas opérée du fait d'un lien trop affecté à sa propre image de base narcissique, cohésive, dont la respiration et les mouvements cardiovasculaires sont les premiers lieux d'inscription, tous états de la vie végétative particulièrement *affolés* dans le plaisir.

La frigidité est rattachée à un fantasme de défense active de son intégrité, non pas tellement physique, mais plutôt de l'image inconsciente du corps menacée de dissolution. Le contact est coupé, dans la mesure où contacter porte en lui la visée de *toucher à*. Il a partie liée avec la sensorialité tactile — non absente dans ce cas de figure –, le tangible et ce qui se garde *intact*. Cet in-tact, ce à quoi l'on n'a pas touché, ce qui n'a subi aucune atteinte, fait vibrer la dimension de l'intégration, de l'intégralité (être entier) et de l'intégrité (état d'être intact, non altéré). Le contact, dont le « mouvement pousse et porte à toucher ou à joindre » (J. Kinable, 1990), est alors rompu. Au sein même de la jonction sexuelle, la conjonction des sexes se disjoint en un élan brisé. La femme alors s'accroche à un arrêt dans sa volupté. Ou plutôt, s'arrête en elle la montée de la volupté ou se fige en elle la descente aux plaisirs. Elle est arrêtée aux bords où s'ouvrirait en elle *l'inédit* d'une première fois, son *inouï*, comme une préservation de virginité ou de soumission sous les termes d'un autre (père, amant, pornographe...), pour qui une femme qui jouit est une salope, une chienne ou tout autre nom d'oiseau. La frigidité, en ce cas, témoigne de la sensibilité à l'autre, mais pas forcément à l'imaginaire particulier du partenaire en présence. Elle est une réaction en écho. Elle sépare une femme entre une part d'elle-même et une autre, au moment où l'intimité impose le surgissement du ravissement. Le ravissement suppose un Autre. La jouissance partagée peut-elle être une sublimation ?

La pudeur est un contact vivant avec l'Autre.

Accueillir le don de soi comme le fait de l'autre peut paraître mortel, mortifère ou mortifiant à ce point d'incarnation où le jouir et le crier vont de pair. Il ne s'agit pas d'être la propriété de l'autre : être prise, saisie, portée, transportée, mais, dans un passage par la passivation, d'être livrée à son appartenance d'être symbolique. S'en remettre à l'autre peut faire peur. « Rarement une femme noue son désir, et sa vie sexuelle, à cette abjection qui, lui venant de l'autre, l'ancre intérieurement dans l'Autre », écrit Julia Kristeva[1].

Des femmes, qui ont connu des plaisirs qui les ont satisfaites, traversent parfois, au cours de l'analyse, des phases de frigidité relative. Elles n'éprouvent plus ce qu'elles connaissaient jusqu'alors. Elles cherchent à toucher l'analyste par un discours où apparaît, après l'omnipotence d'un jouir aisé, le creux d'un manque, les cernes d'une insatisfaction. Elles s'évertuent à nous toucher par le discours insistant de ce qui ne les touche plus, comme si l'intensité mise à la narration cherchait à réinscrire du vide, celui-là même qui leur manque pour se laisser aller à l'autre. Elles sentent bien qu'il ne s'agit pas d'un problème sexuel, elles ont connu l'orgasme par exemple, mais du consentement à se laisser aller à l'autre, entièrement. Elles ne sont pas frigides. Elles manquent de la confiance qui les ferait *s'en remettre* à l'autre, s'abandonner à ses bras et se laisser toucher par lui dans le dénuement de son être.

Dans la frigidité se garde une part de l'un de ses parents, père ou mère, qui dévitalise la femme de ne pouvoir être fille donnée à un homme et à l'Autre en elle. Ainsi, Karen a du plaisir, mais reste en rade de jouissance. « Il y a le non-maîtrisé, dit-elle. *J'ai peur de moi*. Je suis mal à l'aise par rapport à mon plaisir, au sens large, par rapport à cet abandon, au plaisir qu'on prend. Il y a quelque chose que je n'accepte... [et ce n'est pas dû à l'autre]... Je pense. Je ne vis plus. Je pense à ce à quoi je pense dans ma tête. J'imagine que je vais pas me laisser aller. Je fantasme sur une situation sexuelle qui va me donner du plaisir, mais je ne suis pas dans l'instant présent, c'est la pensée. Dans le laisser-aller complet que j'ai connu, c'était l'instant. A aucun moment, ma pensée ne se mettait en route ».

Etre donnée, c'est s'offrir à la partition de son sexe où le clitoris joue et parfois se joue des identifications au partenaire, et où une autre jouissance se profile, autre que celle prise au fantasme, autre que celle qui est attendue ou espérée, neuve à chaque fois. Mais pour que l'accès à celle-ci soit possible, il convient que soit levé ce qui l'empêche et l'obture : que le partenaire donne à une femme ce qu'une mère ne peut et ne saurait donner, redonnant vie à de l'Autre, en son espace propre, psychique et corporel, d'être filié. Une analysante n'a prononcé le mot de jouissance que lorsqu'elle était enceinte. Elle appelait jouissance la présence du bébé en elle. Porter un bébé était pour elle une jouissance, ce en quoi elle n'était pas totalement frigide, se plaignant d'une réserve, inconsciente et involontaire avec son compagnon, qui déjouait sa volonté.

1. In *Pouvoirs de l'horreur*, Le Seuil, 1980, p. 66.

Adoption

Les trois voies, active, passive et pronominale des verbes adopter, être adopté, s'adopter, exposent différentes faces de l'adoption. Ajoutons qu'adoptif en français vaut pour les deux parties : adoptant et adopté. On parle aussi bien de parents adoptifs que d'enfant adoptif pour désigner celui qui adopte et celui qui est adopté.

Adopter est la condition de l'homme en tant qu'être généré et nommé, appelé dans son identité, généré de par l'acte de la nomination, nommé du fait de la génération.

L'adoption est un terme ressort. Il est un point d'appui et d'expansion des métaphores de la vie, en tant que la vie est instituée par la parole pour les humains. L'adoption participe pleinement de la filiation, c'est-à-dire de la génération qui prend chair avec le nom.

Elle est l'acte symbolique par excellence. L'être humain est *toujours déjà adopté* par le symbole dès avant de naître. Et cependant au symbole *non adapté*, né de lui comme sujet, hétéronome. Nous ne sommes pas ce qui nous engendre. Un être humain parle et le don de la parole, sa spécificité de parlant, le conduit à se poser la question de l'origine, celle sur qui reposent les commencements de l'humanité vivante. L'adoption du « petit d'homme » dans la parole est de tous les temps. Elle est de toujours et de partout.

Un double rapport ordonne les trois verbes, adopter, être adopté, s'adopter : celui d'une mise en relation des voies active, passive et réfléchie, et celui d'une rupture de chacun des verbes entre eux, rupture encore plus sensible dans la série qui sert de repère à ce chapitre, abandonner, être abandonné, s'abandonner. Rupture d'ordre dont nous reprenons la fécondité plus loin. La forme pronominale, s'abandonner, consacre une fracture sensible du champ sémantique. S'abandonner aux bras de l'Autre, c'est quasiment l'inverse d'être abandonné. L'abandon sans adoption participe de l'absence des bras du porter.

L'articulation des trois verbes concernant l'acte d'adoption ouvre subtilement aux métaphores dont l'adoption est le fondement, l'appui et le tremplin, un acte par lequel certains ont reçu un ou des enfants de la vie dans leur vie. Le *dispositif* d'adoption est un bon analyseur de l'*acte* d'adoption, dans ses ratages et dans ses difficultés.

Il convient de prendre en compte le rapport entre les conditions d'une conception et ses suites, ainsi que l'écart entre la conception et la naissance d'un enfant. Le cadre légal et administratif rend à des humains décision relative à leur aptitude ou à leur capacité d'*opter* pour un enfant non issu de leurs chairs. Les adoptants sont soumis à la décision de l'autre, d'un tiers, pour obtenir un enfant sous leur toit, dans leur foyer. Le désir d'enfant, fruit du tiers désirant entre un homme et une femme, est déplacé sur un tiers effectif et tangible : le président du conseil général. La question du lieu du désir, d'où viennent les enfants ? demeure pleinement actuelle. Elle relance avec vivacité les élaborations du temps des théories sexuelles infantiles et celles du roman familial. *« On veut un enfant né d'ailleurs »* en serait la formule *princeps*[2]. Pour les enfants issus d'autres continents, ce serait *« venus d'ailleurs », in alliore loco.* Telles sont les significations de l'expression d'ailleurs : en un autre lieu, d'un autre lieu, pour une autre raison, par ailleurs, d'un autre côté, d'autre part, en outre. On pourrait dire un enfant non pas né d'ailleurs, mais d'ailleurs né, déjà né. C'est ce non-à-naître du déjà né qui structure l'accueil d'un enfant en terme de naissance et d'adoption. Adoption qui vaut pour tout enfant, quand, bien après être sorti du ventre de sa mère, il dit : papa, maman ; à quoi vous répondez : mon fils, ma fille. Je dis vous répondez, mais il ne dit papa, maman que pour autant que nous l'avons nommé notre fils, notre fille. Il n'y a d'adoption vraie qu'à ce moment-là, quand la désignation d'enfant de tel ou telle s'efface dans la nomination d'être fils et fille de la parole, et quand s'évanouissent les appellations d'origine pas du tout contrôlées du genre mon chéri, mon petit lapin et autres hypocoristiques qui ne sont pas le véritable nom de quelqu'un.

Si le tiers incarné prend figure réelle de fruit du désir — fût-ce à notre insu ou contre notre gré — en la personne d'un enfant, le processus d'adoption nous introduit dans une partie à quatre termes. Pouvoir compter jusqu'à quatre est l'indice que l'on est véritablement adopté. Le tiers agréant, ajouté dans le dispositif d'adoption, apporte son agrément sur la base d'un *rapport écrit.* Le lieu du rapport, mais sa maintenance se faisant, se trouve être déplacé du lit à l'écrit. Le lit est tout ce qui tient lieu de métaphore de la conception. La feuille, c'est le papier par lequel l'enquêteur *autorise* de facto, les membres d'un couple ou une personne, à quoi ? Certainement pas à adopter ! Car cet acte ne peut être que l'engagement du désir de ceux qui s'y risquent. Il autorise donc à prendre ce risque, en conférant la possibilité de recevoir un ou des enfants.

L'enfant est confié à des parents et inscrit dans le livre qui autorise l'adoption. Il est pris entre trois actes : un acte sexuel qui a donné lieu à sa conception et à sa naissance, quels qu'en soient les aléas ; un acte d'abandon plus ou moins explicite — et pas seulement maternel, parfois redoublé : un homme abandonne une femme qui abandonne un enfant ; un acte d'adoption de l'écrit et du cœur. La triplicité de cet acte témoigne du symbolique à l'œuvre dans toute adoption.

L'adoptable est un enfant né, comme tous les enfants du monde, de l'union sexuelle d'un homme et d'une femme, union féconde, qui, quels qu'en soient les aléas et les vicissitudes, a été porteuse de désir, union qui a donné naissance. Un enfant abandonné n'est pas un enfant de femme seule, mais,

---

2. Cf. *Le journal des psychologues*, n° 113, décembre 1993 - janvier 1994, p. 21.

comme tout enfant, il s'est conçu et il est né de *deux géniteurs* : une femme et un homme. L'adoption risque d'occulter l'origine sexuelle de l'enfant, comme si le désir d'adopter suffisait à *soi seul* à faire l'enfant, alors qu'il a fallu du sexuel charnel antérieur, fût-ce dans un viol ou dans l'usage de ce qu'on appelle procréations médicalement assistées.

Acte sexuel, rapport écrit certes, mais il n'y a pas plus de rapport textuel que de rapport sexuel. L'enfant n'est pas fils de l'écrit ou des cris, de jouissance, de douleur ou de viol, mais de la vie, en relation, pour ce qui est de la filiation, avec les autres générations. Le rapport d'adoption est destiné à être lu. Il est une légende : ce qui doit être lu. De plus, il traduit l'imaginaire de ceux qui autorisent les personnes à accueillir un enfant.

Il s'agit de ne pas refouler la part du géniteur au profit des seules impossibilités maternelles. Non reconnu par lui, un enfant n'a pas de père, mais il n'est pas sans géniteur. De même pour le versant maternel. Il n'y a pas deux filiations, mais *une* faite de deux lignes où se mêlent la biologie, la culture et les paroles. Etant filiation d'êtres incarnés, il y a *dissymétrie* entre géniteur et génitrice.

Interroger la place et la fonction de *l'ailleurs* et du *d'ailleurs*, c'est donc aussi, à travers la mère, faire référence au géniteur et au désir entre deux êtres. « Ces enfants qui, certes grâce aux adoptants reviennent de loin, viennent aussi d'ailleurs » écrit Saadia Yakoub[3]. Ce qui est le cas de tout enfant devant l'*énigme* de l'origine, énigmatique pour tous puisqu'elle est l'œuvre du désir en nous. C'est en parlant de l'ailleurs de et dans sa mère qu'un enfant se découvre un père, ou du moins une place pour un père.

La filiation, comportant un acte d'adoption, est une institution spécifiquement humaine, ce qui ne veut pas dire que les animaux ne reconnaissent pas leurs petits, par instinct. Ce n'est pas une pratique seulement psychique ou culturelle. C'est l'institution symbolique d'un enfant en sa qualité de fils, acte par lequel l'enfant-fils vient au jour des signifiants particuliers de la constellation de ses adoptants, qu'ils soient ses géniteurs ou non. Etre adopté, c'est entrer dans son histoire en étant immergé — au sens topologique — dans l'histoire d'autres, avec la particularité d'une perte des repères initiaux pour certains, dont cependant le prénom peut assurer continuité.

Cela pose des questions théoriques et cliniques : peut-on penser l'enfant sans la mère, sans mère, sans une mère ? Mais une mère à perdre pour naître. Dans une adoption légale, quelles sont la place et la fonction réservées à la *perte placentaire*, à ce qui s'est brisé dans l'ouverture à l'Autre ? La perte dans le réel est évidemment différente de l'élaboration de la perte symbolique. Un enfant découvre la distinction entre le perdu (objet) et la perte, le fait de perdre

3. *Op. cit.* p. 25.

et la mémoire, le rappel, le cerne de la perte constituée comme telle, dès qu'il commence à parler. L'adoption symbolique, ce n'est pas que l'enfant perde, mais qu'il symbolise la perte. Ce n'est pas qu'il perde son biberon, sa nourrice ou sa mère, il serait alors sans bras pour l'accueillir et le recueillir. Mais c'est qu'à travers les pertes d'objet successives, il lui soit *donné*, par d'autres parlants, la possibilité de symboliser la perte elle-même. Or, beaucoup d'enfants adoptés ont la nostalgie d'un objet perdu, sur lequel ils s'interrogent en des pourquoi infinis, répétitivement les mêmes. Symboliser la perte, c'est constituer la perte comme telle, l'ériger en perte. Certains enfants ont perdu les mots qui disent le vécu de la grossesse, celui de la naissance et le tissage des premiers liens. Ils ont manqué des mots disant et constituant la séparation des êtres. Ils ont les mains vides des mots qui engendrent dans la séparation. Il a fallu parler pour eux dans la continuité de la présence. Celle qui aurait pu le faire n'est plus là, ou pas à même de le faire. C'est le manque de ces mots, du corps et du cœur, des mains et de la voix, qui, pour certains dans leur famille génitrice elle-même, les prive de la possibilité de vivre différenciés de ceux par qui ils sont venus au monde, connus ou inconnus. Ceci ouvre la voie des relais et des personnes les aimant assez pour ne pas se les aliéner, et les abandonner derechef.

Nous rencontrons des enfants à l'imaginaire atrophié. Il leur manque la faculté d'inventer un récit pour dire, à leur manière, d'où ils viennent, de qui ils sont les enfants, qui sont leurs parents. Amputés d'imaginaire lié à des mots vrais, ils sont en quête d'énoncés permettant une sorte de greffe d'imaginaire sur le surgeon du désir. Inventant ou réinventant une histoire, non pas qui tienne debout, car elle est parfois difficile à entendre, mais leur permettant de tenir debout et d'aller leur chemin. Car leur histoire de petit d'homme est à l'égal de celle de tous les autres. Ils se sont conçus entre un homme et une femme, comme tout le monde. Il n'y a pas de bonnes raisons d'avoir été conçu. De même qu'il n'y a pas d'autre droit de vivre que celui d'être né. Les enfants nés de viol, en Bosnie ou ailleurs, témoignent de cette vérité, appellant de notre part un acte d'adoption de leur être. L'attente d'un enfant adopté diffère de celle d'une grossesse, même si pareille attente fait quelque chose au ventre d'une mère adoptive. Les enfants adoptés portent volontiers leur interrogation sur l'adoption au corps maternel : son ventre électivement, son sexe parfois, son cœur toujours. La sensorialité déploie ses premiers élans dans le corps de celle qui nous porte. Dans la séparation précoce, il y a rupture et changement de personnes, cela peut avoir un impact dans la constitution de l'image inconsciente du corps.

Qui adopte ? Des sujets engagés dans la parole, pas une entité non douée de parole effective, c'est-à-dire pas un couple ou une famille ? Le retrait des pères face au désir de leur compagne ou les effets dispersant de la perspective d'adoption — menace de rupture, séparation temporaire, liaison épisodique — font réfléchir.

L'adoption sollicite la part du père dans la mise en cause de la validité et de la vérité de son acte, de son désir et de son engagement. L'adoptant peut susciter la haine du père, bien au-delà d'une blessure narcissique, car la vérité de l'acte touche à la portée vitale de risquer sa peau dans cette affaire. Nous n'adoptons notre enfant que lorsque nous nous sommes abandonnés nous-mêmes à autre que soi.

Adoption et trauma

Une femme peut devenir mère dans le ratage du moment structurant et fécond qu'est le tissage des premiers liens, non seulement de contact et de proximité, mais aussi d'élaboration de sa place et de sa condition de maman pour un enfant qu'elle puisse reconnaître comme son fils. L'enfantement ne suffit pas à « faire » une mère selon le cœur et l'esprit. Des femmes le disent au cours de l'analyse : *« J'ai mis au monde des enfants alors que je n'étais pas moi-même encore vraiment née »*. C'est dire que la naissance d'un enfant fait rejouer la naissance d'une femme à la maternité sous la forme non de l'accouchement, mais d'une élaboration de la séparation comme telle entre elle et son enfant. Elaboration de la séparation qui permet l'introjection de l'enfant sur la scène psychique et sa présence vivante dans le cœur, comme autre. Adopter l'enfant, adopter l'autre, c'est *l'envisager* non seulement comme différent de soi, mais comme radicalement Autre d'une altérité non altérée des ressemblances et du même. Adopter est un événement, c'est-à-dire le moment et le lieu où la vie du désir vient en notre vie, comme exposition au désir de l'Autre. *Adopter est un trauma*. L'acte expose à la violence du geste l'être doué de l'autre scène, celle de l'inconscient défini comme discours de l'Autre, surtout s'il vient à réaliser un rêve. L'adoption est traumatique en ce sens que la vie ne se donne pas conformément à l'imaginaire que l'on en a. Elle n'est point sans loi qui l'institue alors qu'elle se livre hors de toute représentation : réelle. Trauma : l'être humain, parlant, est parlé d'avance. Comment l'adoption reprend-elle, en parlant, ce qui fut parlant pour l'adopté avant ? Adopter est un détachement.

Certaines femmes adoptantes jouissent de la parole d'agrément de leur compagnon, et du coup abandonnent la réalité de leur intimité sexuelle avec lui. Comment un enfant peut-il entendre quelque chose de son père si ce n'est à travers l'effet de ce père sur sa mère, en elle ? La paternité passe par ce qu'un homme-père *fait* à une femme-mère de leur enfant. L'ailleurs en elle évoqué plus haut, c'est cela. L'interrogation du ventre de leur mère concerne également le désir de celui qu'elle désigne comme père de l'enfant. Il y va de la symbolisation de *l'écart* existant entre les seins nourriciers et érotiques, et le sein porteur, lieu de séjour de la vie intra-utérine. L'attrait des seins de leur mère qu'ont certains enfants — outre la monstration plus ou moins volontaire de ceux-ci —, n'est pas tant fixation érotique que recherche de l'écart sémantique et symbolique qu'il y a entre *des* seins éventuellement nourriciers et *le* sein en tant qu'il est porteur.

La conception d'un enfant est l'œuvre du désir, dans le réel, d'une relation homme-femme avec ses avatars. Il peut ne pas y avoir pénétration et que du sperme entre dans les voies génitales d'une femme vierge. On peut ne pas vouloir. L'adoption est un acte de parole volontaire que précisément on est censé vouloir. La question du désir reste entière, et inaliénable le fait qu'un enfant a été porté dans le ventre d'une femme particulière et pas d'une autre, marqué d'elle indélébilement. Qu'il en ait conscience ou non, souvenir ou pas, ne change évidemment rien au fait. Il reste à jamais l'enfant de qui il s'est conçu. Il garde quelque chose en lui de ce portage initial.

Adopter. Par un acte de parole de reconnaissance, un enfant, produit d'une copulation charnelle, devient un fils de la parole, dans la permutation symbolique des places. Par exemple, une femme parle de son enfant et du père de celui-ci. Je lui dis : « Vous avez peur que votre fils n'ait pas de papa ». Elle enchaîne immédiatement : « Mon père est mort quand j'avais six ans. Ma mère a eu de nombreux compagnons, avec des ruptures tout le temps. Mon divorce avec mon mari est un échec. C'est moi qui ai rompu, comme une projection de la vie de ma mère. Parfois j'ai envie de tout plaquer et de repartir avec lui ». Mais ce qui reste au fond d'elle-même à l'endroit du père de leur enfant l'empêche véritablement d'être mère de son enfant, fille de son père. Elle dit : « Je *désespère*. Ce que je sais dans ma tête est différent de ce que je vis dans mon corps ».

Toute filiation comporte un acte d'adoption.

Les non-adoptables sont les non-abandonnés. Pour être adopté, il convient d'être abandonné, non pas à la privation de parents, mais à la condition même de l'humanité vouée au langage et à la dépendance des autres humains, fondement de la fraternité. C'est l'adoption par un père qui nous lie à la fraternité, quand nous nous abandonnons à reconnaître en l'autre, non pas un autre moi ou un semblable, mais un prochain, fait d'une part qui nous ressemble comme membre de l'humanité parlante et d'une autre part inimitable et sans pareil, part de la Chose garantissant la singularité de notre subjectivité et la particularité de notre identité.

Le nom du père donne corps au fils dans l'héritage, en ce sens que toute filiation et l'héritage qui lui est affilié dans le réel de la génération comportent le risque pris d'une perte dans l'imaginaire. Transmettre la vie, c'est consentir à la perdre en tant que représentation. C'est mourir à l'idée que l'on s'en fait. C'est à cet endroit que la voix sépare tout en constituant l'appel de l'Autre, comme réponse au réel qu'est la vie donnée. Le nom du père maintient disjoints, dans l'héritage, les héritiers.

L'adoption s'impose à la filiation. Elle est rejouée, dans le transfert, comme carrefour où revient ce qui a été de l'ordre du refus ou de la fusion, voire de la refusion. Elle fait jouer ce qui n'est pas Un, interprétant le fantasme unitaire ou totalitaire.

S'ABANDONNER

« Retire ces mains qui m'enlacent, dit Narcisse ;
plutôt mourir que de m'abandonner à toi ! » ?
Echo ne répéta que ces paroles : « M'abandonner à toi ! ».
Ovide

S'abandonner, c'est se laisser aller.

Etre adopté sous le nom, dans les conditions de son corps, c'est ne pas craindre de parler à l'autre. C'est ne pas craindre, et même désirer, ce qui ne va pas sans crainte, d'être entendu *de* lui ou d'elle. Le lâcher prise natif de soi avec l'autre et le risque pris à être adopté de lui, tel que nous sommes, en vérité d'être et de désir, ont un lieu d'expression particulier : la scène de l'intimité sexuelle entre deux êtres.

Se laisser aller, entendu comme râler, à la fois comme terme de l'agonie du désir et comme rouspéter, convoque la dimension du sonore.

Une jeune fille de vingt ans, violée à l'âge de quinze ans, sortant d'une crise et d'une dépression graves, qui l'avaient plongée dans le mutisme, retrouve sa voix après avoir lancé, durant une séance, un cri strident, d'une telle intensité que la pièce entière vibrait. Afin qu'elle ne sombre pas dans la disparition d'elle-même, emportée par un cri dont la violence évoquait le cri contenu du viol vécu comme mort de soi, je me suis assis à son côté, posant ma main sur le dessus de son dos. Main qui l'ombiliquait à une présence vivante, silencieuse, autre que de pur cri déchirant et létal. Plus tard, elle dira : « Je ne pouvais plus faire de bruit... maintenant, ça va bien, je fais du bruit quand je fais l'amour ».

La sonorité de l'intimité — les amants ahanant de leurs souffles emportés — résonne comme le gage de l'abandon de l'un à l'autre et celui de l'un et l'autre à cet événement. Cette jeune fille parlait de tout cela avec des amies. Elles se demandaient entre elles si elles consentaient à se laisser aller à l'expression d'elles-mêmes, entièrement dans l'amour.

Le langage et les sons, la part sonore et interprétante de la langue s'en mêlent. Un patient homosexuel, dit au début d'une séance : « Je n'arrive pas à me laisser aller » [ce qu'il avait déjà évoqué plusieurs fois auparavant].

J. C. : Râler

– Essayons. Je ne sais pas râler ; pourtant, je suis un râleur. Non, pas tellement, je me retiens [le râle du laisser aller, c'est l'intervalle de la vie entre le moment de la naissance et le dernier souffle de la mort : la respiration des agonisants]... Je me souviens, une des premières fois que j'ai fait l'amour avec un garçon, nous sommes allés dans sa chambre, après l'opéra [la voix sur scène]. Je l'ai baisé et au moment de l'éjaculation, je me suis laisser aller et râler, c'est la seule fois.

La séance suivante, il dit : « Pour le râle, je me souviens seulement de trois fois. La première fois, c'était dans un rapport homosexuel. Il y avait de la transgression, un seuil franchi. C'est un cri du tréfonds de moi-même, lorsqu'il y a fracture, un interdit de transgressé ».

Le *laisser aller* qui fait état de la passivité du sujet aux prises avec le symbole et la vie qui lui est donnée, apparaît aussi chez un homme, à l'annonce d'une grossesse. « *On* attend un petit, *on* a su *ça* il y a deux jours, Lucie est enceinte... Ma première réaction a été une réaction de joie, très, très intense. J'en suis ravi. C'est une remise en place des choses vécues... ».

Il s'interroge alors sur la nature de ses sentiments à l'égard de sa femme. « C'est un moment très intense dans le couple, j'ai envie de la caresser, de lui donner des *actes* de tendresse, une preuve d'amour, et en même temps, j'éprouve la retenue de *pas laisser* parler le corps... J'ai une distance vis-à-vis d'elle au fait de *laisser aller* mes émotions, qui se prolonge dans le geste, laisser éclater ma tendresse, les gestes *du don* de moi à elle. J'ai une retenue par rapport au corps, à celui de l'autre. Ça dépasse la relation de corps-à-corps dans le couple. Le contact, le toucher m'angoisse. Il y a la notion de *me faire manger*, un terme un peu alimentaire ; me faire avaler, engloutir. L'autre va me manger. Avec ma mère, tout passe par le toucher. Elle touche tout le monde. Elle prend le bras. Il y a un besoin de toucher chez elle. Ça a un lien avec la sexualité, j'ai une appréhension du contact.

J'associe à la relation sexuelle, au moment de l'orgasme, de la jouissance, que j'appréhende énormément. C'est un moment extrême *où on laisse tout aller*. La jouissance envahit l'organisme complètement, m'envahit totalement. J'ai la peur de me laisser aller. Ça me vient à l'esprit en même temps [Silence]. Je vois le lien *directement* avec cette absence de distance avec ma mère... ».

Cet abandon de soi aux bras de l'Autre ne peut pas être pris comme fin de l'analyse, mais requiert d'être interprété afin de ne pas être *ravi* par ou pour la jouissance de l'analyste ou de l'analyse.

Après avoir évoqué les sarcasmes de l'enfance et la peur d'être ridiculisée, une patiente, en un temps moyen de résistance, dit ceci : « J'ai du mal à donner des détails, j'ai la hantise d'être jugée, la peur d'être analysée [évidemment, si la psychanalyse, c'est d'analyser, comme on l'apprend parfois, il y a de quoi être terrorisé]. Il n'y a aucun endroit où je vais si coincée, *sur le qui-vive* [sur ses gardes]. J'ai peur de me laisser aller, de me comporter de façon... J'ai l'image de quelqu'un de complètement *désaxé*. J'ai l'idée d'une certaine distance par rapport à la personne de l'analyste. J'ai *peur* d'exprimer quelque chose de plus chaleureux, un attachement. Parler, c'est un lien. »

La même personne, trois ans plus tard, élabore la différence entre le désir de l'Autre, les objets d'amour, du besoin, de jouissance et du désir. Quand la psychanalyse n'est pas faite pour camper sur ses fantasmes, mais se fait mise à l'épreuve du désir en vérité, s'élabore un lieu du dire, *un site*. Ecoutons-la : « Je ne peux pas me laisser aller. La peur d'être soi-même, cela fait quatre ans. Je vais prendre un exemple. J'arrive ici, j'ai le manteau ouvert. En montant les escaliers, je le fermais... *comme si* je n'arrivais pas à faire un lien plus naturel entre ce que je suis à l'extérieur et ici. Comme s'il y avait *quelque chose qui se nouait, comme un tour de vis*. Il reste toujours l'appréhension de ce que je vais pouvoir dire, comme si, derrière le personnage social, *comme si*... j'avais l'angoisse...

J. C. : D'ouvrir votre manteau...

– Oui, exactement et *de me livrer* [ambiguïté]... Quand j'ai fait l'expérience d'associations, elles étaient extraordinaires... J'ai l'angoisse de laisser aller et cette insatisfaction de ne pas y arriver. » La vertu du transfert revient à reprendre une difficulté non pour l'annuler mais pour la passer, la trans-passer.

S'abandonner, c'est adopter l'Autre, c'est prendre le risque d'être adopté, celui aussi de s'adopter. S'adopter, c'est s'abandonner à l'Autre, s'accueillir soi-même, ce qui n'est pas possible sans Autre.

S'abandonner à l'intimité génito-génitale (F. Dolto), sans les mains, est un consentement à l'inédit de ce qui arrive.

« Je ne pouvais plus parler. Heureusement, vous êtes intervenu, vous êtes venu à mon aide. En l'espace de quelques secondes, je suis tout à coup déchirée, transpercée, pétrifiée. C'est fulgurant. Vite, je cherche, non, je ne cherche pas. Ma tête invente des mots "normaux" pour recouvrir tout ça. Mais chez vous, ça ne tient pas longtemps, plus maintenant. Avant, je pouvais tenir. Et en sortant, avant, je voulais me jeter tête la première dans l'escalier, puis sous les voitures, puis dans la Saône... ou alors dans les bras de Bertrand s'il était là. Combien de fois l'abandon dans la relation charnelle n'a-t-il pas été une façon de me tuer et de revivre parce que je n'avais pas pu vous parler ?

Ce qui est angoissant, c'est le manque d'unité. Je ne peux pas dire "je t'aime" à un homme avec qui j'ai une relation charnelle sauf parfois dans l'acte lui-même, mais pas avant ni après. Entre Bertrand et moi, il n'y a pas de parole. Il cause, il cause. J'écoute, mais je ne dis rien. Il ne me connaît pas. Il n'a rien de mon intimité, alors que je m'abandonne à lui charnellement...

La nuit, je faisais souvent le même rêve : un homme sans visage me pénétrait, et c'était une révélation de toute ma personne qui s'épanouissait comme une fleur en accéléré, et puis je commençais à ressentir un plaisir inconnu et je me réveillais désespérée.

Je ne fais plus ce rêve.

Ce qui se passe avec Bertrand, c'est que je découvre le *corps total* (je ne sais pas comment dire). C'est bien au-delà du plaisir. Le plaisir, c'est petit. J'ai la perception de dépasser des limites et d'accéder à qui je suis vraiment dans ma chair, pas seulement ma chair charnelle, mais ma chair intelligente et vivante, très riche, puissante...

Quand on aime, on aime. On se réjouit mutuellement de la vie de l'autre et ça rend joyeux et vivant avec tous les autres.

Comment aimer en vérité ceux avec qui je suis en relation ? Etre vraie. Avec certaines personnes, je ne me pose pas la question d'être vraie ou non. Je suis, je vis et voilà ».

Cette femme le dit, s'abandonner à l'acte de la chair n'est pas une pure affaire de chair, sans quoi ce ne serait pas un acte. C'est une affaire de consentement à ce qui œuvre de désir en nous comme être incarné. S'abandonner à l'accueil des bras de l'Autre, c'est être rassemblé dans la main du nom, recueil et abri de notre être-là. Dans ces mains-là, nous retrouvons notre peau. Les maladies de la peau, ce qui s'inscrit sur elle, sont en relation directe avec la portance. Et en même temps, dans la jouissance et l'accomplissement qu'elle engendre, « la peau devient en trop sur le corps, comme s'il n'y avait que le plaisir des nerfs, le plaisir du sang, le plaisir des entrailles. La peau est un frein, la caresse, un voile qui tamise l'éclat de la jouissance » écrit Ghislaine Dunant. Ce frein et ce tamis disent combien la jouissance reste du côté de la Chose.

Lecture

La relation humaine implique une relation avec le prochain, celui qui est proche et le plus proche, celui auprès de qui nous apprenons à reconnaître (S. Freud), et à lire. Il y a dans les *Actes des Apôtres* (chap. 8), un récit exemplaire de l'événement de la lecture. « La lecture accomplit l'écriture lorsque la parole « en souffrance » dans la lettre du texte prend chair et corps dans un sujet qui lit », écrit Louis Parnier[4]. Le lecteur naît à la lecture quand il découvre dans les textes, non pas un message qui s'adresse à lui, mais qu'il est parlé de lui. Ce passage par le passif signe ce que nous évoquons dans le *s'abandonner*. Philippe est envoyé par l'Ange du Seigneur sur une route déserte qui conduit de Jérusalem à Gaza. Il en vient à rencontrer l'eunuque de la Reine Candace lisant Isaïe sur son char. Philippe lui demande : « Comprends-tu donc ce que tu lis ? » — « Et comment le pourrais-je, dit-il, si personne ne me guide ? ». Il invite tout de suite Philippe à monter et à s'asseoir près de lui (v. 31). Que lit-il ? Un passage où il est question de lui et du Christ. Ce qu'il entend, rétorquant : de

4. In *La naissance du fils de Dieu*, Le Cerf, 1991, p. 90.

quoi parle ce prophète, de lui-même ou de quelqu'un d'autre ? De lui avoir coupé les boules ne lui avait donc enlevé ni les oreilles ni la langue. Philippe, partant de ce texte, lui annonce la Bonne Nouvelle.

L'un entend l'autre lire. Et c'est dans le lieu du char partagé, dans cette proximité corporelle que l'eunuque apprend à lire, comme un enfant assis sur les genoux ou à côté d'un adulte tutélaire. Il apprend à lire en s'entendant dire des choses d'un autre. Ils sont tous deux, bercés par les mouvements du char sur la route de Gaza, à voyager dans un texte, en se mettant à l'écoute de ce qu'il dit à chacun, singulièrement, en parlant de l'Autre et à partir de l'Autre, de soi et à soi. Philippe apprend à lire de qui et à qui parle le texte, en ne répondant pas à la question du second quant à savoir de qui parle le prophète. Il y a mise en suspens du savoir, pour une immersion dans le bain de la vérité qui parle.

Un enfant ne peut pas apprendre à lire, et *s'abandonner* à l'événement de la lecture tant qu'il n'a pas répondu de son nom de famille. Il ne peut pas apprendre à lire tant que des secrets entravent sa quête de vérité, lorsque des mensonges sont émis à chacune de ses questions, lorsqu'il y a un cadavre dans le placard. Lire équivaut pour lui à découvrir des choses de sa vie contenues dans un texte et irrecevables pour lui, comme s'adressant à lui, car lui révélant une vérité refoulée, démentie, niée ou forclose. La lecture participe de la réalisation subjective du lisant et de son inscription au champ de l'Autre comme désirant.

Nous entrons dans la parole par la porte libidinale, celle de l'envie de lire par exemple. Si celle-ci se fait trop pressante pour un enfant et n'est pas modérée par la présence corporelle sécurisante d'un proche, elle peut s'avérer impossible. Cela, le monde de l'enseignement, maniant pourtant au quotidien la pulsion d'apprendre, tend à le méconnaître et à le rejeter. Quand on est un enfant, *s'entendre* dire quelque chose qui tienne un écart entre l'envie et l'acte est extrêmement pacifiant. Si personne ne prend le risque de dire quelque chose en s'adressant à un enfant, n'est plus engendrée ni entretenue dans l'enfant *la satisfaction de se faire dire* quelque chose. Un se faire dire qui, pour les deux parties, garde vive la satisfaction d'être ensemble, d'être là, réunis par la commune mesure qui fait devenir un homme. Les jeunes veulent se faire dire quelque chose parce que la parole est vivante — et qu'elle est aussi du corps.

Trois exemples relevant de la clinique exprimeront l'envers de s'abandonner : le dégoût, le don total et la frigidité.

Le dégoût

Freud n'y va pas de main morte : le dégoût hystérique est une affaire de mijaurée.

Le dégoût conjoint l'oralité du plan pulsionnel à la dimension olfactivo-gustative du goût sur le plan sensoriel (flaveur). Il est principalement abordé par le biais de question de voisinage, de proximité et de topologie. Le *Inter faeces et urinas nascimur* de saint Augustin ne doit pas faire oublier que c'est là aussi que nous faisons l'amour (Lacan). Le refoulement de l'excitation sexuelle afférente à différents lieux du corps est inhérent à la sexualité elle-même, brodée qu'elle est, brodant aussi de libido les zones orificielles du corps. « Le dégoût marque le bord où les muqueuses se resserrent en peau » écrivait François Péraldi[5]. Par exemple, le sentiment de dégoût tient à ce qu'un sujet se refuse à admettre le but et le sens sexuels de certains baisers ou de certaines caresses. Du coup, dans la nausée du dégoût, forme de l'abjection, *je s*'expulse, voire *je s*'évanouit, au lieu de s'abandonner à ce qui vient de l'Autre. Ce qui conduit le sujet à se poser davantage la question de son lieu (*où suis-je ?*, déjeté, rejeté) que celle de son identité (qui suis-je ?)

Le caractère social ou conventionnel du dégoût n'en est pas moins articulé au langage, comme interdit formulé et inscrit dans le corps. La dimension corporelle relève de l'imaginaire. Mais le signifiant refoulé autour duquel il s'organise peut, dans l'analyse, être levé avec l'ensemble de la réaction. C'est ce qui se passe avec Dora[6]. Une excitation sexuelle provoque en elle un dégoût que Freud appelle *interversion de l'affect*, constituée d'un déplacement de sensation de la zone génitale à la zone orale et d'une hallucination *sensorielle* qui revient lors du récit de la scène d'étreinte avec un homme. Etait refoulé le souvenir *intact* (non touché) du sexuel inclus dans le baiser par trop touchant. D'où l'idée que les hommes sont en constant état d'excitation sexuelle, un intérêt pour les indices corporels de celle-ci devenant un fréquent motif d'excessive timidité et de peur en société.

Prenons un exemple. La peur de rougir, chez une femme enseignante, ne tient pas à la crainte que du sexuel intervienne dans la relation qu'elle entretient avec ses élèves, ceux qui lui plaisent, ceux qui la courtisent, ceux qui lui disent des « cochonneries » par exemple, mais au fait d'être perçue supposément avoir joui de la perception ou de la sensation du sexe masculin dans son corps de femme, dans la réalité de sa vie ou de son fantasme. Elle est prise de la peur qu'ils sachent, à son rougissement, ce qu'elle fait du sexe d'un homme dans sa langue (manière de parler), dans son corps (manière d'aimer) et dans sa vie fantasmatique. Elle craint qu'ils n'entendent comment elle en est intimement tou-

---

5 In *Traverses*, n° 37, *Le dégoût*, avril 1986, p. 78.
6. In *Cinq psychanalyses*, PUF, 1976, pp. 18-19.

chée et ne se moquent d'elle pour cela. Comme si, de sa particularité, elle avait à rougir. Comme si elle ne faisait pas ce que toute femme, rencontrant un homme dans l'intimité du sexe, fait. Fait de son organe l'usage qui en est requis : « Servir » (à) une autre qu'à lui seul qui en est porteur. Et ce, quelle que soit la modalité perverse du fantasme.

Dans l'exemple de Dora et dans celui de la peur de rougir chez cette autre femme, une prévalence sensorielle orale ou tactile impose sa loi, par déplacement et refoulement, du sexe au thorax, du sexe-pipi au dégoût alimentaire, de l'usage sexuel au visage. Avec, sous-jacents, des fantasmes de fellation et une activité d'attouchements onanistes, compromettant, tous deux, la génération. Une femme peut y perdre sa langue, ou plutôt son latin, risquant de suspendre sa propre *filiatio* à quelque fantasme de *fellatio*, où s'avalerait tout cru un élan spermophile occulté, mais aussi risquant d'être vouée aux sacrifices imaginaires de l'analyste, « qui vont de s'offrir en pâture à une *fellatio* imaginaire, étrange substitut de la *filiatio* symbolique » écrit Lacan[7]. C'est oublier, pour reprendre Heine cité par Freud, que l'homme crée son semblable avec ce qu'il utilise pour pisser. Le dégoût n'est donc pas étranger à ce qui se touche, à la tangence du génital, de l'anal et de l'urinaire, en contiguïté encore plus rapprochée dans l'étagement de l'anatomie féminine : clitoris, méat urinaire, ouverture du vagin (pénis-enfant), anus.

Le dégoût traduit un refus de l'excitation que la sexualité engendre en nous. Tel est le mouvement du dégoût qui soulève le corps et le fait vaciller de nausée, d'envie de vomir, de profond dégoût, de moultes métaphores, sous l'emprise de la caresse des mots et des doigts. Nouvelle jouissance et effacement si délicat du dégoût des muqueuses et des orifices où elles affleurent, touchant déjà ou pas encore l'intime demeure d'où s'élève, muqueux et multiple, le cri de volupté.

Pour Paul Valéry, l'amour n'est-il pas dégoûtant avec tous ces mélanges, ces jus, sueurs, baves et chaleurs, qui vouent les amants à une « intimité physiologique » où il n'y a plus rien de dégoûtant entre eux. « Tous les secrets du corps et des émonctoires sont mis en commun. *Touche-à-tout* est un nom d'amant. Cette vérité organique, cette ex-secratio des lieux secrets et des nécessités naturelles s'accommode de la "poésie" ordinaire et extraordinaire de l'amour... Il est merveilleux et comique que l'amour idéal coexiste avec ceci » écrit-il dans ses *Cahiers*[8]. C'est quand l'objet sexuel file sur la pente de la réalité, comme paquet de viande, chair avide, que surgit cette forme de désexualisation qui s'appelle, chez l'hystérique, réaction de dégoût dit Lacan[9]. Le désir intéresse tout autre chose que l'organisme, le dégoût, autre chose que la pulsion orale, comme l'envie diffère de la pulsion scopique.

---

7. *Ecrits*, p. 455.
8. T. II, pp. 490-491.
9. In *Séminaire*, XI, Le Seuil, 1973, p. 157.

Le dégoût portant sur les portes du corps appelle comme une jouissance latente de l'usage des bords corporels : orifices et surfaces tégumentaires où les mots se dissolvent, mais où le cœur se soulève devant l'imminence d'une jouissance, devant la temporalité particulière de cette proximité[10].

Ce qui fait bord alors au corps féminin hystérisé, c'est une conservation « d'éclats en éclats, d'un temps d'imminence de la jouissance, le long de ses contours, perçus par l'œil, ou le toucher, ou le nez, etc. », faisant jouer le corps le long d'une ligne de crête érotisée, riche en jeux de *tangences* entre l'inceste et la mort, sur le mode conjuratoire, comme pour en écarter le mal et se mettre sous la référence d'un Autre qui protège de la force attractive de la Chose celée dans cet appel de jouissance. Et cette touche particulière de symbole, protecteur et limitatif, concerne la constitution des orifices du corps, sur le mode d'un évidement dont l'instance tierce assure la validité.

Du don total

Alice, une femme de cinquante-quatre ans vient me rencontrer parce qu'elle n'a jamais pu connaître de relation avec un homme. Ceux qu'elle a connus jusqu'alors étaient toujours « pris ».

Actuellement, elle connaît un homme avec qui elle vient de passer huit jours de vacances, sans « *don réciproque* », mais avec « harmonie ». Cette expérience intime dure depuis dix mois. Ce qui l'a conduite à cet entretien, c'est que l'homme qu'elle vient de connaître « a une autre femme ». « C'est son histoire » dit-elle. Mais il a peur de l'amour. Il a peur de l'unique et « il voulait débloquer l'autre » avant de rencontrer Alice plus intimement. Ce qui fige celle-ci. Elle oppose amour et don physique. Elle était proche du don total selon son expression, mais une distanciation la retient. Alors deux plans fonctionnent dans son discours.

Une réaction de désespoir et de dépression relative à cette épreuve de jalousie, dans la coexistence insupportable des deux femmes et face à l'impossibilité de choisir chez cet homme. Elle se vit comme trou, creux, corps vide. Elle est oppressée sur le sternum. « J'ai des troubles de la vue, dit-elle. Je ne peux plus rien faire ». Elle est saisie d'immobilité, *obsédée* par cette femme, « cette putain ». « Moi, j'aime cet homme, est-ce-que c'est normal ? Lui me répond par l'amitié ». La condensation du vœu de mort la fait penser à un accident pour l'autre femme. Elle associe à la peur de le perdre.

– « Peur de vous perdre », lui dis-je.

Elle parle alors de l'expression physique de sa gêne, de don total, de donner, qu'elle ne veut pas casser cette relation. Elle se sent défaite par la culpabilité.

10. Cf. Christiane Rabant, *Sorcières* n° 12, pp. 24-29.

Le clivage, chez elle, entre le don total (de l'être) et l'expression physique de son amour confine à l'inhibition relative à la figure de l'autre répétant le clivage de l'amitié et de l'amour. Mais son envie de se « donner totalement » à un homme déjà pris, donc non disponible totalement, empêche tout acte sexuel. N'ayant point rompu avec l'idée d'une totalité, aucune expression n'est possible. Chaque fois qu'elle est proche du don, une distance s'installe. Seule la castration de ce fantasme unitaire et totalisant peut aboutir à un échange symbolique et réel des corps. Ce don du corps à l'autre n'est possible que dans la « sexion du corps don », totalité de l'un dans la division. Que, dans l'acte sexuel, une femme ne perde pas seulement une part de chair (membrane de l'hymen), mais un peu la tête, était recouvert pour elle par le fait de se donner totalement, expression refoulée du refus de tout don. Car celui qui s'abandonne à l'Autre ne se soucie ni de ce qu'il donne ni de ce qu'il perd. C'est le jeu du qui perd gagne. Ce qui fait dire à Lacan qu'« aimer c'est donner ce qu'on n'a pas ». La volonté de connaître le don total empêchait cette femme de consentir au désir de se donner. Qu'elle ait mis frein, dans ce mouvement, au mensonge de l'autre dont elle eut à se protéger, est plutôt sage et salutaire, mais la confrontait à une impossible réalisation, du fait de son vœu totalisant (don total), gouvernant sa vie de façon totalitaire et éloignant de la rencontre avec un homme occupé par ailleurs. Elle guettait sur ses vêtements les signes de la présence en la vie de cet homme de l'autre femme, présence dont la réalité s'imposait à elle.

L'amour de transfert est le don de la parole donnée. Don donné *pour rien*, sinon l'analysant serait saisi d'une dette impérissable à notre égard et voué à ne cesser d'en *demander* la rémission.

Frigidité

« La sexualité humaine n'est peut-être que cette attente d'un visage inconnu, mais connu », écrit Emmanuel Levinas.

Une forme de frigidité relève de l'impossibilité de s'abandonner aux bras de l'Autre, non pas tellement à l'autre, partenaire masculin, en qui une femme peut faire confiance, mais à l'inconnu, à l'inouï de l'événement. L'intimité se trouve être circonscrite au connu, au déjà frayé, par la voie des caresses par exemple, mais elle se fait rétive et rebelle à l'inédit de la donne de soi. Comme il ne s'agit nullement d'un acte volontaire, mais d'un consentement inconscient de désir à un mouvement qui soulève hors de soi, certaines femmes ne comprennent pas pourquoi il en est ainsi, alors que leur disposition consciente est toute autre. Je ne parle pas ici de celle qui n'a pas d'orgasme parce que cette fois-ci l'intimité tourne court du fait de son compagnon, ni de celle que le sexe dégoûte et anime de refus, ni de celle qui ne ressent rien. Je parle de celle qui sent monter le plaisir et chez qui le processus s'arrête. Peut-être au temps où il serait question qu'elle se laisse aller au flux du plaisir naissant. Il n'y a pas chez elle un défaut du désir de faire l'amour, mais une interruption dans la venue orgastique, répétitive, qui laisse désemparée et ce, quelle que soit l'attention de leur homme, généralement tendrement aimé.

Il y a quelque chose qui retient, qui se tient en réserve, qui agace et fait rager. Disons qu'il y a là comme un *trop de chair*. La femme, non consciemment, concentre son attention sur ses sensations, et cette attention entrave le décollement du senti vers l'effet de l'autre en soi. Du coup, cela se traduit par un abandon de soi retenu captif dans la perception des sensations. Cette femme sent avec sa tête qui prend le contrôle des opérations si l'on peut dire et déjoue la venue du plaisir. Les pensées ont relayé les sensations, en les court-circuitant. Le don de soi à l'autre ne se pense pas. Il se donne.

Autre point. La tristesse non reconnue d'une femme peut l'attirer en dépression larvée, en perte de vigueur et d'énergie, entravant le désir de faire l'amour, engendrant le refus ou une impossibilité au niveau sexuel de se donner à l'autre. L'éloignement dépressif procède ainsi : se donner à l'autre demande un tel effort que cela paraît impossible a priori. Comme une tristesse impénétrable qui rend impénétrable. Un homme, au contraire, pour tenter de conjurer pareille tristesse, sera tenté de faire fonctionner ses appareils. Il aura des relations sexuelles pour soulager le poids de cette attristante oppression. De nombreuses frigidités sont sans doutes dues à des tristesses latentes non révélées, autrement que par un tel symptôme.

La capacité orgastique d'une femme et son aptitude à porter des bébés ne vont pas forcément de pair. La jouissance et la satisfaction non plus. « C'est vrai, dit une femme, que la jouissance sexuelle c'est, pour moi, la preuve d'un certain accomplissement de *sa* féminité… dans la mesure où je n'y arrive pas, de la difficulté à connaître, j'ai toujours peur qu'il y ait des formes de compensation. Avec les petits enfants, il y a une forme de jouissance, de l'ordre d'un bonheur immense, je ne sens pas si c'est une forme d'excitation déplacée… pour moi, c'est une question, que chacun de mes enfants ait pu vivre quelque chose de cet ordre-là… que mes enfants aient pu être des objets de jouissance ». Parler de sa féminité et non de *ma* féminité, fait clivage au sein de cette femme et la reporte ailleurs, vers les enfants et ses craintes de les prendre pour des objets de satisfaction, ou vers ce qu'elle imagine vivre avec un autre homme.

Si une femme ne jouit pas, c'est qu'un *regard* l'en empêche, un œil en forme de surmoi qui s'interpose et compromet le plaisir inviscérant cette femme à son corps. Un regard intériorisé de mère ou de père incestueux. Et là reviennent les scènes de la vie où s'impose sa présence « zyeutante » ou attouchante. Un regard de mère ayant vu la jouissance de la petite fille prise avec les garçons dans des caresses de ceux-ci ou prise avec elle-même à la masturbation. Des mères sentent les doigts de leur fille pour percevoir si elle s'est touchée.

Cette inquisition de se toucher compromet ensuite la possibilité d'être touchée par la réévocation de l'instance maternelle persécutrice. Un regard d'elle sur elle-même, comme par dédoublement, fait affluer un excès de représentations annihilant le déroulement de l'en-cours.

Une femme raconte combien d'avoir retrouvé, sans le savoir un long temps durant, chez son compagnon le même regard que celui de son père, la paralysait, épousant ainsi le regard de son père. Elle entend sa réserve d'alors comme l'impossibilité d'oublier ce regard et comme le rappel de l'histoire de son père et de sa mère. Le premier ayant de nombreuses femmes dans sa vie. La seconde mentant, disant pis que pendre sur son père et les hommes. Mais, elle l'entendait jouir quand elle faisait l'amour avec son mari, son père, petite fille. Le discours maternel et ce qu'elle entendait alors étaient totalement disjoints. Ce qui fit traumatisme. Elle saisit là son refus de se donner et son impossible abandon quand il y a engagement. En revanche, la relation sexuelle était légère s'il n'y avait pas engagement, aimant bien faire l'amour quand les hommes la prenaient. Mais, avec son compagnon, c'est la tendresse elle-même qui est compromise. Par exemple, le geste de mettre la main sur le ventre fait partie des choses qui ne se font pas. Impossible toucher. Abandon refusé.

Ce n'est pas d'avoir un orgasme qui satisfait à la jouissance d'une femme, ni d'incarner la femme ou la féminité — *une* femme n'est pas à la hauteur de cette aspiration imaginaire — mais le fait de s'être donnée *entièrement*, à l'autre, à l'Autre. Il peut y avoir plaisir de l'accord plaqué, intense. Mais la jouissance du don est de tout autre nature. Elle est la joie rencontrée à s'abandonner au don, au don de soi. A la limite, il peut, ce jour-là, ne pas y avoir d'orgasme, mais s'être laissée aller à l'intimité restera comme un don. « J'ai pas joui, mais c'était bien quand même » peut dire une femme. Je ne pense pas qu'un homme le dirait avec autant d'aisance et de spontanéité.

La force métaphorique du toucher nous porte dans le mouvement de notre être au contact avec l'Autre. Cela requiert du tact, la patience du tact, et non la précipitation du touche-pipi bâclée. Les préliminaires de l'amour sont la voie de cet abandon de soi, pas lâcher prise volontariste, mais foncière remise de soi dans les bras de l'Autre où parlent notre corps et notre cœur.

La surrection du visage qui apparaît dans le sourire naît de l'amour, pas de la seule satisfaction libidinale, qui provoquerait plutôt de l'angoisse ou de l'énigme. Celui qui trouve ou retrouve son visage connaît avec cette apparition la calme sérénité, celle de la naissance du sujet incarné dans un nom. Celle du visage éclairé de la lumière du parler. Cela n'est pas seulement physique, mais pleinement symbolique.

Radieuse humanité partagée, *envisagée*, non pas tant rendue à son visage, qui ne se voit, mais portée dans le visage symbolique de l'humanité parlante, vivante de parler, vivant de l'appel de son nom d'homme.

L'entièreté du don n'est consommée que par une part manquante. Une réserve qui n'est pas de rétention ni de retenue, mais faite de notre manque à être Un ou Tout, ce qui est pudeur. Nous sommes au pacifiant sourire. Juste mesure.

« Se donner sans retour à l'abandon sans limites », c'est d'un tel sacrifice que dépend le lien social sur le versant de l'adoption. Un abandon vécu en commun jusqu'à l'extase qui dépasse l'angoisse de la séparation ou de l'aggrégation. « La seule loi de l'abandon, comme celle de l'amour, c'est d'être sans retour et sans recours » (Jean-Luc Nancy). L'abandon, celui du don, n'a rien à donner, mais il nous livre à ce qui est hors de nous, en donnant lieu à autre que nous. Sous l'espace d'une absence (Maurice Blanchot). S'abandonner, c'est ne pas céder sur le désir qui nous habite. C'est ex-sister. Se tenir hors de soi dans l'Autre.

S'ADOPTER

Parler, c'est me laisser aller, me confier, *m'abandonner* à ce qui vient en moi et qui n'est pas moi, quand je suis avec l'autre *et* à ce qui viendra à l'autre de m'entendre, et qui me revient quand il m'adresse en retour la parole. Parler, c'est n'être point seul. Parler, c'est adopter l'interlocuteur comme autre, en vérité. La méfiance de l'enfant adopté, acquise d'expérience par le vécu de l'abandon, est défiance de la confiance, du crédit que l'on peut faire à la parole de l'autre, de la foi que l'on peut mettre en ses promesses. Défiance répétitive où se jouent les brisures de l'âme, les déchirures de l'esprit et les cassures du corps, dans des chutes qui implorent une parole d'adoption. Des actes qui appellent, selon la parole de saint Paul : « Vous avez reçu un esprit de fils adoptif qui nous fait nous écrier : Abba ! Père ! » (Rm 8, 15). Enfants, donc héritiers. Et cette parole : « Mon fils », qui sort du cœur d'un parent, atteste de l'authenticité de son acte d'adoption. Adoptés du nom de fils dans la bouche de ceux qui nous donnent le jour.

Quand nous sommes adoptés, nous sommes appelés du nom de fils. Ceux qui deviennent nos père et mère et pas seulement nos parents, donnent le jour de la parole à notre être. Ils sont auteurs de nos jours et nous accueillent dans les lois de l'héritage. Etre adopté, c'est entrer dans la fraternité d'une humanité partagée. C'est reconnaître l'autre, lui parler, non pas comme semblable en pays connu et balisé, mais comme autre inépuisable et insaisissable. Etre adopté, c'est consentir à l'altérité de l'autre homme. Nous sentir abandonnés nous expose à la similitude et à la semblance, à faire semblant, et partant à mentir, pour précisément, espérer ne pas être abandonnés. Combien sommes-nous à ne pas oser dire la vérité afin de ne pas nous retrouver tout seul ? Scène classique exposée par le dispositif même de l'analyse où le patient résiste à dire ce qui lui vient à l'esprit de peur d'être, à terme, rejeté par celui qui l'écoute, qu'il place en position de l'instance surmoïque, qui juge et qui exclut, qui ordonne et qui exécute. Car le propre du discours sur le divan d'un psychanalyste, c'est qu'il est en passe d'être interprété, pour autant que l'analyste soutienne une position de témoin et non de censeur. S'adopter comme membre de l'espèce parlante ne se fait pas tout seul. Cet acte dépend de l'Autre qui tient en sa main, dans le creuset de son sein et par la vertu du témoignage, le poinçon de la reconnaissance du désir.

Adopter, être adopté, s'adopter reviennent à s'abandonner aux bras de la parole quand, par la médiation des œuvres humaines, elle se donne dans l'intimité du cœur, quand elle se noue dans un nous, quand elle ouvre sur le désir de l'Autre qui nous tient lieu de naissance. C'est à un tel acte d'adoption, de choix pris *à* dire vrai, qu'est *convié* le psychanalyste par un qui souffre et lui demande de pouvoir poser et soutenir la question même de ce qu'il *convient* de faire dans la vie pour vivre. Le prix à payer en est un juste prix, donc cher, mais non exorbitant. Il ne s'agit pas de payer le prix fort ou le maximum, ce qui laisserait prise à l'imaginaire de la vengeance, fût-ce au prix de sa vie. Les personnes au vécu abandonnique, risquant parfois leur vie à se venger de leurs parents sous le prétexte qu'ils ne sont pas comme ils voudraient qu'ils soient, pour être eux-mêmes conformes à ce qu'ils voudraient être, se refusent à l'adoption, selon laquelle se règle une dette symbolique de vie qui ne se jauge pas à l'aune des quantités, ni ne se mesure à la force des images. Cette dette symbolique où s'engagent les castrations symboligènes aussi bien que la permutation des places n'est autre que l'engendrement des enfants dans la différenciation. La formule positive en serait que les enfants de leurs parents deviennent des fils de la parole. L'acte d'adoption des enfants en terme de *fils appelé* est cessation des modalités de la condition de fils entravée par la situation d'enfant permanent. Etre toujours un enfant devant et pour les autres, c'est ne pas pouvoir être un fils. Les désignations du genre « mon chéri » entravent l'avènement du fils et la séparation des générations dans la différenciation subjective. Elles compromettent la naissance d'un être à la possibilité d'être mère ou père. L'acte d'adoption de *mon fils* rompt l'imaginaire que j'ai de mon enfant.

Adopter participe de l'opération d'un *jugement*. Celui-ci consiste à séparer la *face imitable* de l'enfant fait de *la ressemblance* à ses parent et une *face inimitable.* De la première, il porte certains traits, affaire de peau, y compris pour les enfants conçus par insémination artificielle avec donneur ou adoptés. Cette ressemblance énoncée dans les discours proférés à l'enfant au-dessus de son berceau procède d'un rassemblement des traits invoqués. Elle dit aussi une rupture : ressembler à son père, c'est précisément dire que l'on n'est pas son père, que l'on est issu de lui. L'autre *face, inimitable,* de l'enfant le fait sujet, singulier, à nul autre pareil, fils de la parole invisible et agissante. Ce en quoi le père et le fils ne se ressemblent pas, c'est d'être des fils, créés à l'image de qui ne ressemble à rien.

Adopter l'autre, c'est consentir à l'altérité traumatique qui nous vient de la relation avec lui. C'est supporter la pénétration et l'habitation de son être sur la scène intérieure de l'inconscient où se tisse le tressage intime de ce qui a valeur de langage entre les êtres parlants incarnés. Il est question des éléments de vie qui viennent en nous et s'y articulent. « Certaines choses me glissent dessus, je ne m'y arrête pas, dit une femme. *Je ne veux pas y toucher*. L'autre fois, j'étais très émue en pensant à une lettre qu'on avait retrouvée de papa où il disait qu'il n'avait pas pu montrer l'affection qu'il avait pour nous, qu'il en était affligé ». Et un peu plus tard, elle ajoute : « J'ai peur de quoi. J'ai plus peur d'extérioriser mes sentiments que de me laisser pénétrer par toutes sortes de choses... Je me fais chier avec des idées. Je suis à la surface des choses. Je fais le tour du monde comme si je marchais à la surface de la planète ».

Etre adopté, c'est être un humain dans sa dignité d'humain, jusque dans les situations les plus extrêmes et les plus folles, *pour* d'autres. « Nous n'étions plus des hommes... nous étions devenus des choses » est-il dit dans le *Calderon* de Pasolini ou dans des œuvres de Primo Levi. Eh bien non, personne n'a le pouvoir d'ôter l'humanité de l'autre homme, pas même avec sa mort. Un homme aura été tué, mais pas abolie son humanité, celle dans laquelle il est adopté comme humain né.

Adopter un enfant, c'est adopter un autre, frère en humanité, de l'humanité partagée à laquelle nous appartenons. Cela requiert sécurité de base, contact confirmant, annonce de la présence, lien d'affection et permanence. D'où le nombre croissant d'enfants abandonnés au sein de leur famille, laissés pour compte et délaissés. Or un enfant a besoin d'être affirmé et affermi dans l'existence par des paroles de reconnaissance, dans des bras portant parole. Le discours de l'amour cache bien souvent une hostilité larvée, une agressivité cachée, une haine refoulée. Adopter l'autre, s'adopter aussi, c'est avoir adopté l'enfant que nous avons été et continuons d'être en notre devenir de sujet de la parole, dont nous ne cessons d'être les fils précisément.

Etre père, être mère, c'est l'être *avec* un autre que soi, l'autre parent. Or, beaucoup d'enfants manquent de l'élémentaire communication symbolique précoce, par défaut de référence énoncée à ce tiers-autre de qui l'enfant est né, sans qui il ne serait pas au monde des vivants. L'enfant présente alors des symptômes réactionnels d'appel. L'autre de la mère, c'est toute personne qui compte pour elle. Adopter l'enfant démuni d'autre, c'est lui parler avec compassion et désir, lui dire ce qu'il vit, dans la médiation d'une parole adressée à sa jeune personne nommée, ainsi que nous. Il y aura à articuler le continu (maternel) et le discontinu (paternel), dans une relation où l'autre reste un être humain total et vrai. *S'entre-adopter* disait Françoise Dolto.

Quel que soit l'enfant concerné, on ne prend pas suffisamment en compte *la douleur* de toute séparation, fût-ce de peu de temps, et ce qu'est *adopter* dans les deux lignées concernées. Car les quatre grands-parents, s'ils sont encore en vie, auront à répondre devant leurs petits-enfants de la vie qui s'est renouvelée dans leur descendance, vie sociale, de langage et de désir. Quand l'autre, son enfant, est adopté de façon plénière, on ne dit plus notre enfant adoptif, mais « c'est ma fille » ou « c'est mon fils ». Et parler de fils adoptif, c'est témoigner d'une dimension spirituelle de l'adoption et d'une filiation autre que réelle. Dire de quelqu'un qu'il est notre fils adoptif, c'est dire qu'il n'est pas notre enfant adopté. C'est faire appel à une dimension constitutive de la paternité qui n'est pas un concept biologique, mais est d'essence langagière, métaphorique. L'adoption pleine est une construction symbolique, un appel de la parole à travers le langage.

S'adopter, ce n'est donc pas une reconnaissance en miroir de soi par soi-même, mais la reconnaissance du désir de l'Autre en soi, une reconnaissance de la scène de l'inconscient où ça parle en nous. C'est se reconnaître soi-même et les autres tels que nous sommes construits et fondés. C'est *porter* ailleurs qu'en soi la fondation de son être : en l'Autre. S'adopter, c'est consentir à être né d'un père et d'une mère au sein de deux lignes ouvertes sur la filiation symbolique des parlêtres.

Ainsi, paradoxalement s'adopter, c'est s'abandonner. Ce n'est pas s'adopter soi-même par soi-même, comme « I, me and myself » selon l'expression anglo-saxonne. Ce n'est pas s'abandonner à ce que l'on croit ou à ce que l'on sent, à ce « comme tu le sens » qui voue à une solitude mortifère de sensations éprouvantes, mais c'est se donner à un Autre. Par cet acte, la sensation de vivre comme sujet nommé est remise dans un autre qui nous fait face et dont le visage témoigne du désir de l'Autre. Il ne s'agit ni de s'abandonner à la déréliction des sens qui ne seraient référés à aucun sens, ni de sombrer dans la psychose, mais de s'en remettre, littéralement aux fins d'adoption, à un autre à même de dire : *tu es mon fils*. Cette nomination déprend des identifications aux sensations et des appellations du genre « mon morceau de chérie », « mon chéri », pour donner à entendre le nom qui rassemble en l'unité de sa forme la multiplicité des membres et des zones corporelles, ainsi que l'invocation de l'appel qui intime à être.

S'adopter dans la parole naissant en nous, c'est consentir à son œuvre, à l'indicible, à l'ineffable. Faire silence assurément. Lorsque le mot vient à manquer pour dire ce qu'est notre vie, notre histoire, nous faisons l'expérience de la langue, de la détresse et des limites de mort qu'elle engendre. Tous les poètes le chantent. Un mot peut être perdu. Et celui qui perd référence à ses parents de chair n'a pas perdu l'usage des mots. Et cependant, comme pour tout sujet, le mot ne manquera pas de venir à lui manquer. Par cette défaillance propre à l'exercice du langage où s'ouvre l'œuvre du désir, nous expérimentons l'abandon de la langue. Elle nous lâche parfois, comme des parents abandonnant. Et c'est ce lâcher de la langue qui nous apprend l'abandon en son sein, le lâcher prise de toute possession. L'oubli est fondateur de la mémoire. Il l'active. Certaines personnes adoptées, à ne pouvoir oublier qu'elles sont abandonnées, finissent par compromettre la mémoire de l'adoption.

S'abandonner aux bras de l'Autre, c'est l'adopter assez pour l'abandonner, c'est-à-dire à la fois le quitter et le laisser être au-delà de tout, sauf de son nom dont l'appel vibre et tinte. S'abandonner à l'autre nous repose dans le don de la rencontre. Laisser la voie à l'autre est une hospitalité.

La volonté d'adopter, en tant qu'elle est mue par le désir d'accueillir sous son toit un enfant qui devient son fils, est précisément ce qui est à perdre, pour que le désir *ait lieu*, dans l'agrément de l'Autre. La plénitude du don n'est pas faite ou pleine de la toute-puissance du donateur. Elle n'est plénitude que de ne pas être totale, mais *évidée* de la part manquante qui la rend recevable par le donataire. La fonction des castrations symboligènes, leur fruit et leurs effets humanisants (Dolto) sont d'engendrer une séparation entre le don comme signifiant, comme acte reconnu de donner, et l'objet du don. L'objet du don n'est recevable, au titre de la castration symbolique, qu'évidé, qu'entamé du don lui-même comme signifiant. Vous sentez la portée de cela quand il s'agit du don de l'amour, c'est-à-dire du don de ce que l'on n'a pas. Un négatif est à l'œuvre, du fait de notre construction d'êtres symboliques. Il fait jouer la différence entre le don comme signifiant et l'objet donné. Don de l'amour. *Nous n'avons pas* l'amour donné, il n'est pas objet de propriété, nous n'avons pas ce à quoi nous appartenons. Nous y sommes voués de par le symbole, ce qui est adoption. Nous appartenons à ce qui nous est donné : la parole.

La castration des parents, celle des adoptants leur permet de prendre acte de ceci : ce ne sont pas eux qui donnent la vie, dans la toute-puissance de leur volonté, mais la vie qui se donne de par eux. S'abandonner à l'acte de la vie qui se donne de par nous est adoption. C'est adopter, à travers son enfant ou son frère en humanité, la puissance de la vie qui se donne sous le nom, dans l'institution de ce qui parle. S'abandonner au don de la parole qui nous fonde, c'est être adoptés par la parole qui nous engendre. C'est en parlant que nous sommes adoptés par la parole. Tel est le trajet d'une psychanalyse. Il ne s'agit pas seulement de raconter sa vie, mais de toucher, d'aborder, par la médiation du refoulement actualisé dans et par le retour du refoulé, en acte, aux rives de ce qui nous pousse à parler, sans savoir ce que c'est. Nous sommes adoptés dans la parole sans savoir ce qu'est la parole. Nous sommes adoptés dans l'humanité sans savoir ce qu'est l'humanité partagée. Nous y sommes, non par d'autres qui parleraient ou seraient des humains avant nous, mais par la parole, par l'humanité elle-même. La fin de l'analyse serait de venir à ce qui nous est donné : l'accord du désir au désir donné.

La volonté de don total, abnégation sans retenue, coupe court à tout don de soi, à tout abandon de soi dans les bras du parler. Nous nous donnons à l'autre, pas tout, mais il se peut que ce soit entièrement.

L'adoption de l'humanité vivant en nous-mêmes passe par la reconnaissance de notre condition d'être sans secours. C'est cela notre traumatisme de base, lié à notre appartenance symbolique du fait de la parole : la situation de détresse initiale *(Hilflossigkeit)* voue le petit d'homme à la dépendance totale de l'Autre, à une « *abandépendance* » de départ qui requiert, pour la survie et la vie, le recours d'une aide étrangère à même de réaliser l'action spécifique de nourrissage et de présence humaine. Le recouvrement de la sécurité de base passe par là.

S'adopter, ce n'est pas être adopté par soi-même, ce qui serait le comble du vœu narcissique et du refus de l'Autre, mais au contraire, s'abandonner, se confier à la main de l'Autre qui nous porte dans la vie, conduisant nos pas d'errant et de sujet en marche. L'adoption est *l'acte* du *maintenant*, naissant de cette main tendue par l'Autre. Une main tenant, en son creux de symbole ouvert d'altérité, une commune appartenance qui ne saurait devenir l'objet d'aucune appropriation de l'un par l'autre. Un maintenant qui signe, pour la vie, l'entrée dans une histoire, dans l'histoire de notre vie, dans notre histoire de vie, quand l'archéologie de nos racines donne la main du nom à la géographie de nos relations avec les autres. S'en remettre à la parole qui juge et à la vérité qui parle, tel est notre lot de sujet.

Abandon

Notre névrose d'abandon, celle qui est faite de notre angoisse d'être abandonné et de la répétitive expression du besoin d'être en sécurité, met au défi la foi en la parole qui nous fonde et met à mal notre consentement au désir de l'Autre. Dans le sentiment d'abandon, la moindre frustration imaginaire est vécue comme manque réel, comme un crime de lèse-majesté faite à la toute-puissance de notre moi, de notre moi-même, sans Autre. Elle est angoisse d'un moi se voulant le même devant le surgissement de l'Autre et l'abandon qu'il requiert. Elle signe l'impossibilité où nous sommes de convertir symboliquement le sentiment d'être abandonné en un s'abandonner qui, lui, ne fait pas de sentiment. Une insécurité d'être foncière, un besoin illimité de tendresse, une soif sans fin d'être aimé sont ainsi l'expression, en retour, d'une situation où furent durement ressentis, comme refus d'amour et de soi-même, certains moments cruciaux de la vie, où l'autre ne nous aurait pas adopté, ce qui aurait entraîné un syndrome abandonnique, ressortant lors de chaque difficulté relationnelle avec les autres.

Abandon veut dire s'en remettre *au pouvoir de*... non pas de la toute-puissance imaginaire de l'autre, mais au pouvoir de la parole, dans ce qu'elle a de créateur, de générant et de fondateur pour nous. S'abandonner, c'est alors s'abandonner au « danger » que comporte le fait même de désirer. S'abandonner aux bras de l'Autre dans la vérité du désir ne va pas sans crainte. Nous pouvons craindre de tromper l'autre, de le mettre sur une fausse piste, mais aussi de nous tromper nous-mêmes ou que l'autre ne se trompe avec nous, ne sache pas s'y prendre, et nous renvoie à l'abandon dont nous souffrons.

L'abandonnique se vit comme *délaissé*, livré à l'absence d'assistance, épreuve qui peut intervenir dans la prime enfance, et même dès la vie intra-utérine, alors que l'enfant n'a pas les mots et qu'il est livré à la dépendance vitale de l'autre. Il est ainsi des bébés visiblement timorés ou reclus dès le sein de leur mère, se cachant et faisant silence, suscitant l'angoisse et des actes qui les stimulent afin qu'ils paraissent vivants. Il y a au fond de chacun d'entre nous une peur latente d'être animé des mouvements de la vie, une peur d'être en relation, porté vers l'autre, soutenu de l'Autre. Notre abandonnisme viscéral en appelle à une main tendue par la force d'une voix qui donne vie à notre visage mutilé de désespoir. Notre situation d'être abandonné est celle d'un défaut de mains accordées à la voix du porter.

L'être abandonné, non seulement ne sait pas qui il est, mais il éprouve difficulté à se situer dans le monde des relations, à vivre à une place, à soutenir *sa* place de sujet. Il devient abandonnique. Il abandonne la partie. Il se retire et renonce. Il veut être aimé, ce qui le dispense d'aimer. Or, c'est de l'abandon inéluctable à notre condition de petit d'homme que nous sommes adoptés dans la plénitude de l'humanité partagée.

Lorsque des parents craignent de dire à leur enfant qu'ils partent, par peur de ses réactions ou de l'abandonner, en fait, ils tissent la névrose d'abandon, comme non dit de ce qui est fantasmé par eux comme abandon. « L'abandonnisme, dit F. Dolto, c'est le fantasme d'abandon qui n'a pas été dit »[11], une souffrance qui ne se sait pas, dirait Denis Vasse, de ne pas être dite.

Le sentiment d'abandon engendre une hyperesthésie, un excès de sensibilité, un investissement massif des sensations vécues comme refuge, notamment une insistance du toucher pour garder son être dans la chaleur d'un contact, d'où le contacté est souvent retiré. L'enfant insiste à contacter et répète les agressions manuelles ou manipulantes au corps de l'autre absent, pour l'inviter à venir là, à être là, avec lui. Présence, qui, dès qu'elle est donnée, l'amène spontanément à partir, à quitter le corps agacé. Dans la présence, il peut se reposer après avoir été saisi par la cadence infernale des tripotages et des triturages.

---

11. In *Cahiers du nouveau-né*, n° 1/2, *Naître... et ensuite ?* Stock, 1978, p. 210.

L'enfant se vit abandonné quand il n'y a pas de témoin pour dire la naissance ou les allées et venues de la vie.

Sous ce jour, toute adoption remet en scène le séjour dans le sein d'une femme ainsi que la marque de la différence entre mère et père géniteurs. Nous portons en nous la mémoire de celle qui nous a porté et qui a marqué les premiers élans de notre être sensoriel, relationnel et symbolique des empreintes de sa personne. Question de vie pour nous : désires-tu devenir le fils de ceux qui t'adoptent, fussent-ils tes géniteurs ? L'enfant abandonné réellement, par la déréliction qui s'impose à lui, du fait de cette perte, est mis à l'épreuve dans son désir de vivre, qui l'emporte s'il vit et qui se fait valoir. Douloureusement parfois, pour ses parents, dont l'amour et la générosité ne suffisent pas à symboliser la réalité de *son* histoire.

Re-portage

« Nous sommes des êtres de relation avant tout. Le premier mode de relation est le toucher ; le toucher est un langage : chaque geste, chaque rencontre tactile sont signifiants », écrit Catherine Dolto-Tolitch[12], ajoutant qu'un bébé *« se porte avec notre soutien »*. Strictement, nous n'avons pas à le porter. Ce portage interactif d'un *se porter* et d'un *soutenir* a toute sa valeur d'échange et de dialogue, dans la mesure où le langage tactile est en harmonie avec les paroles, ce qui est une affaire de respect de l'autre et de confiance en l'Autre, dans la genèse de la *sécurité de base* et dans la construction du narcissisme basal. Ouvrons nos mains à l'accueil et à l'écoute de l'autre. Ouvrir les mains est une disposition du cœur. Ouvrir les mains est une castration de l'envie de toucher. L'ouverture de l'autre dans notre main est un plaisir de la vie. Pour ne pas l'aliéner à notre personne, nous *veillons* à ne pas jouir de ce plaisir. La castration de notre jouissance du contact et de notre désir de toucher est sans doute la passe la plus difficile à traverser. Elle exclut tout prosélytisme, toute entreprise à l'endroit de l'autre fondée sur son bien, toute bienveillance sollicitant ses sentiments ou tout essai de persuasion. La jouissance prise au corps de l'autre est une aliénation de cet autre à notre corps et à notre personne. Elle est un accroc dans la relation dont il peut lui être difficile de se déprendre, et de s'en remettre. Ceci n'est pas le piège du toucher comme le disent ceux qui s'en gardent. C'en est le risque. C'est le risque pris par ceux dont la proximité corporelle ne s'élabore pas en distinction et différenciation, quand nous demeurons avec l'autre sous l'emprise de la répétition. L'aliénation de l'autre à notre corps est un défaut d'interprétation dont, parfois, un tiers peut faire retrouver le chemin du fait même de son extériorité.

---

12. In *Présence baptonomique*, Ed. Orionis, octobre 1990, p. 43.

Ce n'est pas nous qui portons l'autre. Nous portons, quand il nous le demande, la possibilité qu'il se porte. Nous le portons à se porter, à se bien porter le cas échéant.

Est porté celui qui s'abandonne aux bras de l'Autre.

Est portée celle qui s'abandonne aux bras du parler.

Porter est une croisée de chemin : la route de la voix rejoint la voie des mains, le vocal s'adjoint au tactile.

Le tact est au toucher ce que le regard est à l'œil : perdu.

S'abandonner dans l'amour, c'est reconnaître et rencontrer l'altérité de l'autre. C'est vivre la tendresse qui naît de la douceur de donner, dans la joie de se donner.

S'approcher de tout notre être incarné, corps, sensibilité, regards et paroles, dans le concert des sens produisant leurs images distinctes, l'esprit, l'âme et la chair accordés dans l'accord de nous deux, nous fait être trois, et nous conduit à compter jusqu'à quatre. Il y a toi. Il y a moi. Il y a l'autre. Et ce qui permet la rencontre de l'autre, et qui n'est pas nous deux, mais le tiers, la parole quaternaire.

Il n'y a pas de *totalisation*, mais un état d'abandon entier et serein, dans l'adoption de soi par et avec un autre donnée. Entièrement, un *en-tiers* qui est le fruit du manque à faire Un, lorsque nous sommes deux en co-présence, ou du manque à faire Tout avec un autre, une entité close sur l'extinction de la vie de deux acteurs, et sans reste. L'inconscient n'est pas une marmite, mais un lieu où un Autre parle dans la division du sujet.

La colle, c'est quand, dans le langage, le rapport institué de la vivacité des chairs au souffle des mots est perturbé, ne fonctionne plus. L'enfant se prend de peur pour sa mère, car la parole se transmet de générations en générations, par la voix du nom, quand intervient la fonction paternelle articulant en leur différence la chair et les mots. Il ne s'agit pas de mettre la main sur les mots, dans un rapport sensationnel, dans un ravissement des sensations qui annulerait l'effet de résonance dans le corps. Cela serait objectiver l'inconscient et la parole.

Genèse du contact, mouvement de la main

> *« Vous percevez l'univers avec votre peau : ceci n'est pas moins qu'avec l'âme. Par votre peau vous percevez les âmes et c'est plus sûr ».*
> Marina Tsvetaeva

> *« Est-ce qu'aucun mot du discours peut traduire la main qui touche, la main qui caresse, est-ce qu'aucun mot du discours peut communiquer à la main la fine texture de la peau de l'autre contre sa propre peau ? »*
> Chantal Chawaf

Geste

Sur le mur, la photographie aspirait les regards, concentrait sur elle toute l'attente.

Surgi en plein désert, un cercle de pierres dressées, peintes en bleu, me tenait prisonnière en son centre. Mes yeux toujours y revenaient. Au fil des semaines, ce paysage m'était devenu étrangement familier. Son aridité, son dépouillement mettaient à nu quelque chose d'authentique. La photographie s'était emparée de moi. A force de la regarder, elle n'était plus qu'un abrupt éclat de bleu minéral, qu'une vibration presque musicale. Une note juste allait m'être révélée... Mais les gémissements d'un chien enfermé seul dans un appartement à l'étage supérieur, le cliquetis d'une machine à écrire dans la pièce voisine, le claquement de la porte d'entrée de l'immeuble, en bas, me ramenaient là, dans cette salle d'attente.

[illegible] déchirais mentalement ce qui n'était qu'une photographie, je [illegible]norer. Que prenne fin la supercherie, que les pierres retrouvent [illegible]turel, leur place dans le désert ! Dos au mur, je feuilletais des revues, des livres posés par terre ; j'arpentais en tous sens le titre de l'un d'eux : *« Il n'y avait plus qu'à marcher »*, mais, immobile au centre du cercle bleu, je ne sentais à mes mains tendues que le contact froid des pierres. J'attendais.

Parfois, je rusais, je tentais de pulvériser les pierres, je leur substituais des myosotis du même bleu, j'appelais la pluie pour fertiliser ce paysage désertique, le vent pour que s'anime l'air, que se soulève la poussière. Mais les histoires que je fabriquais assemblaient autour de moi un cercle de mots peints en bleu, aussi insolites, aussi froids et lisses que ces pierres dressées inutilement dans le désert. J'étais entrée dans l'artifice. J'esquivais.

Un jour, mes yeux se posèrent sur le mur vide. La photographie avait disparu. Quatre trous minuscules marquaient l'emplacement des punaises, délimitant une zone plus claire. Je restais longtemps à parcourir des yeux les faux silences de ce nouveau désert. Mais l'attente démunie glissait sans appui sur le vert fade du mur. J'avais soif de couleurs. Je quittai les lieux.

Ce n'est que longtemps, très longtemps après, que me revinrent à l'esprit d'autres éléments de la photo. A l'horizon, je n'y avais pas pris garde, le bleu du ciel s'attendrissait de nuages légers. Les collines caillouteuses de l'arrière-plan s'incurvaient pour se joindre en un col. Une route déserte, qui longeait le flanc de l'une d'elles, gagnait l'horizon. Une route déserte… Mais j'eus soudain la certitude que, de cette route, quelqu'un, bien avant que la photo ne fût prise, m'avait de très loin fait *un signe de la main*, avant de rejoindre des lieux plus accueillants. Quelqu'un de familier.

Il n'y avait plus qu'à marcher.

Chantal L.-B.

Ce texte qui conjoint le hors d'attente à l'horizon de l'en-marche est rythme confinant au geste.

Nous trouvons cohérence en donnant corps à ce qui se répète, nous excède et nous use infiniment. Cela est notre geste. Mais l'écrivain, le peintre, le danseur, l'acrobate, le gymnaste, le funambule, le comédien, le musicien, le mime, le sculpteur, le chanteur, l'architecte, et bien d'autres encore, chacun est en quête d'inventer des gestes. Non pas de nouveaux mouvements, de nouvelles phrases, de nouveaux arguments, de nouvelles formes, mais *un geste*, son geste qui dise à nouveau le désir qui le porte en vérité. Pour ce faire, un temps vient où le geste s'impose, libéré de la censure préalable qui en avait transi l'organe concerné. Il était là, comme celé dans l'organe, comme engourdi par la pesanteur du connu, du dit ou du ouï, en attente d'être à la prise d'inconnu, d'inédit, d'inouï qui le révèle, comme une prise d'air aux poumons de la création. Alors, il se fait. Il a lieu. Et se faisant, il nous rend à l'étrangeté de nous-mêmes. Il était là, je ne le savais pas, comme le rêve est propre à la révélation de qui parle en nous et se tient là. « Que ce lieu est redoutable ! Ce n'est rien moins qu'une maison de Dieu et la porte du ciel ! », dit notre ancêtre Jacob (*Genèse*, 2, 17).

La main de l'Autre donne à l'acte sa valeur de geste. Elle nous met en rapport de parole avec les faits et gestes de quelqu'un. Le juste geste, mouvement du corps animé de désir et de parole, porte (gestation) l'accord de la voix et des mains. Il porte à parler. Il est un accomplissement *(gerere)*. *Faire un geste*, un beau geste, n'est pas éloigné du don — si le mépris n'est pas de la mise. Avec la double acception du terme en français, masculine et féminine, c'est le mouvement (géographie) qui s'ordonne à l'histoire poétique, c'est-à-dire actante d'un sujet. Chanson de geste. Epopée d'un héros. Le geste humain n'est pas une pure réaction motrice, mais un fait de langage. Tout geste est une geste, une manière de parler.

Et Wittgenstein d'ajouter : la phrase musicale est un geste *(eine gebärde)*, comme l'est la calligraphie ou l'architecture. Un geste qui se mesure à l'acte effectivement exécuté. Le calligraphe asiatique prépare son matériel, encre, eau et pinceau. Il déposera sur la toile de l'éventail la marque d'un souvenir, votre nom, une date, ce qu'il retient de vous et de votre rencontre. Il se prépare, laissant lui venir à l'esprit les lettres qu'il va poser sur la matière. Le maître se tient immobile. Il y a le silence. On fait silence autour de soi et en soi. Le corps entier est comme arrêté, suspendu qu'il est à la venue du geste, comme se balançant dans la douceur de l'inspiration. Le souffle vient du temps. Dans cette prise silencieuse d'élan, le bras entier, libéré, laisse le geste d'inscription s'opérer. Il dépose la matière en volutes d'où naissent les formes. C'est l'entièreté de l'être écrivant qui se fixe sur le papier. Ce n'est pas la main qui calligraphie, mais l'esprit de la rencontre. Il a fallu du silence, et que du silence, naisse le geste d'écrire qui redonne matière au silence, inscrive la mémoire d'un temps, et son repos. « Grain de lumière dans un creux de silence », dit Henri Gougaud. Vous refermez l'éventail. Vous emportez avec vous la trace vivante de cette rencontre.

De fait, les vrais souvenirs, ceux qui sont dignes de rester vifs à la mémoire, sont ceux qui sont constitués en événements. Ils croissent en nous quand le temps de leur inscription répond à la rencontre d'un autre. Le souvenir, en corps, s'entretient comme les paroles d'un dialogue. Il se dilate dans le rappel et le retour des gestes premiers. L'autre aimé par exemple nous a touché — est-ce pour cela que nous l'avons dans la peau ? — comme le ferait un peintre de la touche de son pinceau. Il pose ses doigts sur notre peau comme il en serait d'une goutte s'infiltrant dans les fibres d'un tissu. La goutte de ferveur diffuse comme une aquarelle, une peinture sur soie. Nous sommes touchés de la façon dont l'autre nous touche. C'est la touche du peintre, étrange et familière, pastel de bonheur, gouache de sensations en palettes de couleurs et en cascades d'ondes. En nous, cela parle dans les fibres tissées des effets du langage, pièces de l'habit des mots, jusqu'à devenir matière d'un tressage où résonnent des paroles. Le langage étant, pour Paul Valéry, comme un organe articulé, comme une main.

L'empreinte tacite du tactile informe chaque geste. Comme nous le disions de l'aire d'écriture, la peau habite toute surface. Le toucher noue point à point les fibres de la chair au fil du langage. Echeveau de laine prodigue, le peintre touche pour nous donner à voir. Cézanne singulièrement. Le peintre peint une vision. Sainte Victoire sur le monde des couleurs. « La main de l'œil », dit Paul Valéry. « Rien n'aura eu lieu que le lieu », dit Stéphane Mallarmé. Voilà pour le sculpteur ou le potier. La main va à la glaise d'où vient le premier homme Adam. Et la terre est dans la main du poussiéreux pour s'évider en vase, se faire matrice où résonne le rythme des heures et des temps. Le pot de terre contre le pot de fer. Le fer vient des rougeoiements de la terre. Ecorce de la terre. La peau du pot de terre est de terre faite. La peau du pot de fer est de fer moulée.

Il fait chaud cet été-là. Vous avez besoin d'air. Vous allez chercher l'éventail de Kyoto dans le tiroir de la commode où vous gardez le secret de son essor. Vous libérez l'attache qui le tient replié. Il se déploie. Il offre ses lettres, quasiment celles de la noblesse de l'art, de la geste. Votre main brasse l'air vivifiant qui naît de ce geste. Et l'on se passe, de mains en mains, l'éventail. Et la dame Japonaise vous indique comment le tenir et procéder. Deux façons d'être ensemble : le joint qui dissocie ou le vent qui réunit.

Comme nous l'avons dit de la calligraphie, c'est tout le corps de l'artiste qui est engagé dans le geste de production de son œuvre. De la peau s'inscrivent, surface offerte, les touches picturale, vocale ou musicale. Chez Hans Bellmer par exemple, les dessins figurent des puzzles érotiques et composites. Le regard s'égare et se perd. Les formes se dissolvent en tracés fictifs, mais restent des bribes de corps, des mixtes, des trous de chair exposée comme autant de peau, d'orifices ou de bombements, car se révéle ici la profondeur de la peau.

La main du peintre caresse la tempe des temps.

La main du pianiste épouse l'ivoire du clavier. Le toucher du clavier si infiniment différent d'Abdullah Ibrahim, Michel Petrucciani, Glen Gould…

On lit aussi avec ses mains — rejoignant ainsi *le lieu* de l'écriture, la main qui écrit, la page de papier, l'encre qui se dépose en volutes de mots.

« Sa main trace, et quand je le regarde, je crois que c'est lui, le reste de son corps, qui suit la main. Il lui arrive de la main gauche, le coude sur la table, d'esquisser un geste, plutôt de tracer dans l'air une ligne, des lignes, qui sont sans doute un rythme, une durée », écrit Ghislaine Dunant.

Prenez au ralenti le geste du peintre. Merleau-Ponty évoque celui de Matisse (*Signes*) qui en fut bouleversé. Dans l'agrandissement du temps, le ralenti montre l'œuvre accomplie dans chaque touche. Et Lacan se demande : de quoi s'agit-il « au rythme où il pleut du pinceau du peintre ces petites touches qui arriveront au miracle du tableau ? »[1]. La pluie du pinceau est comme au premier acte de la déposition du regard. La matière se dépose à même la matière par la main de l'artiste. Touche où s'achève un mouvement inaugurant et parachevant le geste. Instant terminal. L'acte et le geste sont distincts. « C'est par le geste que vient sur la toile s'appliquer la touche »[2]. *L'impression* du tableau est plus affine au geste que tout autre mouvement. Elle en est le répondant. Elle en étale la structure, le sens dans lequel se regarde une peinture. Pas sens dessus dessous. Car ce qui est *touché* dans le donné-à-voir est un désir *à* l'Autre, suscité par l'appétit de l'œil à voir chez celui qui regarde, animé de la voracité de l'envie (*invidia*). Un geste est fait d'un arrêt et d'une suspension, d'une mise en attente de la pluie du semblant par où nous vient le signifiant et son exercice de rupture. Lacan fait remarquer que, dans l'opéra de Pékin, on se bat avec des gestes, « on glisse dans des espaces différents où se répandent des suites de gestes ». Ils sont marqués de temps d'arrêt, propres à susciter un effet de fascination qui conjure le mauvais œil du regard. Là où l'instant de voir est initial, dans le geste, répond un temps de regard terminal qui l'achève et le fige.

« L'artiste est la main qui, *par l'usage convenable* de telle ou telle touche, met l'âme humaine en vibration », écrit Kandinsky[3]. La capacité du langage pictural d'être en résonance avec l'âme humaine se déploie pour ce peintre sur le mode de *l'entrée en contact* et dans l'espace d'un temps à accomplir. Rembrandt le frappe, à l'Ermitage, parce qu'il introduit le temps en peinture : celui de la lecture du tableau que Kandinsky rendra hermétique pour que le spectateur vienne progressivement en lui. Des tons qui n'apparaissent pas à première vue devraient rester *cachés* et ne se révéler qu'avec le *temps* au spectateur profondément attentif, comme le « *Je suis là* » de l'œuvre.

Le geste accomplit un trajet de pensée dans le sens de l'attente — à même son exécution. « Les signes de l'écriture sont produits d'ordinaire par l'action des mains, qui dessinent, peignent, entaillent ou grattent », écrit Gelb[4]. L'écriture participe d'une violence faite à un support visible — entre scribe et lecteur. « Le corps de ce monde est lui aussi *un livre écrit avec le doigt de Dieu* » écrivait Hugues de Saint Victor.

1. In *Séminaire XI*, Le Seuil, 1973, p. 104,
2. *Ibid.*, p. 105.
3. *Du spirituel dans l'art*, Folio Essais n° 72, 1993, p. 112.
4. In *Pour une théorie de l'écriture*, p. 8, cité par Michel Guibal, *Littoral*, 7/8, Erès, 1983, p. 92.

En Chine, un même mot désigne écriture et dessin. L'exercice de la calligraphie amène à *se vider* de ce que l'on croit savoir pour découvrir la liberté des sources.

Calligraphie : le singulier d'une main appose un tracé appelant à l'universel. L'apparition d'un ruissellement entre les nuages est la seule trace qui apparaît. « Le ruissellement est bouquet du trait premier et de ce qui l'efface », dit J. Lacan[5]. C'est de cette conjonction du trait et de son effacement qu'un sujet se fait naissant, à la condition que s'y marquent deux temps. Ainsi, la rature n'est pas le recouvrement d'une trace qui serait là avant, mais elle est ce qui vient produire la trace. Barrer. Biffer. Oblitérer. Produire pareille biffure, c'est reproduire la « moitié sans paire » dont le sujet subsiste. Un ruissellement et une rature. A se produire entre les nuages, la rature se conjugue à la source. *Les nuées* d'Aristophane en donnent une idée. De la rupture engendrée par l'œuvre du signifiant pleut ce qui était matière en suspension. Nuages en brume. La rupture dissout ce qui faisait forme, phénomène ou météore. Cette rupture du semblant (œuvre du signifiant) ferait jouissance à congédier, car cette jouissance est ce qui dans le réel se présente comme un *ravinement*. *Litura*, c'est l'enduit et la rature. Avec l'objet, ce qui se perd, on est du côté du circuit de l'Autre. Avec le ravinement, la formation des sillons, on est « attrayé » du côté de la Chose. Le ravinement est le sillon laissé par le passage des eaux de ruissellement. Il y a dans la ravine la portée d'une violence de rapt. Le ravin entre Chose et Autre est garanti par le jugement de la parole. C'est par là que l'écriture est dans le réel le ravinement du signifié, ce qui a plu du semblant en tant qu'il fait le signifiant. L'écriture est le ravinement lui-même. Mais le vide creusé par l'écriture et le signifiant comme semblant sont à distinguer : le premier étant godet toujours prêt à faire accueil à la jouissance, ou du moins à l'invoquer de son artifice.

Un geste se fait *au nom de*. De cet au nom de, il porte et emporte la dimension d'un *rythme* où s'ordonnent le fluide et le mouvant, le fait du retour, la confrontation à ce qui revient et crée la surprise. Il implique la discontinuité du temps — irruption et disruption — où il ne cesse de se transformer, en se transportant sans cesse, d'instant en instant, étant « sans voisinage » (Maldiney). Ce qui nous saisit dans l'œuvre d'art, c'est la mémoire du geste de l'auteur. Cela nous parle. Le geste appliqué invoque une geste, une parole qui se révèle au contact de l'œuvre, une rencontre où se livre la gésine de l'altérité. Dans ce qui est là, couché sur le papier, étendu sous les yeux dans la masse sculptée ou la matière peinte, une œuvre repose à l'état de chose jetée *(jacere)*. Non pas jetée en pâture à l'avidité dévorante de la prise de force ou du commerce, mais en attente de qui la *verra*, gisant dans le terreau du sens, voilée par le recouvre-

5. In *Lituraterre,* Ornicar ? n° 41, été 1987, p. 10.

ment de son sol, montrant sa pousse comme la ferveur d'une plante. C'est le regard de l'autre animant de sa manne le don d'une parole *à l'œuvre*, le surgissement d'un visage. Tout vrai contact est une rencontre, celle du visage invisible du créateur, l'apparaître natif de ce qui s'ouvre sous la lumière du nom. René Magritte est inégalable à cet endroit.

Je descends au jardin. Je regarde et je contemple ce qui a changé la nuit durant, ce qui a poussé, ce qui a mûri, ce qui a pu faner. Je saisis une tomate. Sa rondeur rouge se déploie dans ma main qui s'en fait le recueil, s'y façonne et s'y sculpte. Le fruit mûr, encore ferme, répond de la quasi surprise de la cueillette, celle « de l'accueil qui croît avec l'extase dans laquelle la reçoit l'ouverture de la main », écrit Henri Maldiney[6]. Il y eut ces mouvements ouverts de la main, le détachement du fruit dans le respect du pied, la gustation dans la paume à la saveur du contact, et ce vide où s'inscrit le recueillement des sens. Un vide d'où vient le sens et où il retourne, moi-même l'ayant senti. Et je me dis : « Avec de la feta, cette belle tomate fera, pour ce midi, une bonne entrée ». Une entrée en matière au repas du langage dans lequel l'impression tactile initiale, sertie de l'exercice des autres sens, avec des sensations de relief, de lisse, de chaleur, etc., engendre un mouvement, celui d'une main au recueil du fruit de la parole.

Comment entendre ceci : « Le mouvement de la main qui se porte à la chose commence à partir du vide et se termine à vide dans le vide ? »[7]. Un lieu d'origine : le vide. Sans le vide, le trop-plein obture toute perception, la main est pleine d'elle-même, saturée de jouissances sensitives. La sensorialité en elle est arrêtée, annihilée, endormie ou rejetée. C'est un évidement qui donne à la main sa forme d'accueil. La main pleine de soi n'accueille pas l'autre. Elle ne lui dit rien. Elle ne nous dit rien de l'autre. Ne sentir que l'image de moi, cela n'est point ressentir. Ressentir suppose l'évidement d'un manque, celui de l'Autre, répondant en termes de pulsion et celui d'un lieu corporel du recueil, ici la main. L'objet se dépose au creux de la main, creuset du sens, quand la main s'est ouverte à l'accueil vivant de l'Autre. Retourner au vide, c'est revenir à la terre d'attente, à celle de la mise en désir, non pas à la terre inculte de la friche, mais à celle fertile d'une jachère grosse d'avenir. Entre les deux vides évoqués par Henri Maldiney, gît le presque-rien, un éprouvé où le chaos de sensations insensées trouve la voie, où se rassemble la possibilité de ressentir avec des mots qui se disent au dedans de nous, silencieusement et vifs, en leur trouvaille et leur surprise. Ça parle dans le creux d'une main d'Autre chose que d'une tomate à manger. Où est le vide ? Où est le fond ? Dans l'absence ? Certes non.

---

6. In *L'art, l'éclair de l'être.* Ed. Comp'Act, 1993, p. 19.
7. *Ibid.* p. 19.

C'est le *trait* de l'ouverture qui le fait surgir et donne souffle au vide. Comme un cri ne déchire le silence que pour autant qu'il le fait surgir comme silence. En effet, comment déchirer ce qui n'est pas établi ?

Comme le cri, avec le silence qu'il engendre, ainsi la tomate dans la main avec le vide qu'elle appelle. Après coup. A la pointe du rien. La main de l'homme animé de vérité ne cherche pas à prendre. Elle se profile au don des choses dans la gratuité du « sans pourquoi » (Angélus Silésius), telle une rose offerte. « La rose est sans pourquoi ». Puisse notre main être rose.

Le contact du corps de l'autre se fait événement quand il ouvre un monde, à l'horizon de la mise à nouveau du désir, ce qui est une remise à frais nouveaux de soi-même dans la voie du désir. S'en remettre au désir de l'Autre dans le contact, c'est consentir au chemin d'une parole en notre être, à ce chemin qui porte notre être dans la parole et où se porte notre être de parole. C'est la mesure d'une telle portance qui ouvre la main du contact à l'appréhension de l'autre non captrice de lui, mais le confronte à nouveau, de par nous, à notre commune appartenance. Tout contact en vérité de qui consent à la parole confère à l'autre la liberté d'être sujet incarné et nommé. Il y a dans le contact un mouvement de l'être en quête de la parole fondatrice et générante. Le contact est un appel au pacte. Au pacte symbolique entre les hommes mis à l'épreuve des images charnelles tactiles. Celles-ci pourraient capter la relation aux seules fins des jouissances de la proximité, du guiliguili, des chatouillis et autres papouilles clos sur la *nécessité* de l'un... au détriment de l'autre. Un toucher ouvert au tact est ouverture à l'Autre.

Le geste se pose à partir d'un point et se meut par une énergie qui en spatialise la forme. Du corps de l'homme s'engendre un geste. La gestualité humaine est geste porté du langage. Nos gestes soutiennent les manières où se creuse le lit de nos pulsions. Le geste, animé de la force et du mouvement pulsionnels, est porteur de parole. Dire à quelqu'un : « Ce n'est pas des manières », indique combien c'est la charge pulsionnelle du geste qui le rend irrecevable, mauvais geste ou bon geste, recevable et propre à s'éclairer, de son tracé dans l'air intersubjectif, des lumières de l'inconscient.

La beauté du geste fait état de la gratuité du don et de la chose donnée. C'est du visage que l'homme tient la ferveur de ses gestes. Mais pour qu'un enfant puisse faire un geste, non réduit à la motricité d'une gesticulation, il aura été entendu comme sujet de la parole et du désir. Premier geste : une entente mutuelle sur fond de langage et de chair, de cri et de corps, de parole et de sens. Dans *Au lieu du geste*, Catherine Cyssau se demande : « Comment le geste virtuel rencontre une surface d'écrire, une surface de peindre ? Comment met-il en jeu le temps d'un intervalle et l'espace d'un écart qui séparent la parole ? »[8]. Geste virtuel appelant un travail de négatif, à la manière du rêve chez Freud[9]. Elle prend l'exemple du trapéziste dont le geste « mobilise un suspens d'air immobile » (p. 20) et déploie « l'espace d'une figure illocalisable ». Son geste ouvre le corps à une expérience de négatif, en écart avec l'air, issu d'un point neutre qui laisse au déploiement du rythme et au passage qu'il porte, par un suspens corporel, un intervalle temporel, un écart spatial et la tangence de verticalité qu'il supporte dans l'œuvre d'un déséquilibre.

Fugacité

La castration du toucher consiste en une déprise d'intention sur l'autre. Elle est l'interdit mis à la jouissance du corps de l'autre pour en obtenir quelque chose. Du corps, des jouissances. De l'autre, une soumission à soi-même ou à son imaginaire. Ceci est une visée, car la réalité est que la pureté du cœur, la justesse du geste, la vérité du désir sont une « étincelle disparaissante ». C'est dans l'humilité et la modestie, dans une humble modestie qui trop appuyée deviendrait suspecte, et dans une modeste humilité qui trop affectée deviendrait mensonge, que nous sont données l'ouverture et la délicatesse de l'esprit et du cœur qui nous permettent de rencontrer l'autre en vérité. Sans quoi il manque une âme. « Tout y est, sauf le cœur, qui n'y est pas : donc rien n'y est », écrit Vladimir Jankélévitch[10]. Il reste un exercice de style et un toucher codifié, arithmétique, une séquence bien réalisée, qui sont autant de caricatures, à la limite de la mauvaise foi, du faux-semblant et de la malveillance meurtrière. Entre la tendre pudeur et la plénitude heureuse de la rencontre, il y a toujours l'intime blessure secrète du non-achèvement, la subtile dissonance de l'altérité, l'infime tendresse de la séparation à jamais consommée, l'éclat de la lumière où l'autre n'est pas moi-même au plus intime de notre proximité. L'obscur travail de la parturition des êtres est ombiliqué à la parole qui les fait vivre dans l'urgence de la chair quérant son souffle et la patience de l'esprit insufflant le langage. Déssillement.

Ai-je bien touché du doigt ce qu'il convenait de toucher ? Non, le tangible s'estompe, disparaît à l'horizon du contact. Il a pris la tangente. Et cependant, nous gardons mémoire de la rencontre, dans notre cœur et dans notre corps, dans nos sens et dans notre esprit. Nous sommes portés par la *touche* de cette grâce : une rencontre *a eu lieu* dont nous ne saurions dire ni ce qu'elle est ni même en quel lieu ou quel en est le lieu. La touche de cette rencontre est notre style, notre manière d'avoir peint ce tableau-là, exécuté ce mouvement-là, posé

8. PUF, 1995, pp. 16-17, ouvrage dans lequel figurent également des analyses des œuvres d'André du Bouchet, Aurélie Neumours et Sigmund Freud.
9 Cf. Joël Clerget, « Le négatif à l'oeuvre », In *Che vuoi ?* n° 1, 1994.
10. In Le *Je ne-sais-quoi et le Presque-rien, Le* Seuil, Coll. Point, n° 184, 1980, p. 111.

ce geste-là. La touche, fine pointe de l'impalpable et de l'efférence, ne peut être à son tour rejointe, touchée. Le coup de pinceau du peintre, le tour de main du chef, le toucher du pianiste ne sont qu'effleurés, demeurés discrètement à l'œuvre dans l'effluence de la source et l'effleurement des tissus. Efflorescence du contact. Des pas sur la neige ou sur le sable livrés à leur disparition même. Traces effacées qui se font signifiantes du passage d'un des nôtres, un autre homme. Cette apparition disparaissante est la pudeur du contact, non pas comme volonté d'inscription (marquage) ou d'effacement qui forcerait la honte de l'autre contacté, mais comme donnée.

Dans le toucher, il y a continuité et discontinuité, dans l'étroite association de la sensibilité et du mouvement. Je touche, le contact donne continuité et impression. Si je lève le doigt ou le porte vers un autre objet, une interruption s'opère. Et nous avons d'autres touches que celles des doigts. Nous avons les mots et leurs infinies combinaisons que l'on ne saurait compter sur les dix doigts de la main. Le nombre inénumérable de ces touches et de leurs combinaisons, Paul Valéry le nomme *l'esprit*[11]. Il y a dans la main la concentration du saisir et du sentir — par là, la main porte à la considération de l'universel.

Continuité, comme il en est de la pratique de certaines formules (mantras), tellement répétées qu'elles font partie de la chair. Il y a coïncidence entre la phrase et le corps, le rythme cardiaque. La continuité n'est pas dans la recherche de l'accord, celui des souffles par exemple. Mais quand les accordailles sont données, les souffles se mettent à l'unisson, et les cœurs s'accordent de l'impalpable naissant de la droiture du cœur et de son caractère impénétrable. L'intimité du dedans de nous ouvert à l'Autre n'est pas une chambre forte ou un coffre-fort, mais « plutôt un mystère qui s'enveloppe d'une nuit intérieure où il projette sa lueur intermittente »[12]. Une tangence avec un secret que rien n'évente. Le toucher me voue à l'autre dans le temps, dans un temps fait de l'irréversibilité, celle qui porte l'insaisissable à son comble.

Fugacité. Nous sommes en contact — et cela fuit, se dérobe — parce que l'instant ne sera jamais qu'un instant, c'est-à-dire qu'il ne dure pas. « L'attachement impondérable est déjà loin de moi ! »[13]. C'est la fée Occasion dont parle Vladimir Jankélévitch. Pour qu'il y ait rencontre, il ne suffit pas d'être deux. Un scintillement. Une étoile filante : tout ce que je fais est irréversible. La fée occasion n'est occasion que de notre acte, lequel est le *tact* même : saisir l'occasion sans manquer d'à-propos et de délicatesse. « Un éclair… puis la nuit ! » dirait Baudelaire.

L'instant de l'occasion est une précieuse chance dont l'occurrence peut ne tenir qu'à un battement de paupière, à la furtivité du mouvement du bébé dans

---

11. P. Valéry, *Cahiers*, t. 1, p. 949.
12. V. Jankélévitch, *Quelque part dans l'inachevé,* Folio, Essai, n° 60, p. 27.
13. *Ibid.* p. 38.

le ventre, réduite au coup de pied arrondissant de sa bosse l'abdomen maternel. Et cette apparition qui fait appeler le papa est déjà disparue lorsqu'il arrive. Il faudra à nouveau convier l'enfant à se manifester, mais ce sera là une autre expérience, sollicitée cette fois. Ce qui a porté la mère à l'appel de la présence du père, c'était précisément la spontanéité inattendue de l'attente et la soudaineté parfois douloureuse de la manifestation du bambin. Fugitive apparition aussitôt disparue qu'apparue d'un enfant là dans le sein, dans la continuité étale de sa présence durant le temps de la grossesse. Les élans du bébé donnent voix à la mère en appel de père pour lui. Le désir de jouer avec l'enfant *oblige* à la nouveauté dans le comportement de l'enfant. « La tangence d'un acte infiniment délié et d'une occurrence infiniment délicate ne suppose-t-elle pas une précision inouïe et une coïncidence presque miraculeuse ? » dit Jankélévitch[14], avec une rigueur pleine de tact pour décrire l'expérience de cet instant unique et de son à-propos, serti du pas-encore de l'attente et du déjà-plus de la nostalgie. Machiavel ne cesse de questionner cette Occasion. Et la fée lui répond : pendant que tu perds ton temps à me questionner, je me suis déjà *échappée de tes mains*.

Que l'acte soit identique au tact, cela est vrai de la pratique de la psychanalyse comme de celle de l'haptonomie. Affaire de souffle où se rythment l'inspir et l'expir, l'inspiration et l'expiration, la psychanalyse convie à cette exigence : « Laisser le patient venir au mot — *zu Wort Kommen* »[15]. Aux mots vrais de sa vie, que ce soit par le médium de la parole ou celui du toucher. Parole qui touche, c'est le terme de Freud dans le texte cité, ou plutôt qui ne touche pas quand l'analyste se trompe. Toucher qui parle. Affaire de psyché, lien impalpable en nous du souffle d'où le contact laisse passer dans l'un quelque chose de l'autre. Toutes les phobies sont phobies du contact au sens où dans le contact, parleraient des éléments refoulés que la conscience rejette et dont le symptôme, en sa bêtise, témoigne[16]. Toute phobie tient en elle une peur de la parole, jusqu'à ce que la pensée même soit atteinte. Certains mots sont alors prohibés pour le contact qu'ils viendraient susciter entre des pensées incontrôlables, comme si l'acte de la pensée qui la pense était analogue à un attouchement. Une patiente parlait « d'attouchement vaginal » pour rendre compte d'un examen gynécologique. Elle avait « senti plus » que n'autorisait pour elle une telle situation et les connotations sexuelles que du coup elle lui évoquait.

Entre nous

Pouvons-nous nier notre réceptivité sensible, celle que le pouvoir du langage découpe pour nos sens, ce à quoi nos sens sont offerts par le filtre du lan-

---

14. *Ibid.* p. 43.
15. S. Freud, « Les constructions dans l'analyse », in *Résultats, Idées, Problèmes*, t. II, PUF, 1985, p. 274.
16. Cf. J. Clerget, « Le poids de la bêtise », *Correspondances freudiennes, L'apesanteur*, n° 17, décembre 1986, pp. 9-11 et « Tout bêtement » *Apertura, Bêtises*, vol. 12, 1995, pp. 84-85.

gage, qui prend parfois vocation de philtre pour l'ébriété des sens et l'ébaudissement du sujet ? C'est Erwin Strauss qui alliait le sentir et le se mouvoir, le sentir et le mouvement, ce dont la main humaine prend pleinement la valeur dans son acte de *saisie*, terme éminemment juridique dans son origine, où il ne s'agit pas de prendre et de conserver, mais de porter à l'ouverture d'un être-là, d'un être au monde ayant ouverture à l'Autre. C'est dans un tel horizon qu'est notre spatialité subjective, atopique, constituée du rapport de mouvement entre un objet et Je, où *je* est porté par le mouvement du symbole à constituer le monde de ses objets. La main a grande part à cette œuvre où « la constitution de l'objet se subordonne à la réalisation du sujet » (Lacan) apportant avec elle la division. Et les poètes ajoutent : sentir et se nommer, en ce que la perte du pouvoir des mots ouvre à la question de la nomination du sujet, n'ayant pas nom de ce qu'il pense, sent ou se représente. Il s'agit d'expérience et de présence, pour l'expérience du *entre*, à entendre comme ce que les sens délimitent entre les hommes et comme la proposition d'entrer.

Une femme qui attend un bébé, et qui consent à l'approche haptonomique du fond de son cœur — et non du bout des doigts comme trop de praticiens « pensent » que cela doit se passer –, et si son compagnon le désire (consentir et désirer allant de pair pour chacun d'eux), une femme donc peut dire : il y a *entre nous* notre bébé, avec qui tu peux venir en contact quand tu l'es avec moi, qui vient au contact de toi. Et cela est perceptible dans la pratique quand tu es avec moi et moi avec toi, quand nous sommes ensemble, dans l'expérience vécue de notre être lié l'un à l'autre, comme dans l'amour et comme dans l'intimité, lui étant là entre nous, donné à la présence. Il est entre nous ce qui n'est pas nous, venant au monde des vivants par notre entremise. Et je te dis, mon compagnon, parfois les larmes aux yeux, dans le silence de mon cœur : entre, tu es ici dans la compagnie du symbole qui nous fait être, lui qui nous unit et nous rend distincts tous les trois. Et je te redis : entre dans mon cœur et dans mon corps. Il n'y a rien à prendre. Il n'y a rien à vouloir. Il y a que nous sommes là, à même l'événement de cette présence par qui notre monde entier est renouvelé, régénéré. Entre et demeure. Il est doux de te toucher mon bébé dans les fibres de mon ventre, dans les ferments de la vie. Il est doux de te confier aux mains de ton papa à l'écoute de mon être porteur te portant. Nos mains ouvertes sur la vie, mon ventre se détend, tu prends tes aises — et nous te touchons mouvant dans notre contact qui te laisse la liberté d'aller et de venir dans l'essor de mon sein.

Il y aura les bris du temps. Il y aura les peines de la vie. Il y aura les larmes et les cris, les joies et les soucis. Mais il *y aura eu* que notre enfant aura été attendu dans un bain de paroles que nos mains unies sur mon ventre, au contact de nous-mêmes et du bébé, auront dites bien avant sa naissance, et dès avant sa conception. Et il y aura eu cet entre-nous au monde, et cet autre-entre, entre bébé et moi, sur les rives desquelles tu campes, veilleur attentif de ta place de papa. Il y aura eu cette inviolabilité de l'intimité du bébé et de sa mère qui lui permet, précisément, d'être mère et de faire place à l'homme qui respecte ce non-accessible en elle, et comme femme et comme mère, afin de le désigner comme papa, de la bouche et des mots, des mains et de la voix, du sexe et du cœur. Dans ce bain rythmique de notre entente, qui n'exclut nullement le malentendu qui règne entre homme et femme et la douleur d'entendre dans les générations la vie du désir d'être différencié, nous vivons l'ouverture de la paume de nos mains à ce qui donne force à cette ouverture : notre visage de parlêtre.

De même qu'il y a un écart entre langage, langue et discours, et béance entre ce que la langue veut dire et ce que, par elle, je veux dire, de même il y a faille au cœur du toucher. Mais voilà, l'homme qui parle a des mains. Non pas tant qu'il parle avec les mains, mais l'être humain a des mains. Qui donc guide la main de l'homme, qui n'est pas celle d'un ange ? Est-ce le réel ou le vrai ? Le réel, chez le boucher. Je vais acheter deux côtes de bœuf pour le dîner. Il découpe la première. Je la trouve un peu épaisse, ce que je lui fais remarquer. Il me répond immédiatement : « C'est la bête qui me guide ». Dans la découpe de la carcasse, la main ne va pas où elle veut. Elle suit le trajet de l'ossature. Dans le corps de la bête, il est des lieux — les os — où le fil du couteau ne va pas sans la force du couperet. La vie n'étant pas une boucherie, du moins pouvons-nous le désirer, ce n'est donc pas la bête qui gouverne. Serait-ce la main de Dieu ? Ou la main de ma sœur ? Une main qui cerne le creux où nous ex-sistons, la paume où se recueille notre ex-sistence. La main du toucher juste crée l'espace d'un vide médian où se pose la présence. Le creusement d'une part de vide où la vie se ressource est la condition de cette ex-sistence, nous tenant hors de nous et l'autre hors de soi. Nous nous réunissons dans l'Autre qui porte à son terme la fécondité de la rencontre en lui donnant un *site*. Quand nous manquons de site où poser notre ex-sistence, nous sommes déshérités, les noms perdent leur ferveur et leur vocation. Notre corps s'étiole à la jouissance des biens, des objets et des images. Il y manque le vide engendré par le cri — et le silence où je peux me prendre aux choses à la faveur des mots — dans la lueur d'une parole. Il y manque l'étincelle d'un sourire, la flammèche du désir, autant de termes propres à signifier ce rien, devenu le presque-rien d'où nous vient un monde, où s'ouvre notre chemin qui nous permet d'être « horizonné », d'être dans le paysage, de respirer l'air commun qui fait de nous des contemporains. Comment soutenir l'émergence d'un corps en son apparition sans faire état du retrait ? *L'apparaître du retrait* rappelait Jean Oury, lors d'une rencontre avec Henri Maldiney[17] : « En retrait dans l'instant même où il a été avancé » (André du Bouchet).

17. Lyon, le samedi 20 mai 1995.

Rythme

Si la possibilité réunifiante de la pratique haptonomique est avérée, c'est qu'elle intervient très basalement sur le *rythme*. Jean Oury dit combien l'un des troubles majeurs de la schizophrénie est une dysrythmie par dispersion, éclatement, déliaison, démembrement. Il y a trouble de la présence qui exige que l'on soit là, dans le paysage. Il y a trouble de l'émergence et du rassemblement de soi, de ses membres dans l'unité symbolique du nom, d'où le concept de forclusion du Nom-du-Père avancé par Lacan.

Qu'est-ce qu'un rythme ? C'est le surgissement du temps dans l'espace d'un corps : une grosse caisse, une batterie, une contrebasse ou un tableau, *Le violon d'Ingres* de Man Ray (Paris, 1924) ou *La Mémoire* de René Magritte (1948). Sur le dos d'une femme assise sont disposés deux signes musicaux qui ouvrent ce corps à la musique. Diastole du temps dans une systole d'espace, le corps bat à la vivacité du cœur la contraction d'un espace dans la dilatation d'un temps. Le corps est là comme ouvert par deux signes musicaux lui conférant de l'ouïe. Cela touche le corps — instrument porté par delà toute instrumentalité à la hauteur d'un rythme où s'élance le son d'une voix. De même la tête de Mémoire, yeux clos, tâche rouge, rose coupée, contraste d'eau calme et de ciel tumultueux, comme vouée au yoyo du temps et de l'espace se mesurant au fil des heures. Notre présence se donne à l'avant de nous-mêmes dans l'horizon « d'une réceptivité surprise » (Maldiney). Nos sens s'ouvrent à l'ouverture du monde. Notre être s'ouvre à l'Ouvert, à « l'insurveillé qu'on respire » (Rainer M. Rilke). Un espace rythmique est impliqué dans le contact, nous portant à exsister et à résider dans l'imprévisible du rythme, dans son illimité. Le rythme comme articulation du souffle porte notre *apparaître* sur les vides médians nécessaires au passage des airs. H. Maldiney, à la suite de Fink, observe que *s'apparaître*, c'est à l'actif un mouvement qui a lieu en dehors de l'auteur concerné et à la voie moyenne, l'auteur en est le lieu, apparaissant en soi-même et dans l'Ouvert, dont le complémentaire est le vide. *Le violon d'Ingres* comme *La mémoire*, différemment, s'offrent à notre apparaître dans l'ouvert qui n'a Rien d'Autre que le Vide. Ces deux tableaux creusent en nous le rythme de notre *être-là*, ex-sistant, hors de… Ils bordent le site où se tisse la trame de notre s'apparaître et de notre apparoir. Ils portent le cerne ouvert d'un indicible, non pour le dire, mais pour tenir la possibilité de dire, pour soutenir la rayonnante force quasi palpable de la présence et contenir l'inscription des mémoires audedans de la peau.

La venue au monde du sujet se fait dans le rythme des heures. Le rythme est inséparable du travail de l'accouchement, quand les contractions façonnent la dilatation d'un col au franchir duquel apparaît, serré sous la symphyse, le corps du bébé qui naît. Il apparaît à la vulve vulnérable de la mère, toison offerte, tête laquée des cheveux, siège proéminent, pour se retirer, ainsi aller et venir au vagin maternel, dans une série de poussées et de rétractions qui font s'avancer, au pli creux du retrait, la venue du bébé. Rythme évoquant l'inverse mouvement de l'intimité sexuelle, intimité marquée de rythmes propres à affoler de son acmé la calme volupté de qui s'y livre. Nous est donné le rythme auquel nous nous donnons.

La percussionniste (Manuella Bornibus) frappe de ses mains la surface de ses tambours, et cesse l'agitation des enfants. Et se reposent les cris de volières. Et s'ordonnent au rythme de sa présence sonore les ferveurs enfantines. Rythme et sonorité vont de pair avec le souffle qui les porte, comme don de la parole incarnée au corps de l'homme. Rythme et nom se donnent la main. Le nom rythme de son appel la vie du sujet au cours des âges. Le rythme donne nom à ce qui ne serait que vibrations, cadences ou battements. Le rythme est la mémoire d'une mélopée. Il est une harmonie, un assemblage autour du silence. Le nom est rythme. Et rythme qui appelle à être. Le rythme appelle à résider ailleurs que dans les mots. Il invoque une autre scène que celle des images.

Le rythme accorde le cœur et le souffle à la résonance de la parole en nous.

Le rythme et l'allure vont avec l'air. Notre allure est notre façon d'aller. Elle dit notre façon de faire. Au sens fort du mot, elle est la tournure de l'événement, c'est-à-dire de ce qui tourne à l'événement, ce qui donc fait la rencontre entre les êtres. De ce fait, l'homme n'est point d'allure animale, ni de facture objectale. Le nom de l'homme est inhérent à son rythme, sa signature à l'allure de son tracé. L'homme n'est pas la trace d'un nom, ni le nom la trace de l'homme. Pour qu'un mot — et n'importe quel mot peut y convenir — soit porté à la dimension signifiante d'un nom, il y faut la perte de la trace, le soulignage d'un tracé. Le nom porte en soi la dimension d'une écriture et son rythme. Il souligne. Il met sous la ligne des noms la génération des humains. Non point sous-titrage, comme il en serait d'une image, mais inscription dans la lignée des fils. Surin en quête de douceur. Pomme du désir offerte au couteau du parler.

« Tout est intime. Cela sépare » dit Hölderlin.

Le nom, consommé dans le rythme, nous permet d'*être là*. Là avec toi. Là au monde. D'être là tout au pouvoir d'entendre les choses à partir du bruissement de leur nom.

Le rythme, ῥ θμὸς, signifie jointure, l'élément qui ajointe et dispose la mise en chemin de la danse et du chant. Il les laisse reposer en soi. « Le rythme accorde le repos » écrit M. Heidegger[18]. Il se pourrait que l'itinéraire et le respect du rythme des êtres ensemble soient faits de la différence même de leur rythme basal, d'une dyschronie symbole de leur entente muette. Par exemple, dans l'intimité sexuelle, rien ne dit a priori que c'est dans la recherche de l'ac-

18. In *Acheminement vers la parole*, Gallimard, 1976, p. 216.

cord que vient la jouissance. Mais il est plus probable que le discord foncier de l'homme et de la femme en amour trouve son harmonie dans le surgissement des dièses et des bémols de leur concert, des intervalles et des ponts, des diastoles et des systoles, de la dilatation et de la contraction de leur entente.

Le rythme est une fluctuation de ce qui coule et s'écoule, un espace-temps des flots et des flux. *Rhuein.*

Il y a rapport entre le contact et la dimension humaine du souffrir, le pathique. Henri Maldiney le rappelle : nous ne communiquons que par les lacunes, que par les failles. Mais l'épiphanie de l'autre suppose mon autophanie. L'autre ne se découvre que si je me découvre. Il ne vient à moi que si je viens à lui. L'haptonomie pose la dimension d'un *s'apparaître* sur le fond rythmique des lieux et des formes, des espaces et des temps où la tension de la durée remet en œuvre le temps à partir d'un instant inédit et irréversible. Dans le contact, et *l'entre* qui s'en dégage, les deux ne sont pas seuls, sans le tiers. Ils sont dans l'*entièreté* de leur confiance, dans l'entièreté du mouvement qui les porte à se confier l'un à l'autre, l'un et l'autre en l'Autre, tenus à l'entre alors que l'on est l'un avec l'autre — dans la proximité et l'écart. *Prêter entre* les êtres les mots de la différenciation, c'est interpréter le « mouvement tangenciel vers l'inceste » (Lacan) et son corollaire, la visée du désir de s'abîmer en l'Autre où se réalisent le désir et la présence.

Il y va de la portée rythmique du symbole et de la portée symbolique du rythme, ainsi que de leur proportion et de leur harmonie (ῥ θμὸς). Il y va pour certains hommes en contact avec leur enfant, souvent, la première fois, comme d'une prise de vertige. Certains se retrouvent au bord de l'évanouissement, comme si la tension ne se dissolvait pas dans le rythme produit, ou que celui-ci provoquait en eux l'irruption d'un nouvel espace, suscitant la crainte du trop proche et l'attente de la juste mesure à trouver. Il convient de prendre le temps, non seulement celui de l'accord des êtres et des rythmes qui vont avec, mais plus encore, dans la venue de cette fuyante harmonie, celui de l'intime consentement qui dit oui à la présence de l'autre et aux effets que la rencontre engendre. Harmonie est à entendre ici comme le *lien* qui se crée et l'accord qui en sort — comme le *la* trouvé des instruments de musique permet de jouer ensemble et la *loi* qui unit dans la séparation des cœurs. Le rythme basal ouvre à des moments critiques faits de ruptures et de failles au creux même du plus grand assentiment. Un rythme est toujours constitué de sa disparition dans le mouvement même où il advient imprévisiblement. Impliquant son espace et son temps propres, « un rythme n'a d'autres coordonnées que soi » (Maldiney).

Ce que la levée d'un rythme opère concerne la mémoire. C'est que les mains du contact psychotactile se font pinceaux imprimant sur le papier du souvenir la calligraphie du désir. Le corps entier en est saisi, ainsi que l'âme et le cœur. Pareil enjeu d'écriture signe qu'il y a eu écoute et entente — sortie de soi, un acte donc, et l'invisible inscription de cet acte. C'est toute la métaphore des frayages chers à S. Freud avec les *Bahnungen*.

Le giron site

« La main sans attendre, la main en avant de ce qu'elle peut saisir, sans attendre — et avancée à ce point où l'esprit, un instant, se révèle en défaut — le décide de façon aussi radicale que l'élément laissé à soi le fera, se découvrant, distance sitôt reprise par la main, élément ».
André du Bouchet

Le remaniement du port du bébé pour la femme enceinte et la légèreté dont elle témoigne après une séance d'haptonomie, ainsi que le merci que disent de nombreux couples à la sortie sont à entendre. Ce changement dans le port, cette légèreté, ce merci sont autant d'éléments qui soulignent ce *par où* ils viennent de passer et ce qu'ils y ont découvert — chacun différemment, la mère dans la particularité de l'état de grossesse. Le relâchement de l'hypertonicité pelvienne qui fait serrer le bas ventre avec un sentiment de malaise, des douleurs aux aines et de la crispation, redéploie entièrement la place du bébé dans le giron maternel dont on dirait qu'il prend ses aises, se déploie lui-même, et gambade ou se détend, s'apaise ou occupe autrement l'espace utérin relâché. Non seulement il y a plus de place, mais encore il a une autre place et du coup, le rapport entre mère et enfant s'en trouve modifié. Lors de la pratique des stages, Frans Veldmann et Anne-Marie Van Polen prennent chacun dans leurs bras, les jambes d'une mère au creux poplité (genou) et lui demandent de se poser. La femme remet ses jambes et son bassin dans les bras de l'autre. Ses attaches fémorales et ses adducteurs se relâchent. Tout son périnée s'en trouve assoupli et son plancher pelvien s'ouvre à une tonicité relaxée. Le bas du ventre est libre et souple. Si les deux praticiens remontent en les pliant les jambes sur le côté du corps, assez haut, la mère gardant contact avec son bébé, et qu'ils placent leur main libre sous chaque fesse, l'autre étant posée sur le genou, ils opèrent alors un *bercement* du bassin qui étire la colonne vertébrale, libère toute la base, accorde le bassin avec les jambes, le ventre et le tronc. Le bébé se tient au milieu du giron, dans ce creux relâché de l'accueil et du don. Il descend dans le sein maternel. Lorsque la femme se relève, le bébé est autrement centré, davantage porté dans le bassin, le ventre étant moins proéminent sur le devant de son corps. Sa colonne est moins cambrée, elle a le sourire au visage quand elle « retrouve » son compagnon. Ceci n'est pas le fait d'une technique, mais le fruit d'une rencontre où chacun des protagonistes s'est laissé aller à l'autre, aux autres, et en a cueilli la graine de vérité. Il y a rencontre de sécurité, abandon de soi à l'autre, remise entre les bras du parler, non sans crainte ou sans émotion, mais que serait un consentement au désir qui serait sans la crainte de désirer ? Que serait une vérité qui parle sans l'émotion de qui elle concerne ? Mais au lever de cette expérience où se vit pareil remaniement de soi à soi-même, aux autres et au monde par l'entremise d'un autre et singulièrement avec le bébé attendu, jamais oublié dans cette pratique attentionnée à sa présence, il n'est pas étonnant que la mère éprouve la légèreté de son être et de son corps. Le bébé est moins volumineux, moins pesant en elle. Un large sourire éclaire son visage. Un merci s'adresse aux praticiens et un baiser au papa. Tendresse de qui, confié aux mains d'autres, en vient à se reposer dans l'Autre. Cela change la tonicité du corps, la disposition du cœur en l'ouvrant à l'esprit dont le souffle rythme l'infini bercement de la vie à travers la respiration et la circulation cardiovasculaire, c'est-à-dire à travers les éléments les plus végétatifs de notre condition d'êtres incarnés.

Le corps d'une femme enceinte témoigne alors, pour un temps indéterminé lié à ses conditions de vie (soucis, activités, autres enfants) de la bonté du don et de la beauté du geste, de l'« altérité rayonnante » de la parole où vibre une voix. Le *merci* qui jaillit sur le pas de la porte et qui échappe à celui qui le dit en s'échappant de sa bouche signe l'intime acquiescement de soi au vrai que l'autre a rendu possible, *tangible*, et non pas attrapable, remis à son inatteignable, dans le service de la parole, ce qui est le sens étymologique du mot thérapeute.

L'œuvre du contact : un rythme dans lequel nous sommes impliqués. Le contact est porte-nom. Il nous porte à notre appartenance au nom. Porter l'enfant dans le nom auquel il appartient, c'est l'appeler de son nom d'humain en gésine, l'appeler à venir au monde. L'assouplissement du corps et le sourire au visage sont le creuset du nom, lorsque les bras offerts à l'œuvre du symbole appellent le lointain à la proximité, le lointain au si près. Durant la grossesse, l'enfant au contact des mains, de la voix et du sexe, est attendu dans la dimension du nom quand ses parents sont ouverts à ce qui parle en eux et entre eux, dans la figure vivante du bébé. L'enfant n'est pas seulement contacté dans le corps maternel par les mains, la voix ou le sexe, *il est parlé*, attendu dans les paroles antécédentes qui font le lit de sa venue au monde et le miracle de son apparaître qui résonnera dans le cri de sa naissance, qui la fait être un événement.

Les vrais événements sont rares. Ils surgissent dans la surprise qui déprend et « qui crée l'attente de l'inattendu dans l'instant qu'elle la comble » (Maldiney). Là où la poésie « force les mots à livrer leur ciel » (André du Bouchet), notre opacité subjective nous empêche de prendre aux mots le plus proche pour nous l'approprier. La prise de notre être dans la langue nous désapproprie de nous-mêmes. Elle nous livre le plus proche dans une inabordable proximité.

Le verbe allemand *fassen* unit l'acte de saisir et celui de contenir comme le fait un récipient. C'est prendre quelque chose en s'en faisant le réceptacle. La chose à saisir — et le concept — trouve là son commencement, trouve sa mesure à l'empan de la main. Et l'ouverture de la main s'ajuste à la forme de la chose. Ce verbe répond « à une façon de saisir qui n'opère sur la chose qu'en s'ouvrant à elle » (Maldiney). Telle est une femme enceinte quand elle se fait demeure de l'être, abri du bébé. Toucher veut dire mettre en mouvement. Dans cette mise en mouvement, est sollicité notre vouloir désirer, ému, au point de consentir au désir.

Nous avons parlé d'appel, d'appel à venir, dans la parole et dans le creux de la main, dans la paume du parler et dans le creux de la parole où repose notre lieu d'être, notre site de nommé. Cet appel à venir est un mouvement de rapprochement, de proximation. Il rend proche, tout en n'enlevant pas à l'appelé son caractère de lointain. L'appel tient l'appel à distance, lui gardant son lointain, donc son autonomie. L'appel ne possède pas : il instaure le va-et-vient de la présence et de l'absence, l'aller dans l'absence et le retour dans la présence. Un tel appel requiert un lieu pour être, qui réponde à l'invite, et c'est le *site*, où se déploient les mots de l'enfant et les paroles qui, au contact de ceux-ci, font naître.

Enjeu de naissance et de *mise au monde*. Naissance qui fait être le monde, en ce point où la gestation comporte la geste et les gestes. On dit primigeste la femme qui attend son premier enfant. Il y a aussi l'accomplissement : porter à terme. *Gerere*, c'est porter, prendre sur soi, porter jusqu'au terme l'avènement des choses et des êtres. Gestante est la femme enceinte dans le corps de qui se déploient la mesure de l'être et ses élans vivants. Enceinte (Τεμ εῖ , tempus) par cela que l'être se déploie dans la parole dont elle est le lieu vivant *(templum)*.

Le geste nous permet d'éprouver ce qui est à dire. « Geste est recueillement d'un porter » dit Martin Heidegger. Un porter qui se fait recueil, rassemblement de ce qui a lieu pour que soit le porté. « S'approprier l'étranger, ce n'est pas en devenir propriétaire. C'est se rendre soi-même propre à pouvoir l'accueillir, donc se rendre autre au contact de l'autre »[19], dans le respect du secret.

Ménager un site, dans le contact, où l'autre puisse être appelé, ou pour le dire avec Paul Celan dans *Le Méridien* : « Le poème est au fort quand il est au bord de lui-même, c'est de là qu'il appelle, mais il ne peut s'y tenir qu'en s'arrachant sans cesse *de son déjà plus vers son pas encore* ». Etre au bord, sur la rive, au littoral avançant avec l'autre, et lui tenant, réellement ou métaphoriquement, la main, sans cesser de lui faire face et de rester pour lui un étranger.

---

19. M. Heidegger, *op. cit.* p. 129.

Ainsi, nous pouvons continuer d'entendre la part de l'hostile en tout accompagnement de l'autre homme. L'hostile fait partie intégrante de la rencontre de l'autre, non pas en tant que semblable ou différent, ce dont on peut s'accommoder par la bienveillance ou la séduction, mais en tant que prochain et autre. L'altérité de l'autre nous altère d'une soif de présence qu'aucun breuvage n'étanche. Elle est le *contre* de toute ren-contre (Pierre Fédida).

L'appar*ten*ance et la *ten*dresse ont quelque chose de commun. Il ne s'agit pas d'un salmigondis de sentimentalité ou de sensiblerie, mais de ce qui est *entre* deux êtres : « Le milieu des deux est la tendresse intense de l'intimité »[20], ce que l'allemand nomme *das Zwischen*, l'entre-deux. L'intimité n'est pas la fusion, mais ce lieu, entre deux, où, dans leur harmonie et leur unisson, règne la distinction où chacun demeure. Un seul et même mot allemand dit la tendresse, l'intensité et l'intimité : *Innigkeit*, le cœur du recueillement où s'établit l'intensité de la mise en relation — « où l'un est d'autant plus lui-même qu'il est uniquement pour et par l'autre, dans l'exigeante fidélité à *soi* ». *Tenir* la relation des éléments est notre appartenance d'humain, où nous laissons entrer en présence ce qui est présent comme tel. Ce fait d'amener à être en propre se dit dans la langue de M. Heidegger *Ereignis* : propriation, l'éclair dans lequel tout prend sa figure propre, devenant visible et invisible. La relation vitale à l'autre est une relation d'obéissance à l'Autre (*audire)*. Elle est une relation d'audition de l'autre, *co-respondance* où un *oui* répond d'un *émis*, le *repons* d'un engagement partagé en humanité. Lorsque nous prêtons l'oreille à l'autre, nous obéissons à l'Autre, ce qui n'est point soumission esclavagiste mais consentement à ce lien premier. L'être présent dans le temps est une manière d'être auprès de, *d'être avec*. Que notre main soit une oreille et consacre le mouvement d'amener au propre et de rendre visible. *Proprier* veut dire offrir ce qui est approprié dans un appropriement.

Il y a là le lieu du droit au respect du secret : de l'histoire et du lien de la mère et de l'enfant, ce qui ne se touchera pas dans le contact, son inviolabilité. On peut en parler, il ne sera pas rompu. Et cependant, sous la main du contact, l'histoire de l'autre se dit et celui qui l'entend l'écoute dans le secret de son cœur.

La rencontre, *une fois*. Le terme nous met, double, au sein du vocabulaire du jeu, coup de dé ou combat, avec la part d'aléa, de hasard et d'imprévu qui s'y glisse. Dans la rencontre, nous avons toujours rendez-vous avec un réel qui se dérobe (Lacan), celui qui repose par delà la répétition. Réel se présentant à l'orée de l'expérience psychanalytique sous le jour particulier de l'*inassimi-*

20. M. Heidegger, *op. cit.*, p. 27.

lable, sous les espèces de la rencontre manquée qui a pour nom *traumatisme*. La rencontre vient à nous par surprise, comme par hasard, l'air de ne pas y toucher, quand « la rencontre nous rencontre » (Maurice Blanchot). Ce qui demeure sa toile de fond et son lieu, c'est le *sans rapport*, l'intimité d'une absence au creux de la tendresse, intense.

Vivre une rencontre effective, par le médium de la parole ou celui du contact, nous voue à l'œuvre du symbole mis au travail de la perte, nous porte au surgissement et à l'efficace d'un écart. Il y a entre nous deux, un Autre. *Ici en deux* dit André du Bouchet. « Ici en deux », faille offerte au sein du monde et de la langue, au sein du rapport de l'un avec l'autre. *Se* figurer ce que sera la rencontre nous condamne à ne plus pouvoir l'envisager, nous éloigne d'elle et cependant nous sommes avec l'autre dans l'attente. Les parents qui attendent un bébé sont aussi en attente du visage qu'il prendra sous le nom qui lui sera donné.

Il y a le bruissement des heures sous la caresse du temps. Il y a la vibration du nom sous la brise des mots. Il y a tous les bruits sous lesquels nous venons à parler : frondaisons placentaires, vagues de la mer, vent qui claque, mains qui appellent, nom qui engendre.

La caresse

> *« Je referai tes mains et les miennes, et nous y serons contenus : nous, nos maisons, nos rivages, nos astres, nos préférences, nous-mêmes jusqu'aux empreintes de nos doigts, jusqu'aux bribes de baisers pleuvant perdues, jusqu'aux secrets infimes qui nous font rire, jusqu'aux larmes sans raison, jusqu'à l'origine et la fin de nos paroles ».*
> Mireille Sorgue

Dans la caresse et dans le chérissement se révèlent mon corps et le corps de l'autre, en ce point de vacillation où s'articulent sentir et se mouvoir. « Nous nous mouvons en sentant. Nous sentons en nous mouvant » dit André du Bouchet. Ce qui est un acte. Et la main portée au corps de l'autre qu'elle accueille, l'éprouve à partir d'un *vide médian*, celui qui constitue une expérience humaine en traversée. Dans toute traversée, il y a le traversé et le travers. Nous allons à travers champs par des chemins de traverse. Intraversable est l'épaisseur du monde. Mais notre *en-marche* signe notre allant et notre allure. J'avance et la rupture apparaît : « Sans interruption, sur la rupture, toujours fraîche, respiré et irrespiré, l'air strié » ou : « Cette lacune à laquelle adhère clarté plus proche de soi que la main » dit encore André du Bouchet[21]. La caresse n'est pas sans la mise lacunaire d'un péril symbolique, nous immergeant dans la rumeur du *il y a*, nous plongeant dans le murmure du langage.

21. In *L'incohérence*, Fata Morgana, 1978.

« Ensemble mais pas encore » dirait M. Blanchot. Si la caresse ne sait pas qui elle cherche, dans ce *désordonné*, c'est qu'il y a un mouvement de fond qui la porte à quelque chose qui se dérobe et qui demeure *infigurable*. Car la caresse n'est pas la quête de la sensation voluptueuse. Elle est plutôt un retour issu de l'autre où *j'apparais*.

Belle chose que le contact, et puissante : c'est par l'extrême présence toucher à l'extrême solitude. Rien ne s'attend que l'inatteignable.

La caresse met en contact avec un intouchable : cela de la chair que je ne toucherai pas de ma chair, en même temps que par cet intouchable même, la révélation de la chair culmine dans la caresse. Pour le dire avec Erwin Strauss, la caresse est une approche sans fin. Déprise. Il n'y a pas ajout de l'intouchable au touchable pour faire une somme, chacun des deux étant à part entière, mais une articulation lacunaire de l'un et de l'autre, chacun des deux révélant ainsi l'autre. Leur chiffre est leur mutuel rapport.

Attente. Ils ne se parlaient pas. Ils étaient le répondant de paroles à naître, de paroles qui ouvrent la bouche. Grossesse. La femme porte en elle la puissance de la proximité. « Nécessairement proche et toujours approchant » (M. Blanchot). Tout près de lui. Toute entière à distance par la proximité qu'elle révèle. Quand l'homme la tient, il touche cette approche qui rassemble dans la proximité le lointain et le dehors. Il est proche. Elle est présente. Touchant, dans cette proximité, non pas la prise, mais l'écart, une approche, la leur. Et son attrait. L'attrait de leur *être-là*. Un si léger contact. La circonscription de la perte appelle du nouveau, ce que ne recouvre nullement l'invocation de la chose perdue, mais bien plutôt « le sans-figure d'un éloignement » (Christiane Lacôte). Le tangible a lui-même une membrane d'intangible, et l'in-tangible est la contrepartie secrète du tangible. Il ne paraît qu'en lui. Que pourrais-je dire du touché si je n'étais touchant ? Mais quel est le « monde » circonscrit par le toucher ? L'accord du temps et de l'espace dans la dimension de l'épaisseur et de la profondeur, du volume et de la masse.

La caresse se nourrit de la faim qu'elle creuse. Elle ne se saisit de rien. Sollicitant ce qui s'échappe, ce qui se dérobe « comme s'il *n'était pas encore* » (E. Lévinas). Elle cherche à tâtons dans l'obscurité qui éclaire la lumière des mains au corps de l'autre. Elle dit l'amour, souffrant de ne le pouvoir dire. Elle accroît sa faim à le vouloir dire. Sa visée d'Autre la laisse aux rives de la Chose. La caresse renouvelle sans cesse le désir — ou plutôt le dit à nouveau, dit le toujours à nouveau des choses du désir. D'elle, le désir naît à nouveau, dans le *pas encore* qu'elle entretient de son mouvement. Elle ramène aux bords infinis du féminin.

« Divisée, défaite, éparse, — poinçonnée de désir,
poignardée de vide,
j'attends sa main » (François Solesmes).

Elle force la résistance ou le consentement, par l'absence qu'elle révèle et consacre, un intouchable. Elle ne se situe pas dans le saisissable. Dans la caresse, le corps se dénude de la face charnelle qui la porte — rapport sensible — et s'offre comme nudité érotique, là où le sujet de ce corps est au plus extrême dénuement et au don le plus affirmé. La caresse dit l'inédit de ce qui reste en deçà de tout dire. Elle le dit comme le disent tous les dires : avec de discrètes paroles, dans la brise des mots. La caresse provoque l'inédit de la toujours première fois, la virginité de l'esprit. Sous la caresse, le sang crie de la voix de l'esprit, le vierge intouchable éternel moment de l'autre. Hymne à la tendresse, la caresse est une pratique du nom. Elle ne prend pas. Elle donne. Elle ne donne pas une chose : jouissance, plaisir, agrément, détente, tension, lâcher-prise… Elle donne les petits bonheurs d'un jour qui se lève sur *un pas encore*. Un pas encore. Encore un pas.

La caresse lie la pulpe des mots à la matière de la main. Elle ouvre la matière de la main à la pulpe des mots. Elle allie la pulpe de la main à la matière des mots. Elle est alliage de tendresse, alliance de parole. Elle est saveur. Elle est goût. Elle est tout ouïe et toute flaveur. Elle est regard et tact, sourire et bonté. La caresse est à la main ce que le sourire est au visage. Elle éclaire le visage de la lenteur du retrait. Elle éclaire la face de la lueur de la parole. Comme la lumière, elle est mouvement, se propage et diffuse, polarise et rayonne, scintille et chatoye. La caresse, eau courante sur le sable de la chair, creuse la soif régénérée du sujet, tient ouvert le lit de la tendresse.

Le don de la caresse est celui de l'unité, non profanée, des liaisons de la chair et des mots, du corps et du cœur, de l'esprit et du sexe. Elle a pour vertu la discrétion, le recel des joies dont elle abreuve le corps.

Elle appelle un *à-venir* toujours à venir, et jamais là de pas encore. Et si un pas se franchit, par l'éloignement des êtres en présence, le changement de leurs activités, l'entrée dans l'intimité sexuelle, il y aura rupture. C'est autre chose qui vient entre eux, à leur rencontre.

La tendresse éclaire de sa lueur la main semblable à l'œil qui cherche dans la nuit. Nulle prise, nulle conquête. Le creusement de vals de lumière sur les monts corporels. Astérides, corps céleste. Luminance de la rosée. Filante stellaire matutinale. La main errant de collines en vallées à l'infini de l'attente.

Et le mouvement de la caresse en même temps la retient, car les mains et les lèvres sont impuissantes à caresser la lumière. Par elle, la chair luit dans la voix, le fond bruissant berce l'île des mots. « Il ne me restait pour lumière que la parole, la célébration, les symboles comme une astronomie de la peau où l'être humain, astre, me renvoyait à un éclat de plus en plus lumineux comme une blessure devient plus saignante » écrit Chantal Chawaf[22].

22. In *Maternité,* Stock, 1979, p. 85.

La caresse implore la proximité, celle qui rapproche en conservant l'éloignement. Au plus intime, elle nous tient en dehors de nous-mêmes. Elle frappe à la porte de l'autre, ouvrant sur un senti qu'elle perd en connaissance. Elle est tendresse de l'absence révélée par le consentement au vide qu'elle appelle de son œuvre. L'approche de l'infini verse une nuit d'ombre sur la trace encore chaude de la peau rencontrée. Nudité du dénuement. Dénudation de toute écorce dans le renouvellement de l'approche. Approche qui ne cesse. Approche au sein de qui se figure le prochain. Le feu sacré de l'humanité se réchauffe à l'âtre de l'hospitalité. Et la caresse nous pulvérise en poudre de lumière. Poussière d'homme promis à la terre.

Ce n'est pas l'érotisme qui est le plus à craindre. Il est connu et mène, de près ou de loin, au ratage de l'acte sexuel. On ne sort pas de l'humanité pour autant. Il y a à reconnaître, non pas l'érotisme du toucher, de la castration duquel nous pouvons animer notre main, mais que l'érotique est de la mise dans le toucher. Plutôt que de s'en défendre, il convient de compter avec cette réalité-là. Le nier, c'est très perversement nier l'évidence, et s'exposer à des satisfactions préjudiciables à l'autre. L'érotique ne veut pas dire l'érotisme, mais qu'une force de désir de vie est à l'œuvre dans le contact. Le toucher juste, fait de justesse et habité de justice, n'est pas un érotisme. Il n'est pas sans érotique. Ou alors il est de mort. Car voilà une question : celui qui vient à moi, vers qui je vais, que veut-il ? Ma mort ou ma vie ? Eros ou Thanatos. Ce n'est pas une spéculation sur les idées. C'est une expérience concrète. L'embarras de s'être abandonné au contact, dans la main de l'autre, c'est cela : en qui est remise ma vie, en quelle main ? C'est-à-dire, le vivant en moi ne va-t-il pas lui brûler la main ? Ce qu'un approchant peut faire du corps, on peut le percevoir. Mais ce qu'il va *faire* avec la vie révélée dans le contact, nous ne pouvons le savoir. Car c'est l'expérience de la rencontre — son imprévisible. Cette vie, l'autre va-t-il me la ravir, me la prendre, ou me laisser m'y donner, s'y donner avec moi ? Eh bien, rien ne permet de le dire *a priori* ni de le prévoir absolument. L'enjeu est vital cependant.

Pourquoi le rejet si fréquent de l'érotique dans la caresse ? Que craint-on au toucher ? Certes, dès qu'il y a toucher, il y a de l'érotique à l'œuvre, ce qui ne veut pas dire que le toucher soit érotique. Il l'est dans l'intimité, dans sa spécification, comme nul autre sens. Les caresses de la main et des doigts, les frôlements, les frottements des corps, les baisers, les lèvres parcourant la peau de l'autre, s'abouchant à ses muqueuses, la tactilité génitale et géniale des va-et-vient du pénis et du vagin l'un à l'autre assemblés sont autant de touchers. Concert aussi de gustation, d'audition, de vision et d'olfaction. Les cinq sens se mêlent dans l'intimité sexuelle. Mais la peau, comme aire d'accointances de l'accord des êtres, lieu d'essor et d'envol, où la chair de l'autre afflue sous nos doigts, s'y épanouit et murmure d'aise. La paume rasante agace les saillances du corps. Un cri muet affleure sur les rives des lèvres à l'effleurage de leur site. Effleurage du corps à la faveur des mains. Nous avons tant besoin de mains sous l'étincelle desquelles s'enflamme le feu de notre ardeur. C'est dans des mains que notre peau prend consistance et vie, que le monde se fait caresse : « Te caresser m'ouvre les mains » dit Chantal Chawaf.

Les mains, visibles au-delà de la manche du vêtement, s'offrent au regard ascensionnel qui monte jusqu'au visage, s'en va vers le cœur et entend comment ces mains-là se donnent et s'offrent à l'autre. Figées ou libres, épanouies ou recluses. Le pétale de la main s'ouvre à la corolle du cœur. Les étamines du désir se dissolvent et fécondent, pollen de tendresse, la fleur de notre entente. Fleur où fleurit l'écriture des mains et leur fertilité de mots : calices, sépales ; corolle, pétales ; réceptacle, ovaire, style et stigmate ; anthère, pistil, étamine, ligule et fleuron.

Les mains de l'autre, flore enlacée de lianes, pour un après-midi de faune assoiffé de bonheur, ces mains au regard éloquent, mignotent du méplat de la paume le cri muet de leur effet. Elles distillent la suavité de leur nectar, odorant nos frémissements d'aise et de détente, à l'écoute des rythmes où nos corps s'accordent et viennent à se répondre.

La disparition de la main de l'aimée nous plonge dans l'obscurité. Sa perte est cécité. Son absence est surdité, absurdité brutale de son manque ressenti dans la teneur des chairs et des os. Vague à l'âme. Détresse. Errance. Avec elles, écrit François Solesmes, « je t'entendais penser... Chacune de leurs caresses avait valeur de parole coulée, entrelacée, à la rencontre du cri de la chair acculée »[23]. Mais c'est aussi dans le contact, dans le creux de la main, que nous éprouvons le manque à saisir l'autre, « Quand tu me tiens dans tes mains, tu t'irrites toujours de ne pouvoir me saisir toute » écrit Mireille Sorgue[24]. Peut-être est-ce là que nous virons à l'écriture, *cela* qui glisse de la main à même la saisie. Sans doute est-ce là que nous versons au concept, *cela* qui part de notre main au creux du saisissement du sens et de la pensée. Une peau pour la pensée écrit Didier Anzieu. Non pas une peau pour contenir les pensées, mais une peau d'où partent les pensées, où elles reviennent. Profondeur de la peau : l'appréhension de l'autre scène en nous.

Des mains au couvert desquelles s'engendrent l'indulgence et la rémission de nos fautes. Egarés du désir que parfois l'errance impose. Les mains, « chair seconde » génèrent « le climat même de l'amour », que Mireille Sorgue se représente « comme la somme alluviale des gestes échangés, la source des gestes futurs ». Témoins constants, elles se font *une* en laquelle *j'ai lieu*. La caresse nous invente. Elle nous façonne de ses élans de sourcier. Elle nous révèle la

---

23. In *L'amante*, Albin-Michel, 1988, p. 365.
24. In *L'amant*, Albin-Michel, 1985, p. 15.

forme du corps, son épaisseur et la profondeur d'être dont il est le lieu, nous rendant à nous-mêmes Autre. Nous sommes sous la main de l'autre déplié comme un flux s'évasant à la clarté d'un soleil naissant. Coquelicot frippé dans la dentelle rouge enclose de sa coque, se déplissant à l'unisson de sa fragile et grêle quête d'espérance. Fleur tranchant de sa couleur le paysage de campagne, inspirant un Monet où se déploient les ombrelles des belles. Le champ de *Coquelicots*. Le chant du coquelicot sous la main babillant.

Une main qui la nuit durant n'aura pas quitté mon corps, cette venue d'elle sous la masse du ventre au dormir côte à côte. Une main chemin faisant sa course sur mon corps. Mais une main creusant aussi la virtualité et la réalité de tous les chemins de rencontre. Derrière le sourire nous sommes entiers dans une main. Main du désir entretenu, renaissant de l'épuisement des plaisirs. Terre inconnue à soi-même dont l'autre invente et noue le relief. Les mains nourrissent notre faim de présence où s'altère notre désir d'être. « Mains tutélaires » (Mireille Sorgue). Mains, toutes de nuances.

Touchant toucher

Dans le contact, touchant et touché forment un chiasme, un entrelacs. « D'où vient, se demande M. Merleau-Ponty, que je donne à mes mains, notamment, ce degré, cette vitesse et cette direction du mouvement, qui sont capables de me faire sentir les textures du lisse et du rugueux ? »[25], ce qui nécessite un recroisement dans la main, du touchant et du tangible. Triple est le toucher : percevoir le lisse et le rugueux, toucher une chose, le toucher du toucher, ma main touchant ma main touchant la chose, touchée de l'autre main. « Puisque le même corps voit et touche, visible et tangible appartiennent au même monde »[26]. Faisons le pas de ma main touchant l'autre, le corps de l'autre, pourquoi ne toucherai-je pas en la main de l'autre le même pouvoir d'épouser les choses que j'ai touchées dans la mienne ? Ce qui dégage la chair, la mienne comme celle du monde, comme *texture*, est une déhiscence du touchant en tangible et du tangible en touchant. L'intangible est là, sans être objet cependant. Et les tangibles ne sont jamais qu'offerts sur un noyau d'absence. Mais parallèlement, l'homme *se* touche, dans un enjeu de réflexivité par laquelle, « il est capable de *toucher ou voir* quelque chose c'est-à-dire d'être ouvert à des choses en lesquelles (Malebranche) il lit ses modifications… Le *se toucher*, *se voir* du corps…, n'est pas un acte, c'est un être à. *Se* toucher, *se* voir, ce n'est pas se saisir comme objet, c'est être ouvert à soi, destiné à soi (narcissisme) »[27]. Ouverture, écart où je m'échappe : ce n'est pas s'atteindre et de plus, je ne parviens pas véritablement à me toucher touchant. Echappée libre

25. In *Le visible et l'invisible*, Gallimard, 1964, pp. 175-176.
26. *Ibid.* p. 177.
27. *Ibid.* pp. 302-303.

de la totalisation : toucher et se toucher ne coïncident pas. Le *se* toucher de la masturbation serait là un reflux de la visée de coïncidence de soi à soi-même, ce qui ferait porter la castration du se toucher, de la valeur d'usage masturbatoire du sexe, au fond interdit pour la circulation de la jouissance, à sa valeur d'échange, porté à la dimension d'un servir à un autre que le porteur. De même, se toucher le nombril serait le terme du repli interdit. Se toucher, c'est aussi être dans la contiguïté, dans l'état de deux choses ou de deux corps qui *se* touchent.

Le toucher et son site. Corps sentant et corps senti sont le même : « *Immersion* de l'être touchant dans l'être touché et de l'être touché dans l'être touchant ». Mais dans l'expérience, ils ne coïncident pas. L'écart du touchant et du touché est l'écart du même, dans son appel à l'Autre. « Le touchant n'est jamais exactement le touché... Il faut quelque chose d'autre que le corps pour que la *jonction* se fasse : elle se fait dans *l'intouchable*. Cela d'autrui que je ne toucherai jamais »[28]. Et lui pas davantage. Donc, au corps se joignent le touché et le touchant dans un *intouchable*, qui n'est pas un touchable à venir par perfectionnement ou par affinement du toucher, mais l'écart radical de ce que *je* ne toucherai jamais. Cet intouchable n'est pas un touchable inaccessible. « Le négatif ici n'est pas un *positif qui est ailleurs*, c'est un vrai négatif,... autrement dit un originaire de *l'ailleurs*, un *Selbst* qui est un Autre, un creux »[29]. Un intouchable de droit. Cet intouchable n'est pas un intouché potentiellement touchable. Il est *son* intouchable, sceau du manque et de la castration.

Si certains praticiens de l'haptonomie méditaient ces propos largement puisés de l'œuvre de M. Merleau Ponty, repris par H. Maldiney, ils perdraient la prétention de connaître l'autre et respecteraient, comme la prunelle de leurs yeux, l'intouchable de l'autre. Leur toucher cesserait alors d'être une aliénation à leur personne. Ils rendraient à l'autre la liberté du chemin, la patience qu'il convient de soutenir une fois celui-ci engagé avec lui. Ils ne promettraient pas un bonheur ou une guérison qui ne tiennent pas compte des résistances que chacun y oppose. Ils ne recevraient pas quelqu'un en sachant que, par manque de temps, ils ne peuvent poursuivre avec lui. Ils ne poseraient pas la main sur l'autre sans prendre acte qu'être de parole et de désir tout comme lui, partant doué d'inconscient, il n'est pas une chose, ni même strictement une personne, mais un sujet divisé. Ils ne jouiraient pas de la volonté d'unifier ce qui est le fruit de la division : notre naissance elle-même. Ce qui ne veut nullement dire que le contact psychotactile n'ait pas un effet de confirmation dans le repos de la présence, de sécurisation dans la confiance parlante du contact, d'affermissement générant et régénérant, de vitalisation du désir d'être pour des vies

28. *Ibid.* p. 307, jonction soulignée par moi.
29. *Ibid.* p. 308.

empêchées, de retrouvailles d'une sécurité de base malmenée, perturbée ou même perdue. La pacification subjective de l'abandon aux bras de l'Autre constitue le point le plus saillant de cette pratique, « un s'abandonner » où se vit le possible de ce que l'on croyait ne devoir jamais arriver : notre naissance de parlant.

De ce réel, Winnicott approche les bords avec la rigueur de l'exigence analytique : « La seule chose réelle est la lacune, c'est l'absence, la mort ou l'amnésie » et « nous parvînmes à mettre cette idée en mots en disant que la chose réelle est la chose qui n'est pas là », écrit-il dans *Jeu et Réalité*[30]. Il ne dit pas à son patient qu'elle est ailleurs. Elle n'est pas là. A partir d'une parole autour de cette lacune, qui reflue comme un fleuve à sa source, se tressent le proche et le lointain, l'émergence de l'Autre, une affirmation qui se pose en traduction, faite de lecture sur fond d'absence essentielle. Vaste labour du silence ouvrant et dépliant du soc du langage la terre de parole, l'obscur et l'ouvert, ce lieu de gésine des textes de Rainer Maria Rilke ou Marguerite Duras, André du Bouchet ou René Leynaud, Chantal Chawaf ou Jacques Lacan. Et tant d'autres encore. Et qui nous touchent en leur parcours et traversée.

Ce qui se passe avec l'objet transitionnel — et l'appel de jeu qu'il tient de la pulsion invocante —, c'est comment l'espace de la séparation mère-enfant, se transforme en faisant de ce lieu lacunaire (*gap* en anglais) un espace de réunion métaphorique, au lieu et au temps où s'inaugure la séparation. Winnicott vient à cette élaboration par le côté négatif des relations de certains de ses patients pour qui la mère est morte, psychiquement, la seule chose réelle étant ce *gap*, ce trou, cette lacune, mort, absence ou amnésie qui mobilisent entièrement ce qui est vécu. Vécu de dépossession : « Tout ce que j'ai, c'est ce que je n'ai pas ». Cette lacune non bordée empêche en fait toute élaboration de la perte qui rendrait possible une rencontre. Ce peut être aussi la voie même de l'appréhension, sur fond d'envie ou de jalousie, du monde ou de son histoire, ainsi que l'écrit l'actrice Liv Ullmann : « On dirait que seul ce que possèdent les autres est réel » et, « j'oublie maintenant, à quel point elles sont *réelles* ces expériences de l'enfance que nous, adultes, disons imaginaires… Le nom que nous donnons à tout cela est une manière de ne pas appeler les choses par leur nom »[31].

Perte à demeure

Il y a dans certains écrits féminins comme « une sorte de ruissellement de vide autour des mots, comme si le réel les organisait lui-même en mettant en

30. Payot, p. 36.
31. In *Devenir*, Livre de poche, n° 5282, p. 39.

forme de trous les bords de leur proximité d'écriture » écrit Christiane Rabant[32]. Pareille écriture, où le proche et le lointain donnent un caractère fractal à cet ensemble mouvant, évoque la constitution plurielle des bords. La contiguïté y est première et le corps pose sa prégnance. De ses portes, il sort de la douleur, avec le constat d'une perte inéluctable, dont rien ne témoigne, hormis une souffrance du corps que le démembrement ou même le pourrissement dé-font, dé-composent[33]. C'est à un tel champ de ruine qu'ouvre *Rétable la rêverie* de Chantal Chawaf : « Les débris, le mucus mouillent l'air, le petit marche, l'enfant comme l'appel hululé d'un adulte malade, comme le grelottement de se coucher, décharné, en position embryonnaire, sous la voûte crânienne, à l'emplacement de la lésion »[34]. Dans ces incessants battements entre la Chose et l'Autre, les trous du corps peuvent s'ouvrir en orifices. Ce que nous appelons choses (*Dinge* écrit Freud), ce sont des *restes* qui se soustraient à l'opération du jugement, celui de la parole elle-même qui les a séparés. Comment dès lors une contiguïté peut-elle poser une unité, c'est-à-dire faire bord, lieu où peut s'inscrire un contact ? La possibilité de constituer le toucher en écriture pose un bord où se donne la disparité temporelle de la Chose disparue du mouvement même du circuit pulsionnel. Bord de perte où la proximité appelle à « penser » le trait qui constitue un bord non comme une cohésion perdue, mais « comme la trace d'une irréductible déliaison temporelle du contigu » écrit encore Christiane Rabant[35]. Déchirement entre la Chose et l'Autre. Ce qu'une femme, comme à la mémoire de l'enfance, découvre au corps de l'Autre, c'est une proximation pénétrante et non fusionnelle, une efflorescence de sensations plurielles du rythme à cette proximité déchirée de la Chose, non pas tant innommable que demeurant innommée — à constituer comme telle — et à cette altérité sans cesse relancée du corps où les temporalités et les espaces se font proximes. Autres en vérité. Cette jouissance, comme chez Aristophane, prend part « au lacunaire des nuées fractales ». Toute combinatoire s'ouvre sur le fond de la discontinuité. Elle ne va pas sans contexture.

Marcel Mauss dans l'*Essai sur le don* met en évidence ceci : dans tout échange, il y a un temps de perte radicale. Donner, échanger, s'effectue autour d'un point de faille, au point que le don fait vaciller le donateur et le donataire. Il implique un écart qui voue chaque partie (donner-recevoir) au péril symbolique de son acte et dit-il : « Ces échanges et ces contacts entraînent en leur tourbillon, non seulement les hommes et les choses, mais les êtres sacrés qui leur sont plus ou moins associés » (p. 167). Ce don, dans le potlach, va jusqu'à la destruction de ce qui est donné, destruction réelle faisant vibrer la limite d'une annulation symbolique, en tant que cette destruction est la figure même

32. *Encyclopaedia Universalis*, Art. « Féminité et Psychanalyse », 1980, p. 604 c.

33. Cf. ce que nous avons dit ici de l'inceste.

34. Ed. des Femmes, 1974, p. 7.

35. *Ibid.* p. 605 a.

du don. L'échange implique la perte du figurable qui en est le véhicule. Mais qu'est-ce qui hante la chose donnée ?

Dans l'expérience du contact dont nous parlons, il ne suffit pas de poser le don comme don de soi, transvasement de présence, selon la loi des vases communicants et de la matérialité. Je te donne et tu prends, c'est-à-dire que tu ne reçois pas. Cela reste vaseux. Il convient, dans l'intimité du contact, d'articuler le figurable et l'infigurable, le tangible et l'intangible, et leur fracture, à la lumière de la fonction signifiante issue du symbole : fraction et réunion. Il n'y a donc pas un modèle tout fait à appliquer comme une technique répétitive. Mais toute pratique nous porte à inventer. Non pas pour faire preuve d'originalité. Mais pour façonner l'outil à notre main. Non pas pour nous démarquer ou nous faire remarquer, mais pour accueillir dans la particularité de notre être les dépôts du transfert où se livre une transmission. Une transmission en vérité suppose que le *transmis* se mette en travers, c'est-à-dire nous sépare du maître. Nous en sépare dans les identifications à la valeur de sa personne, à son savoir et à son savoir-faire. Apprendre est une affaire de parole et non pas de savoir transfusé. Nous en séparer, car notre manière de faire diffère nécessairement de la sienne, n'étant pas lui. Nous en séparer pour ne pas entériner la colle institutionnelle où l'agglutinement — qui s'intéresse à la gloire ou au fric — prend valeur de vérité, dans la répétition mortifère, digne d'un ara, de la toujours même chose, où règnent mensonge et hypocrisie, où, à terme, il s'agit d'être bien d'accord et de connivence fétichiste sur tout, pour que ça ne parle pas.

La pratique ouvre sur une question : comment inscrire et recevoir la jouissance de l'autre sexe ? Car il y va aussi du rapport homme-femme et comment se conjoint-elle avec l'inscription de sa propre identité ? L'expérience de l'accouchement est une expérience de perte, celle de la fin de l'état de grossesse, et de séparation, dans la passe d'un danger subjectif où battent et palpitent, pluriels, les orifices du corps en archipel, laissés, tel Ariane, aux bords de la Chose, dont on ne peut que dire la perte. Et ce n'est pas rien.

Ce que reprend Chantal Chawaf : « La vie, au bout des mains, soudain, fait irruption hors des symptômes où elle était comprimée » et « c'est bon de toucher parce que ça vit »[36]. *Ça vit*, il y a jouissance de la vie dans le corps, ouverte au contact de l'autre. Lacunaire présence de la vie, intangible et réelle. Ecouter les femmes enceintes, c'est interroger ce qui dans la jouissance du corps constituerait une altérité, ferait *partage* entre maternité et féminité, entre le corps de la femme et un autre corps. Retour à l'enjeu d'écriture. Comme une matière travaillée à la paume de la main, « chaque texte est une nouvelle façon d'approcher l'écriture et de ré-inventer le visage » écrit-elle[37].

---

36. *Chair chaude*, Mercure de France, 1976, pp. 24 et 28.
37. *Ibid.* p. 78.

La main des mots circonscrit le séjour des humains. Un séjour jamais totalement à jour. Un séjour jamais à jour à l'horizon duquel je puis être et m'annoncer. Un séjour en moi déjà constitué quand j'approche l'autre et entre en contact avec lui, sans quoi mon toucher est de la nature du viol. A ce partage du séjour, en cet horizon commun — qui nous rend à notre altérité et à notre singularité –, il convient de demander à l'autre *l'autorisation*. Gravité de l'instant. Ne serait-ce, avant d'adresser la parole à un nouveau-né, que de s'enquérir s'il est prêt à écouter, à nous écouter, dans cet espace, entre nous, où la possibilité de recevoir la présence de l'autre s'engendre du tissage de ce possible, dans l'entrelacs du porter où les mots et les mains dressent la texture de la rencontre. Lorsque l'enfant est prêt à passer des bras de sa mère à ceux d'un autre, il tend les bras vers celui qui l'accueille. C'est dans le ménagement de ce passage à l'Autre qu'il trouve vie, et la valeur accueillante de ses propres bras s'ouvrant à l'autre. Et c'est dans l'établissement de cet accueil qu'il peut être *hébergé* dans un monde vivant, et non pas déplacé comme une chose ou transporté comme un paquet.

Horizon

Dans notre marche de parlant, le monde se forme pour nous comme une continuité glissante d'horizons qui se dérobent à la saisie. Telle est la fonction de l'horizon : une dérobée qui arrête et suspend la contemplation du paysage. Nous avançons, et notre traversée ne cesse de renouveler les horizons dans un paysage en constante transformation. La vitesse du TGV en donne une idée. La naissance fait de nous des *arrivants* à qui le contact s'impose. « Et les doigts de ma peau comme s'ils étaient ma vue, dans le cœur qui bat encore, *me montrent un chemin* où l'affolement crie à travers le trajet des fibres dans le nerf, à travers la sensibilité tactile, à travers les fonctions cérébrales, à travers l'audition, à travers la vision », écrit encore Chantal Chawaf[38]. Cinq fois de suite, la locution prépositive *à travers* rythme cette phrase.

Horizon. La plaine marquée des ruptures de lignes : buissons, chemins, clôtures et murailles. Ce vent qui affole les branches et secoue les prunes mûrissantes.

En quel horizon situons-nous notre pratique ? A quoi l'adossons-nous ? Au nom de quoi ou de qui la posons-nous ? Car l'horizon, notre *sise*, vient de la spatialité, d'une appartenance à un espace subjectif du fait de notre corporéité. Horizon paraît être clôture (ὁρίξει), mais il est ce dans quoi nous partageons l'humanité, non seulement borne, mais ce qui me met *hors de moi*, avec l'autre. Le bébé, issu du sein maternel non « horizonné » pour lui, mais le contenant, a

38. In *Maternité*, Stock, 1979, p. 31, souligné par moi.

pour premier horizon un berceau, un couffin, un landau[39]. Certes, matériellement. Mais sa voix porte en l'Autre son cri, et la venue de l'Autre l'entendant crée pour lui l'horizon de bras humains dans lesquels il apprend à parler. Bras qui le tiennent. Genoux qui l'accueillent. Epaules qui le portent. Autant de lieux du corps parental qui « l'horizonne » à notre humanité. L'horizon se constitue dans la perte du sein maternel porteur. Sans quoi, il serait voué à la nostalgie d'un Eden supposé de jouissances absolues. Or, le paradis n'est pas de ce monde et pas davantage dans le lieu par où nous passons pour venir au monde. Coupure et alliance. L'interdit de l'inceste crée pour le sujet parlant un horizon. C'est la césure et la clôture ombilicales qui ouvrent nos sens à l'horizon du monde en lequel est sise notre vie. Site et séjour où la partition de la Chose et de l'Autre nous porte à l'invocation des Noms. Appeler un enfant de son nom, c'est lui donner pour horizon de vie, un autre ancrage que les seins maternels, c'est lui donner le langage pour horizon et la parole pour fondement.

Le contact est un acte de la chair. Quels rapports entretiennent, au sein du contact, la chair et l'acte ? En quoi la chair est-elle offerte à la vérité et à la dimension d'un acte ? L'humanité s'engendre à travers la chair que nous avons à souffrir, dans le sexe que nous portons et par le nom à qui nous appartenons. Souffrance, portance et appartenance signent notre condition d'êtres parlants sexués et nommés, souffrant non seulement dans notre chair et de notre chair, mais souffrant la chair elle-même. Ce qui fait acte dans la chair, c'est quand notre image charnelle (inconsciente) se trouve être requise et risquée dans la relation avec un autre, sexuellement parlant, mais non exclusivement. Un sujet nommé — et la nomination de l'autre est essentielle au contact — risque son désir par la médiation de la chair.

Chair *infans* — et non moins vagissante. Le premier trait de la chair native est un cri sur lequel vont se poser le nom et le souffle de l'entente. Voilà la chair en acte de parole — et la quérant. Et le corps en contact de l'autre ne cesse d'être là, hors d'atteinte. Entre les humains, ce n'est ni le sexe ni la chair qui font rapport, mais la parole. Ce n'est pas sexe à sexe, ni chair à chair, mais par la médiation du sexe et de la chair, ça parle en nous et entre nous, entre deux dans l'intimité du sexe, dans l'intimité de la chair. L'inceste consiste à poser l'existence d'un *rapport manuel*. C'est la main-mise qui ferait la relation et non la parole par qui « la vérité de l'homme se dit dans la chair » (Denis Vasse).

Le bébé bouge dans le ventre maternel, la chair du ventre en prend les rondeurs et les bosses, les soubresauts et les cabrioles. Les entrailles maternelles s'émeuvent de la vitalité de la vie. Et le bébé, dans les appels de la chair, parle. Il ouvre la bouche de celle qui le porte et de ceux qui l'attendent. Il donne la

39. « [...] quand pour moi tu n'avais pas d'autre visage que l'utérus où j'étais ton fruit, après m'être implantée, après m'être fixée solidement sur ta paroi [...] », écrit Chantal Chawaf, in *Blé de semences*, Mercure de France, 1976, p. 87.

vie à la force langagière dans la bouche des autres quand les mots de sa chair en corps de femmes *disent à* ces autres *quelque chose*. Au-delà de toute image. Par delà tout dicible.

Nous en sommes émus. Car dans cette intimité de tactilité sensible et ressentie entre mère et enfant, c'est la vie qui livre les mots pour la vivre. Ici prend corps la vie d'un engendré dans la personne d'un enfant. Cette chair est l'horizon de notre monde. Expansion de la chair, en ses matières et sécrétions, portées à la dimension signifiante par l'œuvre du symbole.

LE TACT

> *« — Je comprends, dit Bouvard, le Beau est le Beau, et le Sublime est le très beau.*
> *— Comment les distinguer ?*
> *— Au moyen du tact, répondit Pécuchet.*
> *— Et le tact, d'où vient-il ?*
> *— Du goût !*
> *— Qu'est-ce que le goût ?*
> *On le définit un discernement spécial, un jugement rapide, l'avantage de distinguer certains rapports.*
> *— Enfin le goût c'est le goût, — et tout cela ne dit pas la manière d'en avoir ».*
> Bouvard et Pécuchet

Si le tact est le sens de ce qu'il *convient de* faire ou de dire, dans la relation thérapeutique, il intéresse le contact et le temps. Cette faculté de « sentir avec » (Sandor Ferenczi) où le patient connaîtra « une impression de *bonté* » tient à la fois du contact maintenu lors de ce qui est vécu ou revécu, du maniement pertinent du temps et de la manière de communiquer au patient. Lacan insiste sur la valeur de ce temps juste : ni trop tôt ni trop tard. Faire preuve de tact, c'est aussi mettre en acte une manière d'être et de faire, une délicatesse et une mesure qui *interprètent* les tacites tactiques du tactile. Tout acte convoque le tact.

La touche de l'interprétation dans le contact dérange un ordre. Elle dissémine l'établi. Elle accomplit une dispersion du savoir dans la paume de la vérité. Elle opère plus qu'une simple discontinuité entre deux êtres distincts, s'avérant distingués de par elle. Elle provoque leur *disruption*, plus vive qu'une coupure. Elle instaure une résonance, comme une onde de choc entre deux existants, mettant les partenaires, associés-dissociés, en relation avec un *objet fractal* interne au langage et aux effets de discours, dans le mouvement ondulatoire de l'équivoque. Le tact d'une interprétation est d'être fragmentaire — par nature — la globalité serait savoir, savoir supposé de l'Autre auquel serait attaché le sujet.

Le champ flottant de notre écoute suscite la venue d'un champ fragmentaire fractal, fait d'interruptions et d'irrégularités, propre à l'émergence non calculable de l'inconscient. Point *d'altérité dans le sens* (Claude Rabant), le signifiant est un point catastrophe d'ébranlement du message, un point labile de déséquilibre et de dissémination. Le tact interprétant est ce qui nous permet de parler, en main-tenant le contact, dans le rythme transférentiel des surgissements de l'inconscient. Le tact est une forme de la persévérance. Il est ce qui nous permet de ne pas baisser les bras dans la reprise traumatique des séductions et des traumas. La pratique est une pratique de l'*instant*, où peut toujours apparaître un point de catastrophe, où le lien du souffle et de la parole est bousculé, où le fond de silence d'où se saisissent les paroles risque son anéantissement. Fractalité à tenir qui ouvre l'île close du fantasme à la traversée du désert, tendu que nous sommes entre l'adresse à l'autre et sa réponse.

Cette turbulence tourbillonnaire, en quête de stabilité relative et pleine de mouvance, a été fort bien saisie par T.S. Eliot dans le premier des Quatre Quators (1936-1942), intitulé *Burnt Norton* :

« *At the still point of the turning world. Neither flesh nor fleshless ;*
Neither from nor towards ; at the still point, there the dance is,
But neither arrest nor movement. And do not call it fixity,
Where past and future are gathered »

qui pourrait approximativement se traduire ainsi :

« Au point-repos du monde qui tournoie. Ni chair ni sans chair ;
Ni [venant] de, ni [allant] vers ; au point-repos, là est la danse ;
Mais ni arrêt ni mouvement. Et ne l'appelez pas fixité,
Où passé et futur sont rassemblés »[40].

Le sens du tact faisait être en contact avec leurs patients, métaphoriquement et littéralement, des analystes tels que Michaël Balint ou D.W. Winnicott, qui fit des conférences sur ce sujet, mais ne publiera pas ses propos. Les lettres à Clifford Scott du 27 janvier 1954 et au docteur Dahlberg du 24 octobre 1967 en témoignent. La poignée de main à l'entrée et à la sortie, l'accueil de qui vient contre nous, où la main posée, la main tenue, autant de traits de tact qui gardent la pratique dans une humanité où ne sont pas confondus le tabou du toucher — protecteur et défensif — et l'interdit du toucher, dont la levée ponctuelle permet passages et avancées, dans une interprétation du *handling*, c'est-à-dire de la façon dont un sujet a été manipulé durant son enfance — *manipulation* de son corps à croiser au *maniement* du langage, corps et nom réunis — et une reprise dans un *holding*, dans le fait d'être *main-tenu* dans le bain d'un environnement symbolique porteur. La manière dont une mère manipule *(handling)* et porte *(holding)* son enfant creuse le lit de ses pulsions, interprète après-coup sa naissance et le porte à vivre sa vie de respirant. La peau enregistre la privation de l'état-temps prénatal, et le relais du peau à peau, peau de bébé à peau de mère distinctif, enjoint l'enfant à la découverte progressive

40. In *Poésie,* Ed. Bilingue, Le Seuil, 1976, 160, traduction modifiée.

des éléments nouveaux du monde dans la continuité d'un contact sécurisant. Il y va de la *fiabilité* de l'autre et dans l'autre, de la vérité donc. *Holding* métaphorique et littéral où l'on pourrait dire qu'une démarche thérapeutique consiste à se laisser porter dans les bras de la Parole pour naître à sa vérité d'être de désir.

Theodor Reik disait que le tact « exprime une certaine adaptation de notre rythme personnel à celui de notre entourage ». Notre attention à l'autre et à son état se trouve être soutenue par l'intelligence du cœur, notre écoute des motions pulsionnelles à l'œuvre à ce moment-là, la prise en compte de « notre imbrication inconsciente dans le rythme pulsionnel de l'autre » (Reik), la portée pulsatile de notre souffle. Certains patients veulent être contre nous pour entendre battre notre cœur et nos poumons, pour être en contact avec un vivant, avec la vie dans ses rythmes. Ouvert à l'Autre, au nom et à la division de la scène autre, nous leur donnons en retour à entendre, et à sentir, dans une proximité tangible ou une distance qui n'est pas sans toucher, le rythme et la mesure du symbole qui fait l'homme.

La portée du tact est donc sensorielle et musicale. Elle participe de l'attention portée à l'autre, de l'attente de sa venue, de par nous, au vrai. « Interface sensible » (Pierre Fédida) de la dimension du ressentir dans une juste place et dans l'incidence temporelle reconnue du rapport de la parole au silence. Attention à ce qui ne se touche ni des yeux ni de la main, ainsi qu'aux variations physiques et psychiques de l'autre où résonne son histoire. Ecoute modulée dans la lecture du texte du corps, cette lecture écoutante, cette écoute lisante ouvre le corps à sa lisibilité comme texte — tel que l'acteur sur la scène d'un théâtre peut être amené à *interpréter* un rôle — c'est-à-dire à donner voix au texte en le donnant à entendre.

La saisie conceptuelle de la main

> « *Ce que j'ai eu en main, n'est-ce pas un leurre ?* »
> Isaïe, 44, 20

> « *Mais la main de l'homme travaille* ».
> Chantal Ravel

« La main a saisi la première ressemblance. Réellement saisi, manipulé. Et ce fut le geste qui ouvrit le corps aux images, quand le doigt reconnut son complément dans un morceau de bois », écrit Bernard Noël[41]. « Et nous n'excluons pas que les gestes premiers aient inspiré nos représentations, nos théories », ajoute François Dagognet[42]. L'interdit de toucher et de venir au contact ne se

---

41. In *Journal du regard*, POL, 1988, pp. 29-30.
42. *Op. cit.*, p. 20.

réfère pas seulement au toucher réel d'un objet ou d'une personne, mais concerne aussi le contact de pensée, comme figure de la maîtrise. Il y va de la quête épistémologique de la main qui cherche à saisir, qui s'ouvre au monde et aux autres. Une des perturbations de la schizophrénie tient à une défaillance dans l'appréhension de la surface des corps qui prennent une facture de passoire, de béance, d'ouverture sans bords ni filtrage ; la peau n'est que trou et trouée, ce qui expose le sujet à l'indistinction de lui-même et du monde. C'est par la spatialité du toucher, qui garde toujours implicitement une marque corporelle, même au figuré, que nous saisissons la coexistence avec les autres et les objets. C'est ce que le peintre tente de tenir sur la toile : ne pas figer dans la fixité de la matière le mouvement accompli, le fruit du geste et de la vision de l'artiste, leur rythme. Nicolas de Staël, dont les œuvres se regardent avec recul, expose cette double scène de l'avant et de l'ailleurs où vibrent la puissance tactile et l'épaisseur de la chair du monde. Il y va d'une représentation où l'image sur la toile souffre le martyr non pas de son indestructibilité comme chez Sade, mais de sa figuration. Comme dans une sculpture (Henry Moore, Antoine Poncet par exemple), « le quotient de profondeur se double d'un *gradient d'ouverture* » (Maldiney). L'art, surgissant de la main des profondeurs et des traversées, est nécessairement *abstraction*. Le visible sort de la main du peintre ou du calligraphe. La fonction *tractante* du geste, procédant entre attraction, abstraction, sous-traction et rétraction, consiste à faire apparaître une forme issue d'une matière qui prend vie. Le poème est d'avant le poète disait René Char.

Notre main ne tient au corps que parce qu'il existe le mot main dans le langage, alliage et alliance de la chair et des mots. Alliage du corps subtil qu'est le langage au corps substantiel des chairs. Alliance de la parole incarnée dans le corps d'un sujet nommé. Francis Ponge dans sa *Première ébauche de la main* s'en amuse lorsqu'il écrit : « L'homme a ses bielles, ses charrues. Et puis sa main pour les travaux d'approche... Servant à prendre ou à donner, la main à donner ou à prendre ». Accorder la main, c'est la donner. C'est la donner à l'œuvre de la création. Comment ? En mettant la main à la pâte, quand cet organe a fonction de parole. Travail toujours manuel, où ne cesse d'affleurer la métaphore économique : combien tu touches ? (paie) répondant de comment tu touches ? (palpation), alliant ainsi le côté palpable de tout commerce humain « à la racine du langage et du ressenti ».

Que les signifiants soient façonnés par l'homme, plus encore avec ses mains qu'avec son âme, c'est ce que Lacan illustre avec l'art du potier[43], lequel révèle du vase son usage comme ustensile, sa forme signifiante ayant la vertu d'introduire dans le monde le vide et le plein. Le vase ainsi créé caractérise l'in-

43. In *L'éthique de la psychanalyse*, Le Seuil, 1986, p. 144 sq.

carnation de la fonction signifiante, en tant que le vase est fait à partir d'une matière. Un vase a la particularité d'être un objet fait de mains humaines, portant en son sein l'existence du vide (la Chose), le potier le créant à partir du trou. C'est *à partir* de la Chose impossible à imaginer que nous façonnons des signifiants. De là, ce qui est un centre est aussi extérieur. Et la fabrication des images (idoles) qui dérive de la fonction signifiante évoque « les mains mères des idoles » *(manus matres idolorum)* pour le dire avec Pierre Legendre.

Du creux de la main, de la saisie à pleine main, de main de maître, du cousu-main, à travers de telles expressions, l'homme en vient aux mains avec les mots pour donner corps aux choses. *La saisie conceptuelle* se fait par la prise en main signifiante de la matière du langage à un objet donné, l'érigeant de la glèbe des mots. Main aussi à l'origine de tant de mouvements et d'actions. Pour le dire avec Paul Valéry : « La main bénit, gratte le nez ou pire, tourne le robinet, prête serment, manie la plume ou le pinceau, assomme, étrangle, presse le sein, arrache, caresse, lit chez l'aveugle, parle chez le muet, adjure, menace, accueille, fait un trille, donne à manger ou à boire, se fait compteur, alphabet, outil, se tend vers l'ami et contre l'ennemi ; et tour à tour, instrumentale, symbolique, oratoire, mystique, géométrique, arithmétique, prosodique, rythmique, acteur universel, agent général, instrument initial » (1938)[44].

La solidarité du toucher-saisie et de la main est déjà posée par Aristote quand il écrit : « La main est l'instrument des instruments »[45]. Il met dans la main l'intelligence et l'esprit de *l'outil*. Les cinq sens œuvrent dans l'outil et dans le travail de l'homme. Bien prendre en main son outil, le faire à sa main, permet de fabriquer les choses *(homofaber)* et de manier les concepts. La subtile présence du Vide porte le pinceau-encre du vieux chinois ou comme le dit Gaston Bachelard à propos de Flocon, le graveur : « Tout ce qui a forme d'une main prend une valeur d'outil ». Sous la « main œuvrante », la matière est le premier adversaire des « poètes de la main » prise au ravinement de la matière dans la gravure. Si, pour le dire avec Bernard Noël, « la main qui saisit, extériorise », « pourquoi la première pensée ne serait-elle pas née dans la main, à l'instant où celle-ci a augmenté le corps d'un outil : bout de bois, os, caillou ? »[46].

Harry Blum, cité par René Thom (1980, p. 266) émet l'hypothèse que toute perception d'un objet implique une recherche immédiate et implicite de la meilleure *prise* manuelle de cet objet.

La conception, comme concept et perception, en appelle à un saisir : « L'immanence du connu au connaître est déjà la *pratique incarnée de la mainmise* » (Lévinas), laquelle appartient à l'unité du savoir. Pour Husserl, les leçons les plus abstraites de la science commencent dans le « monde de la vie »

44. *Op cit.*, t. II, p. 1431.
45. In *Péri Psuchès*, III, 8, 432 a 1.
46. *Op. cit.*, pp. 78 et 30.

et se réfèrent aux choses qui sont à la *portée de la main*. A portée de main est une expression conjuguant la portée et la main, l'acte et l'organe.

La main et le concept. « La main est l'organe de saisie et de prise, de première et aveugle prise dans le grouillement », écrit E. Lévinas[47]. Elle rapporte à moi des choses arrachées à l'élément, pour la satisfaction vitale des besoins, le travail et la création. Le mouvement économique de saisie et d'acquisition se dissimule dans les *traces*, les *déchets* et les ouvrages : ville, champ, jardin ou paysage. Cette main œuvrante et ouvrageante se met au travail. Elle crée des formes par information de l'informe. Nouveauté du créé. A fleur d'homme. A proportion de corps dont la main garde toujours référence : main de corps d'homme qui prend et comprend, reconnaît l'être suspendu qui ne s'use pas dans la jouissance. « La main *comprend* la chose, non pas parce qu'elle la touche de tous les côtés à la fois (elle ne la touche pas partout), mais parce qu'elle n'est plus un organe de sens, pas pure jouissance, pas pure sensibilité, mais maîtrise, domination, disposition »[48].

Si la possession prolonge notre corps, et l'enfant joue de pareille prise pour se construire, c'est dans la mesure où le corps est sis en demeure d'être. Nous avons prise sur notre corps en tant que suspendu à une habitation, rigoureusement de l'Autre. Non seulement corps habitant, résidant, mais corps habité, assigné à la demeure du nom. Lorsqu'un sujet se plaint de ce que son corps n'est pas *habité*, c'est qu'il n'est pas habitant. Il est sans demeure, sans abri, non domicilié. Il n'est pas fait pour le désir, non constitué en maison, avec seuils et ouvertures, portes et fenêtres. Les portes du corps, neuf du genre, sont lieux de passage et d'entrée. Il est, non habitant, non habité, comme au retrait du désir, de ce que l'intimité de son cœur n'est pas constituée en foyer du désir. Nul âtre allumé où brûlent le feu du désir et la mémoire des pères.

La possession saisit l'objet, et le conteste par là-même, mais si l'*horizon* est constitué à *l'orée*, à partir de la demeure, la possession découvre un monde, celui de la contemplation. Ce que la main saisit, à partir de la demeure qui donne corps, apparaît comme posé : *s'expose*, sous le regard d'un corps, régime sous lequel s'exerce la séparation de celui qui jouit d'occuper une place. « La main est par essence tâtonnement et emprise. Le tâtonnement n'est pas une action techniquement imparfaite, mais la condition de toute technique... Le corps en tant que possibilité d'une main — et sa corporéité tout entière peut se substituer à la main — existe dans la virtualité de ce mouvement, se portant vers l'outil » [49]. Le tâtonnement est par excellence l'œuvre de l'être séparé, c'est-à-dire demeurant quelque part, *localisé*, corporel, allant à tâtons.

---

47. *Totalité et Infini*, p. 170.
48. *Ibid.* pp. 173-174.
49. *Ibid.* p. 181.

Et nous voilà à même d'aborder l'autre : dans l'événement de la rencontre. Pour que je puisse être accueilli, contestant ma possession, littéralement, l'autre me prend en mains. J'accueille autrui qui se présente à la maison du parler en lui ouvrant la porte. Et cette hauteur d'où il me prend et me met en question puise sa vigueur dans le langage où le contact, dans la distance, fait rapport avec ce qui ne se touche pas dans le vide. L'hospitalité de l'autre est le fait du recueillement et celui de la séparation, l'établissement d'un *lieu* de rencontre, sa circonscription : aire dessinée d'un geste de la main, toile de tente au désert, igloo du Cap Nord, maison de paille, hutte ou cahute, building de Défense ou mas de provence, maison de verre ou de papier, maison de pierre ou de béton,... toute œuvre du langage et du symbole animant l'âme de l'homme.

Native humanité

Dans le geste de la main offerte nous est donné ce rien qui fait qu'il nous reste encore le reste de ce geste lorsqu'il ne nous reste plus rien, et plus encore le geste où reste et gite une mémoire d'autre. Perdue certes. Il n'y a rien à faire. Mais si vécue et rencontrée, demeurant à jamais là en nous. Non pas comme trace. Nous perdons le visage de l'autre avec le temps, la mémoire de sa main, le souvenir de son regard, et même le grain de sa voix. Mais nous gardons que *cela fut*. Cela aura été. Cela nous fut donné. Nous le gardons perdu en nous, oublié. Oubliée la voie ouverte quand nous perdons les pédales, le nord ou le cap. Oublié, tout ce qui nous fait vivre, ces bribes de saveur, ces éclats de toucher, ces fragments de mots entendus, ces portions de paysages pour nos yeux, le goût de vivre lui-même. Perdu tout cela qui fut et nous fit être.

Et cependant, recluse au fond de nous qui ne l'entendons plus, qui ne la voyons plus, qui ne la sentons plus, repose encore une parole recouverte des eaux de Léthé. « Dans l'aube impalpable du langage », elle peut être sans mots. Elle est toujours sans mots. Aucun mot ne la dit. Et pourtant chaque mot ne cesse de la dire. Jamais toute. Pas toute, comme une femme entièrement donnée, jamais possédée, nous laissant au contraire à l'étincelle du sans prise, au feu de la déprise heureuse, à la faveur offerte de la fervente reprise, au nouveau de toute surprise dans la beauté du geste d'aimer.

Si vrai est notre amour, nous aimons pour de vrai un nouvel autre. Nous aimons l'autre et le monde à nouveau. Avec de nouveaux sens et des mots nouveaux qui coulent de la treille du langage en paroles fertiles. Ce n'est pas un nouveau cru. C'est le cru du désir à nouveau vendangé. Le nouveau de l'homme en l'homme : que de nouveau le désir soit de la mise entre les êtres.

Non pas des choses nouvelles, mais d'autres gestes, ou les mêmes, revisités par la nouveauté de l'esprit. Nulle habitude, mais l'attente.

C'est dans ce corps mis à nu par les douleurs de la gésine que le creuset de la parole, eau et feu, air et matière, *s'ignifie* de nous établir dans l'humain de l'humain, l'humanité partagée, notre fraternité du prochain. La fraternité du prochain, même en humanité, brûle et consume toute image du semblable. Le frère tue l'idolâtre. Nous ne serions pas sans ce versement, « cette primitive donation » (Maurice Bellet) qui fait de nous des hommes, en corps, visage, voix et nom. Des mortels voués à l'éternelle vitalité du nom. Au plus clair du désastre, notre assignation de parlant assure le déploiement de nos pas sur la terre des mots.

Nos pas d'assoiffés désertent les sources et nos mains de prière construisent des veaux d'or. C'est vachement bien se dit l'humain. Mais orant d'or, c'est toujours de ses matières qu'il offre. Croyant donner le meilleur de lui-même, il ne fait que son besoin. Le merdique fumet de l'œuvre humaine en passe d'adoration dévoyée monte aux narines du Dieu, comme une moutarde de Dijon emportant de sa force les facultés de notre esprit. De l'or, toujours de l'or. En barre, en paillettes ou en feuilles. Cousu de fil d'or. De l'or à l'ordure, il n'y a qu'un pas qui échauffe les oreilles du Dieu, aux sens vulnérables, quoique lent à la colère.

Scène d'exode. L'homme n'est point de patience fait. Quand le prophète tarde à revenir, il ne sait plus quoi faire de ses mains. Il ne sait plus quelles chansons mettre à ses lèvres. Il ne sait plus de quelles danses animer les tressauts de son corps. Quand l'homme ne met plus ses mains à la pâte des mots pour faire lever les pains de la parole, il touille ses trésors pour en ériger des idoles. Il donne tout son or. Ils donnent tous, hommes et femmes. Et le fondeur frondeur coule un bronze de veau. Les enfants du Pays se revigoraient de menus plaisirs. Aujourd'hui, le chef leur propose de la tête de veau d'or, sauce ravigote.

Le Dieu n'aime pas les odeurs de cuisine, pas plus que les sacrifices du peuple à la nuque raide. Dur d'oreille le peuple, qui n'en peut mais, prévarique. Le chef implore et le Dieu ne fait point fondre son courroux destructeur. L'homme n'est pas d'or. Même fondu à la colère de Dieu, il ne donnerait pas un veau. C'est le Moïse en colère humaine qui attrape le bestiau, le brûle et le mout en une fine poussière d'or à boire. Un veau sorti d'un feu et parti en poudre de fumée.

Comment retrouver, sous le pré où paissent les vaches grasses ou efflanquées de nos fantasmes, le sous-sol du parler, les braises du désir ? Demeure-t-il encore, dans l'antre de la terre, une voix profonde qui nous appelle de notre nom ? Est-elle assez morte en nous la déité pour que le Dieu soit vivant ?

Un air de désir porteur. Placenta pulmonaire. Partager le pain avec son fils. Sublime reconnaissance. Oeuvre des mains, le champ labouré, l'engrais épanché, le blé semé, sarclé et moissonné, battu et moulu, l'eau mêlée et la pâte pétrie à la cuisson des heures. Oeuvre des mains encore que la sortie du four où la main du partage reçoit la chaleur de l'accueil. Avec notre fils, nous rompons ce pain de mains cuit. Je le reconnais, mangeant, vivant, fils de la parole qui nous anime et nous fait vivre. Fils comme lui de cette humanité reçue en partage dans cette fraction du pain. De cette humanité qui fait de nous un homme qui ne serait point tel sans la vocation du nom. Nous perdons le pain entier en le brisant pour le manger. Par cette fraction, nous communions à l'humanité une et nôtre. Entièrement humains d'une humanité dont nous n'avons pas la moindre idée. Car toute idée de l'humanité est totalisante et totalitaire. L'idée de ce que serait l'humanité en attente est le veau d'or de notre imaginaire cuit aux choux gras de notre volonté de tuer l'autre homme.

Nous nous mouvons dans le désir de reconnaissance. Et celui-ci meurtrit en nous la reconnaissance du désir en vérité, là où l'autre homme est Autrui. Notre vérité d'homme se brise là, à ce carrefour sans miroir. Ou plutôt à ce carrefour où tout miroir se dissout sur l'énigme de la Chose. Notre désir de reconnaissance du semblable va bon train. Nous chérissons les discours qui érigent la différence en principe ou absolu. Mais voilà que nos vœux se lassent sur la reconnaissance du désir qui le fait Autre à toute image reçue. Pour que cela soit, actif en notre esprit, une coupure a eu lieu, un jugement de parole écrite en dix Paroles, une série de *ne pas* qui s'adresse à mon *tu*. Ce frère en humanité à la vie de qui tient la parole, comme à la mienne reçue et donnée, est mon prochain. Il est au plus près, étant même en l'humanité reçue avec la vie. Il est au plus loin, en étant autre dans la singulière subjectivité qui est sienne. « Tu aimeras ton prochain comme toi-même ». Aurais-je le soin de mon frère ?

La sève de la parole circule dans les veines du parlêtre. Elle irrigue son cœur où elle forme l'oreille du parler. Elle traverse son ventre dont elle vivifie les gonades et les reins. Elle est là dans la turgescence de l'homme. Elle rend la femme humide. Elle se fait jouissance du don dans l'étreinte et ravissement du plaisir de s'être abandonné à l'autre. Elle est là dans les élans fragiles de l'être qui se conçoit, grandit et qui naît. Quand elle prend vie d'enfant à venir et à naître, c'est là qu'elle est la plus haute joie. La joie sans conteste et à nulle autre pareille pour qui consent à son acte. Nulle joie n'est plus grande que celle de la naissance.

La vie n'a qu'un acte : se donner. Et ce don fait notre vie. Ce don est notre vie. Notre désir d'homme est de donner la vie. Et tout, dans notre vie, s'y oppose et nous affronte à la mort : le corps de l'autre et le nôtre, la maladie et la faim, l'accident et la soif, le mensonge et la maladresse, l'insouciance et la désinvolture, le souci même et l'angoisse. Une volonté de non entendre. L'œuvre de la mort taraude notre être avec les autres. Elle envahit nos rêves de la nuit, menaçant même nos enfants. Nul abri pour cela. Ni couverture ni parapet. Et surtout pas les leçons de l'histoire qui font fi des puissances de la répétition. Pas davantage la crasse volonté que tout cela ne recommence pas. Car nous avons sous les yeux tous les jours les spectres et les affres de la mort toujours agissante. Elle décapite et affame. Elle tranche les gorges et assoiffe. Elle perce les cœurs et rompt les os. Bref, elle ensanglante et elle tue par la haine de l'autre homme, par la violence qu'elle fait à l'autre homme qu'elle emporte avec elle dans les charniers du temps.

Nous ramons. Nous ramons à contre-courant du temps de la mort. Nous vivons comme mortels. Cela ne fait pas peur. Ce qui nous atterre, c'est la force de mort en nous. Ce qui nous terrifie, c'est l'agissement de la mort en notre vie, jusqu'à notre cœur-même qui n'en est point exempt. Mourir ne fait peur qu'aux non-nés. Nous n'avons pas peur de mourir. Nous avons peur de mourir sans être nés. Nous avons peur de mourir sans avoir vécu. Nous n'avons pas peur de mourir en vérité. Nous avons peur de ne pas vivre. Désertique isolement du sans nom.

Dans le silence vibre le bruissement du lieu. Notre premier séjour est un concert de bruits divers, dedans le corps maternel et venus d'alentours. Notre peau se frotte et se forme au contact des membranes, notre vie s'accroît à la perfusion ombilicale, notre olfaction et notre gustation se développent au gré des saveurs du liquide initial, notre oreille reçoit déjà tant et tant de rumeurs de la vie. Frémissement de l'être.

Endormissement de l'enfant. On le dirait savourer l'aise du sommeil et la béatitude reposante de ces bruits familiers et familiaux. Parfois aussi, on le dirait sur le qui-vive, s'affolant de soubresauts et de trépignements. Il y a de la tendresse pour celui qui nous fait parler dans les rondeurs maternelles. Et la femme, geste du temps qui croît en elle, en a le visage éclairé. Jusque dans l'eau qui se retient dans son corps. Ses hanches, ses cuisses ou ses seins, et son visage aussi, s'arrondissent de l'heureuse pesanteur du bébé. Ce rayonnement de la présence n'exclut nullement le poids des jours, les soucis et les angoisses, la lourdeur des maux, mais il les place sous l'égide de l'*agapê* de la mise au monde.

Enfantement de corps ouvert.

Accouchement de peine humaine.

La chair malmenée de la mère célèbre la sortie du chaos, l'épuisement des images, l'arrêt des fioritures. Les sages-femmes disent qu'à ce moment-là une femme se révèle à elle-même, à ses proches. Autre scène, autre couleur, autre douleur. Passage. Naissance pour elle. Elles disent qu'il s'agit là d'un temps de vérité. Quand le corps de la femme enceinte est à la peine du travail de l'accouchement, le ciel habite la terre. Les bras des cieux recueillent l'enfant quand nos mains d'hommes lui offrent leur accueil et leurs salutations. Comme dans l'amour, mais tellement autrement, une femme qui accouche est défaite par l'acte dont son corps est le lieu. A perdre haleine. Et c'est cela qui fait douleur : la rupture du souffle et des entrailles agissantes, la discordance entre le ventre et les poumons, la striction des diaphragmes, le serrement du périnée.

Les matières habitent le sublime, les urines s'échappent au labeur parturient. Les selles sortent du rectum à la poussée de la tête ou du siège. Les sangs se répandent et les eaux déjà dispersées continuent leur suintement. Acte de la chair, l'accouchement livre le bébé à sa naissance, acte symbolique par excellence. Le symbole à l'œuvre est là dans le sublime de la naissance et le charnel de l'accouchement. Nous accouchons du symbole dans notre chair en travail. Nous naissons de la chair par le symbole en acte d'origine.

La Cerisaie du Lac — Les Deux-Chênes
mai 1995, décembre 1996

Annexe

Esquisse topologique

Le texte est traversé par une ligne de partage entre deux termes : la Chose et l'Autre. La parole fait l'homme. Et cependant existe un lieu où l'on n'accède pas par la parole. Nous le nommons la Chose. Sans dire ce qu'elle est, elle définit néanmoins l'humanité parlante à laquelle nous appartenons. Nous la rencontrons dans la figure du prochain. Elle est ce qui nous est étranger, tout en étant au cœur de nous-mêmes. Il est exclu de toucher à la Chose, et les choses commencent avec cette exclusion interne et inhérente à la subjectivité humaine. La Chose définit l'humanité en tant qu'on ne peut pas la définir. Elle est une ouverture que les idéologies et les totalitarismes voudraient remplir en disant, voire en édictant ce que doit être l'humanité. Pareille entreprise ne va jamais sans destruction d'une part de l'humanité jugée « irrecevable » : les Noirs, les Juifs, les Tziganes... Mais l'autre n'est pas seulement mon semblable. Il est aussi mon frère et mon prochain, sujet de la parole et du désir, en cela même.

La Chose est le fait que manquent les signifiants définissant l'humanité dont nous jouissons du fait d'être né et nommé, faisant valoir nos droits et nos prérogatives de sujet. L'Autre, comme lieu où la parole se pose entre humains et témoin de la vérité, est la marque de la parole dont nous sommes nés. Or, nous sommes séparés de ce dont nous sommes nés. La parole se dépose dans l'Autre en signifiants qui nous représentent. Telle est l'œuvre du symbole pour les humains.

Le complexe du prochain *(Nebenmensch)* s'établit dans le bain d'une détresse native *(Hilflosigkeit)* nous ouvrant, par le cri de naissance et de faim, d'emblée à l'autre et par lui à l'Autre. Freud distingue deux parts séparées par le jugement de la parole. La Chose donne une impression de structure constante et restant ensemble comme chose *(als Ding)* ; l'autre part est référée à ce que le corps propre annonce au sujet. C'est le lieu de l'image inconsciente du corps et de l'Autre. La Chose est la part perdue pour qu'existe l'Autre, ce lieu où le sujet se constitue. L'appartenance du petit d'homme à l'humanité s'engendre donc par l'opération d'un jugement *(Urteil)* séparant, dans le complexe d'autrui, ce qui est inimitable, la Chose et ce qui est imitable, repéré comme tel, animé de mouvements pouvant être compris, entrant dans le système des représentations. Comme l'Autre, la Chose n'est pas représentable. Elle est le terme qui permet la circulation des représentations, établissant le site de la perte avant que d'être représentation d'un objet quelconque. Elle est ce qui permet la représentation, et aux représentations d'être, étant exclue de celles-ci, n'en étant pas une.

La Chose n'est pas une chose parmi les choses, mais ce qui permet aux choses d'être et à un sujet de vivre. Innommable est la Chose dont renaît le désir, identique à lui-même, porté par le manque qu'elle ouvre, soutenu dans le trajet d'un sujet par les objets, du désir précisément.

Cette bipartition de la Chose et de l'Autre nous sert de guide pour saisir les « choses » du contact et du geste. Nous pouvons en donner le schéma suivant :

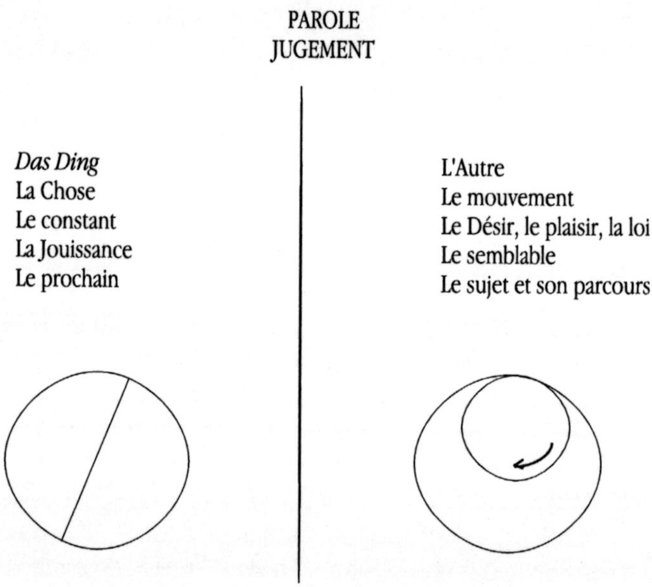

Le jugement de la parole sépare et prend valeur d'interdit

La peau est un réseau constitué de relations de voisinage et de différences définissant un espace topologique de points séparés et intimement reliés les uns aux autres. Les organes des sens s'y dispersent et s'y rassemblent, les bords du corps s'y déploient, les muqueuses côtoient des zones « sèches ». Alternances et variations s'imposent, jusque dans la structure des pores dont chaque bord a la propriété d'établir des éléments différentiels. L'espace topologique circonscrit par la peau est l'espace des relations différentielles qu'elle entretient.

Dans *Au-delà du principe de plaisir* (1920), Freud attribue au système Pc-Cs d'être situé à la frontière de l'extérieur et de l'intérieur, tourné vers le monde extérieur et enveloppant les autres systèmes psychiques. Son élaboration rejoint la théorie des localisations mettant le « siège » de la conscience dans l'écorce cérébrale. Le système Pc-Cs intéresse la limite et l'entour (un autour de) et « la conscience apparaît à la place de la trace mnésique »[1]. A partir d'une métaphore organique, Freud introduit la dimension du temps au sein de sa topologie par la notion de *limite fonctionnelle*. La conscience apparaît alors comme une limite laissant ouvert un devenir relativement à un passé et renvoyant à un temps antérieur à l'avènement du principe de plaisir-déplaisir, lequel règle le fonctionnement de l'appareil psychique. La conscience opère comme un intégrateur du temps donnant accès à l'intérieur, la trace mnésique se résolvant en conscience.

L'image d'une vésicule vivante à l'écorce modifiée par l'impact incessant d'excitations externes reçues à la surface lui sert de support. Il y a comme un bombardement d'excitations, et un frein mis à ce que celles-ci parviennent au cœur de la vésicule, d'où la constitution d'une sorte de croûte. Il y va d'une protection en *pare-excitations*, qui sacrifie sa couche la plus superficielle, devenant en quelque sorte anorganique, comme kératinisée (couche cornée de la peau). Elle fonctionne alors comme enveloppe qui tient l'excitation à l'écart. Les énergies du monde extérieur sont tamponnées, et seulement un fragment de leur intensité atteint les couches inférieures qui restent ainsi vivantes. Il s'agit de préserver l'appareil de l'envahissement qui le détruirait, par le biais de la mise en place de ce filtre mort. Une part morte à l'ensemble préserve l'ensemble de la mort. Cela se remarque dans une fourmillière assaillie, comme sur la peau agressée. Et Freud de dire que les *organes des sens* assurent une telle fonction, comme des antennes en relation avec un échantillonnage du monde extérieur. Il s'agit de ne pas se brûler les ailes au feu du monde.

Cette couche protectrice est à comparer avec la pellicule de surface des organes sensoriels dont la fonction est de *filtre*, tel que l'indice de réalité nous permette de « goûter l'état où nous sommes » (Lacan), de voir le visible, indice de réalité permettant à un sujet d'articuler des perceptions entre elles dans un monde. De même, la scène de l'inconscient est non seulement constituée de

---

1. In *Essais de psychanalyse*, Petite Bibliothèque Payot, 1981, p. 67. Les lettres Pc-Cs sont utilisées par Freud pour désigner le préconscient et le conscient en tant que systèmes.

pensées, mais de pensées articulées, jusqu'à l'identité des pensées pour le système préconscient et l'identité des perceptions pour l'inconscient.

Pour ce qui est de l'intérieur, il n'y a pas de peau. « Les excitations provenant des couches plus profondes se transmettent directement au système sans subir de diminution »[2], en même temps que s'engendrent les sensations de plaisir-déplaisir — c'est-à-dire des sensations qualifiées, impliquant donc le langage, servant d'index aux processus internes à l'appareil — et que s'édifie un mécanisme visant à traiter ces excitations internes comme venant de l'extérieur. C'est là l'origine de la *projection* pour Freud. Le pare-excitations apparaît comme un tégument et l'énergie des excitations externes est transformée à l'intérieur en conscience. Toujours *conscience de* pour Husserl.

Avec *Le moi et le ça* (1923), Freud fait un pas de plus. « La conscience est la *surface* de l'appareil psychique, c'est-à-dire que nous l'avons attribuée comme fonction à un *système* qui, spatialement, est le premier en partant du monde extérieur »[3], spatialement s'entend aussi dans le sens du découpage anatomique. Ce qui fait différence, c'est « la représentation spatiale, topique, des événements psychiques », écrit Freud, qui ne cesse de raisonner en termes de région, calotte, localisation et surface. La métaphore spatiale arrime l'élaboration du moi, qui a le plus grand rapport avec la surface du corps dont il dérive, non seulement sur le plan sensoriel ou sensible, mais comme surface réfléchie dans une forme, précisément toujours définie par une surface, ce qui fait dire à Didier Anzieu que l'espace a des propriétés psychiques et que « l'enveloppe psychique de base est une enveloppe tactile ». La particularité du toucher n'a pas échappé à Freud : le corps propre (et la surface de celui-ci) est vu comme un objet étranger, mais il produit au toucher deux sortes de sensations, dont l'une peut être assimilée à une perception interne. Dans la réflexivité du toucher, le sujet explore tactilement son corps avec une autre partie du corps, la tempe avec la main par exemple. La peau est percevante et perçue de l'intérieur et de l'extérieur, et ce, à la tempe comme à la main. Et Freud d'ajouter : « Le moi est avant tout un moi corporel, il n'est pas seulement un être de surface, mais il est lui-même la projection d'une surface »[4], dont l'analogie serait la projection du corps dans le cortex. Les choses se corsent quand Freud laisse ajouter une note de 1927 à la traduction anglaise disant ceci : « Le moi est finalement dérivé de sensations corporelles, principalement de celles qui ont leur source dans la surface du corps. Il peut ainsi être considéré comme une projection mentale de la surface du corps, et de plus, comme nous l'avons vu plus haut, il représente la *surface* de l'appareil mental »[5].

2. *Ibid.*, p. 71.
3. *Op. cit.*, p. 230, souligné par moi.
4. *Ibid.* p. 238.
5. *Ibid.* p. 238, note 1.

Freud parle là du moi situé dans une dimension proprement topologique et répondant de la dynamique pulsionnelle. Le moi dérive doublement de la surface : il est surface de l'appareil psychique et métaphore de la surface corporelle siège des sensations, mais par projection de cette surface. Projection dans le psychisme de la peau qui fait une sorte d'interface. Comment passe-t-on de la peau au moi ? Par une projection de surface sans omettre les médiations sensorielles.

Cet abord topologique des rapports du moi et du corps ne quittera pas Freud. Sans l'expliciter, il admettra jusqu'à la fin de sa vie un appareil psychique, différent du moi, ayant une étendue dans l'espace ; l'espace, à son tour, étant la projection de cet appareil. « Notre supposition : l'existence d'un appareil psychique à étendue spatiale », écrit-il[6]. Et encore : « Il se peut que la *spatialité* soit la *projection* de l'extension de l'appareil psychique. Vraisemblablement aucune autre dérivation. Au lieu des conditions *a priori* de l'appareil psychique selon Kant. *La psyché est étendue, n'en sait rien* »[7]. Comment sortir de plans purement projectifs où le psychisme serait un dedans limité par une surface (la peau) tournée vers le réel extérieur ?

La notion de *lieu psychique* est conçue par Freud sur le mode d'un instrument composé de systèmes ayant une orientation spatiale constante les uns à l'égard des autres. Le lieu psychique de Freud n'est autre que la dimension symbolique elle-même : le lieu par excellence de l'échange. En effet, si le moi s'inscrit au niveau de la peau, l'image de la peau fait partie du moi qui se situe *à la limite* entre le sujet et l'autre, prenant reflet des choses de l'autre.

Ces variations de surface concernent le rapport existant entre notre intérieur, psychique et l'identification qui répond à cette question : Comment quelque chose d'extérieur devient-il intérieur ? Extérieur et central. Le lien entre la conscience et l'inconscient s'établit par un système de passage, dont les orifices du corps, les organes des sens, filtres découpant la réalité avec du langage, et les pores de la peau notamment, assurent la métaphore. En effet, on ne passe pas de l'intérieur à l'extérieur et vice versa sans traverser un bord, une frontière, sans rupture. Les trous de l'organisme prêtent leurs bords à des constructions topologiques qui sont des organisations du trou et qui mettent en forme l'espace du trou, les évidements, les découpes et les forages. Au plan pulsionnel, la peau érogène est le lieu de la séparation du plaisir du contact. Elle se creuse d'absence, car elle est « le dernier lieu de contact où se souffre la séparation » (Dolto). De même, l'image au miroir témoigne d'un manque (- φ). Il s'agit de situer topologiquement l'objet *a*. Au regard de ce manque à

---

6. In *Abrégé de psychanalyse*, PUF, 1970, p. 71.
7. In *Résultats, Idées, problèmes*, 1938, t. II, PUF, 1985, p. 288, S. par moi.

l'image spéculaire, un objet n'apparaît pas au miroir. L'enjeu est celui d'une découpe entre une part de moi spécularisable, visible, accessible et une part non spécularisable, non accessible à l'image : l'objet *a*. Le nouage du moi conçu comme projection d'une surface à cet objet perdu insaisissable au miroir ouvre la voie au sujet par la médiation du fantasme et la mise du désir de l'Autre.

La conception d'un corps érogène requiert une érogénéité tournée vers le moi et une autre tournée vers l'objet, dont la peau se ferait métaphore d'investissement. Ceci laisse en suspens la question du moi comme objet, et celle de la peau comme organe — étalée à la surface du corps certes —, mais trouée d'orifices sensoriels, muqueux, excrétoires, respiratoires... répondant à l'intime de la vie organique et psychique d'un sujet du désir.

Cet « en creux » de la peau forée de pores si nombreux est exemplaire du pullulement possible d'infinis substituts. Rien ne ressemble davantage à un trou qu'un pore alors même que tous les trous ne sont pas des pores. Dans la névrose, un objet se substitue à un autre : le pied au pénis, les pores de la peau à l'organe génital féminin, mais dans la schizophrénie, le pullulement d'objets se substitue à un objet particulier. Or les pores pullulent dans la texture tégumentaire, d'où l'emprise dépeçante de certaines compulsions psychotiques visant à éradiquer cette multiplicité au profit d'un recentrage sur un tout, un trou unique, gouffre du sujet réduit à l'état d'écorché vif. Ce qui est à vif dans les chairs et l'esprit tient à la mise à mal du travail métaphorique encore à l'œuvre dans la névrose. Pour le dire avec Freud, la multiplicité des petites cavités des pores de la peau retient l'hystérique de les utiliser comme substitut de l'organe génital féminin. Trop nombreux, il ne les fait pas symbole du vagin, qu'il compare cependant à tous les objets dotés de cavités ou comportant un *espace creux*[8]. C'est l'usage métaphorique d'un tel espace creux, ouvert à même la peau, qui est forclos dans la psychose où la peau n'est que béance ou sac.

Sauver sa peau prend alors une valeur plus que réaliste quand elle se réduit à une peau de chagrin, à n'être que peau de balles ou se résume à « je te ferai la peau ». Un patient totalement occupé du mauvais état de sa peau, objet du regard permanent des autres, fait dire à Freud qu'« il joue son complexe de castration tout entier au niveau de sa peau »[9]. La pression des comédons — point noir, comme il en est de la circulation routière pour les bisons fûtés, fait de matière sébacée bouchant un pore sous le mode réputé de « manger » la peau (*comedere*) —, ouvre une cavité profonde. De ces cratères, dont il se reproche l'ouverture à se « tripoter ainsi constamment avec la main », surgit l'implicite référence à la masturbation. Pour lui, c'est la « formule cynique » qui

8. Cf. S. Freud, *Métapsychologie*, p. 115.
9. *Ibid.*, p. 114.

opère : un trou est un trou, quelle que soit sa nature ; innombrables pores ou vagin unique.

Notons au passage l'insistance mise par Freud à la *corporéité du langage*, que ce soit dans ses analyses de l'hystérie ou sa métapsychologie. Parler mobilise le corps du sujet et le corps du langage, ce en quoi *parler nous touche*.

« Notre peau est toujours ignorée » écrit Pascal Quignard dans *Albucius*. De fait, la peau est une surface ouverte. Les pores y sont au travail des limites et du souffle. La peau possède la profondeur intime du souffle et du contact. Elle rythme nos vies à la vitalité de la respiration. Vitalement. Les brûlures d'une trop grande partie de la peau altèrent sa fonction respiratoire et portent atteinte à la vie de la personne concernée. Surface trouée, lieu de cohésion et d'échange, elle rassemble dans la discontinuité percée de sa structure. En ce sens, le moi et la peau ne se recouvrent pas. La peau n'est pas de seule image faite. Ce qui ne veut pas dire que l'image n'ait rien à voir ni à faire avec la peau, sa surface, ses marques et ce qui s'y inscrit, ne serait-ce que cette différence imaginaire évoquée par Buffon : « Les femmes ont, entre autres avantages sur les hommes, celui d'avoir la peau plus douce et le toucher plus délicat ». A noter que l'auteur de *L'Histoire naturelle* allie la texture de la peau à la délicatesse du toucher. Plus subtile est cette remarque d'Antonin Artaud : « C'est par la peau que la métaphore entre dans l'homme ». Ce qu'indique la porosité de la peau, seuil et lieu de passage de l'œuvre du langage qui *subtilise* la vie charnelle de l'homme, en créant — c'est la vertu de la métaphore — une signification nouvelle qu'on ne rencontre pas dans le réel, pas dans le créé. C'est par la pénétration du langage que le sens nous vient aux sens.

L'intimité du Verbe et du son engendre la création, la musique naissant de l'air et dans l'air, air de flûte ou de désir ; l'espace visuel entrant en nous par les oreilles qui lui donnent sa profondeur ; l'espace tactile conférant volume aux choses et leur dimension dans le rythme berçant des paroles, quand la parole devient la réalité tangible d'un lieu.

Mais pour saisir le réel interne, il faut un dispositif extérieur qui dépende des conditions de ce même réel interne : ce serait l'expérience psychanalytique elle-même, où se relient en chiasme le désir du patient et celui du psychanalyste.

L'inconscient n'est pas un dedans, mais l'espace d'une combinatoire. Sur le mode du *bord*, du battement, il articule des alternances (au sens du courant) et des rétroactions, coupure en acte du sujet et de l'Autre, articulant donc le dedans et le dehors, le passé et le futur, les phases de la libido. Cette structure de bord où gîte l'inconscient de « l'être poreux » (M. Merleau-Ponty) subordonne le sujet à des oppositions signifiantes ayant structure de bord. On saisit là l'ancrage topographique de la peau, avec ses propriétés topologiques de laisser opérer des forces d'attraction et de dissémination.

Si la porosité nous oriente vers une conception de la peau en termes de surface ouverte, plus qu'en termes d'enveloppe, c'est parce qu'elle se comporte comme un ensemble articulé de surfaces et de zones, de lieux et de striures, de plans et de reliefs, de courbes et de formes, surface historisée portant marques et stigmates, traces d'usure, cicatrices, blessures, rides et sillons, taches et bubons, plaques dures et plages de brûlure, boutons, réactions allergiques, irruptions psychosomatiques, tatouages et scarifications, vésicules, papules, envies et naevus, etc. Cette partition des bords invoque une *interface*, « limite entre deux portions de l'espace » (Anzieu)[10], en une géométrie où la surface découle de la limite, fermée, ouverte. Par exemple, l'intertrigo est une ex-coriation, une inflammation de la peau au niveau des surfaces en contact générée par frottement. « Une surface *fermée* est conçue comme l'enveloppe d'un volume dont le prototype est constitué par la surface sphérique »[11], ce que n'est pas véritablement la peau, si l'on veut lui garder la force des mouvances et des variations. La peau ouvre plutôt sur un réel à concevoir comme s'inventant entre semblant et réalité, entre symbolique et imaginaire (Claude Rabant), exploré par une représentation où « se montrent les correspondances qui font du réel un ouvert entre le semblant, résultant du symbolique, et la réalité telle qu'elle se supporte dans le concret de la vie humaine » comme l'expose Lacan dans *Encore*[12]. Le symbolique ordonne ce qui est du corps. Cet *ouvert*, ensemble qui ne contient pas ses limites en mathématiques, est orientable, mais sans le moindre sens. Cela garantit de pouvoir se créer un monde, par une trouvaille d'objet orientée par la valeur négative de la mort et la valeur de la perte.

L'abord topologique de la fonction de la peau nous conduit à celui de l'inconscient qui *est* structure de langage *ayant* effet de parole. Et c'est la fermeture de l'inconscient qui donne la clé de son espace et de l'impropriété qu'il y a à en faire un dedans. Espace qui montre un noyau de *temps réversif* visible, palpable dans la rétroaction qui, dans la phrase, produit son effet de sens à la boucle du dernier mot. Après-coup obligé. La structure de ce qui se ferme s'inscrit dans une topique où l'espace se range en une combinatoire, un bord. Freud (Lettre 52 à Fliess) parlait d'un réordonnancement (*Umordnung*) selon la modalité d'une *réécriture* (*Umschrift*). Le sein en cause dans la clinique est spécifié dans la fonction du sevrage qui préfigure la castration orale et se pose sur le fond de la castration ombilicale, dans la mesure où, entre sein et mère, passe un plan de séparation qui fait du sein l'objet perdu en cause dans le désir.

Ceci est à articuler au fait que dans l'allaitement, c'est le bébé qui fait venir aux seins le lait dont il se nourrit. C'est l'action du bébé *en* la mère qui se fait

10. In *L'épiderme nomade et la peau psychique*, Ed. Apsygée, 1990, p. 49.
11. *Ibid.* p. 41.
12. *Op. cit.* p. 87.

aussi *attracteur* de désir et libère les hormones à même de générer la lactation. L'attracteur vaut comme ce qui attire et ordonne autour d'un point d'attrait une dispersion ordonnée. Une fois de plus, l'enjeu est de ne pas partir en tout sens, physiquement et psychiquement.

La théorie du chaos et des catastrophes établit des variétés d'attracteurs — étranges ou non — qui fleurissent la langue de mots au sens régénéré : pli, fronce, queue d'aronde, papillon, ombilic hyperbolique, elliptique (poil) ou parabolique (champignon). La théorie du chaos, outil conceptuel et modèle mathématique, montre, au niveau de l'atmosphère par exemple qu'une minuscule modification des données de départ peut avoir des conséquences gigantesques telles que *l'effet papillon*. Un battement d'aile d'un lépidoptère à un endroit de la terre pourrait déclencher un cyclone aux antipodes, ce qui établit « la dépendance sensitive aux conditions initiales » (Edward Lorenz), qui fait qu'une perturbation arbitraire minime peut introduire pratiquement n'importe quel attracteur étrange. Celui-ci étant à prendre, dans un système dynamique, comme un sous-ensemble fermé invariant, attirant presque tous les points d'un voisinage (le bassin de l'attracteur) lorsque le temps croît, et possédant une certaine forme non décomposable (Alain Chenciner). L'attracteur étrange attire tout un voisinage (bassin), possède une orbite dense et présente la dépendance sensitive aux conditions initiales manifestées par ce fait qu'un faible changement de la donnée initiale engendre une intégrale analogue, mais une suite de nombres totalement différente. Dans ce rôle de centre organisateur, concernant des aires et des régions, des bifurcations et des intersections, une certaine stabilité structurelle est visée. Subjectivement, nous disons qu'elle se tient de l'Autre. Ceci vaut pour la surface de la peau comme pour l'interprétation en psychanalyse : un petit rien de dire ou de toucher à même de déclencher un événement loin de la source. Ainsi les phénomènes de turbulence aérodynamique (David Ruelle) sont de nature chaotique. Des éléments sous-jacents en règlent la dispersion et l'agencement.

« La *turbulence*, pour le dire avec D. Ruelle et F. Takens (1971), est associée à un comportement chaotique intrinsèque des systèmes dynamiques dissipatifs, caractérisé par un attracteur étrange dans l'espace des phases ». A la dimension topologique, il convient d'ajouter la dimension fractale, qui décrit la façon dont un objet emplit l'espace dans lequel il est plongé et la dimension d'information qui décrit la façon dont l'attracteur est *visité*. L'attracteur a des propriétés de *stabilité locale*, divergentes et convergentes. La turbulence s'applique aux flux et aux écoulements, comme la sortie d'un robinet par exemple ou les mouvances de l'air. Les rapports de frontières sont déterminants avec des particularités de diffusion au voisinage des parois, selon vitesse et frottement. L'écoulement turbulent engendre un bruit. N'étant ni mathématicien, ni physicien, nous retiendrons de ces modèles et théories trois choses : la possibilité d'application de cette conception à la peau conçue comme surface animée des turbulences du contact et du toucher ; la force évocatrice et suggestive des métaphores utilisées par les chercheurs ; ce rappel qu'il s'agit toujours de la peau d'un sujet « intéressé » comme tel à ce qui se passe, et se meut dans les flux du toucher aux régions de son corps.

Qu'est-ce qui est *provoqué* quand je pose le doigt sur la surface très localisée du corps de l'autre ? Des turbulences engendrées par ce toucher. Celui qui est *convoqué*, c'est l'autre lui-même avec qui je suis en contact par la médiation du toucher. Pour qu'un autre soit rencontré, c'est l'Autre qui est *invoqué*, l'Autre du désir à la figure catastrophique, application du chaos. Des causes simples engendrent des dynamiques fort complexes, ce qui *évoque* le rythme, apériodique.

Les propriétés structurales de la peau sont *d'appartenance*, — elle définit l'appartenance des éléments qui la composent à un espace donné — de « *connexité* », liaison et jonction de deux de ses points par un trajet inclus en elle-même et de « *compacité* », son espace est recouvert d'ouverts animés de force et de formes. L'image en est le champ de forces tel qu'il est organisé autour d'un aimant, selon des lignes de force et de formes précises, la limaille de fer qui s'y agglutine. Le concept *d'attracteur* comme « sous-espace invariant du système dynamique » (Didier Houzel, 1990) décrit assez bien ce qui prévaut pour les phénomènes repérables à la surface de la peau et du moi. « C'est, en quelque sorte, une forme dans laquelle vient se mouler la force à l'œuvre, en suivant sa courbure et ses points d'inflexion. Par exemple, une vallée est un attracteur pour l'écoulement des eaux », écrit Didier Houzel parlant de l'enveloppe psychique[13]. Ainsi le sein, au sens analytique du terme, apporte une *forme stable* aux pulsions orales du bébé dans le cadre de la constitution du complexe du prochain. Il est un attracteur pour le système des pulsions orales qu'il *contient*. Il les tient avec le pôle attractif qu'il est, ordonnant le mouvement et le tour des pulsions orales. Il les tient en lui et les limite. Son attrait tire à soi (*se ducere*) la pulsion de par sa force et sa forme. Il en stabilise le fonctionnement et évite une catastrophe généralisée de dispersion ou d'explosion psychique et corporelle.

Lacan va user de la topologie : face au réel (du sexe), il y a un sujet, et les moyens avec lesquels il l'aborde (les symptômes et les fantasmes). Ainsi, entre le sujet et le réel sexuel se trouve inscrite une série de rapports constitutifs de la réalité : la demande et le désir (tore) ; le sujet divisé et le signifiant (bande de Mœbius) ; un signifiant et les autres (bouteille de Klein) ; le sujet et l'objet-fantasme (*cross-cap*).

---

13. « Le concept d'enveloppe psychique » in *Les enveloppes psychiques*, Coll. Dunod, 1996.

La peau du fantasme. Comment un sujet peut-il inclure en lui et s'inclure dans un objet qui lui est radicalement extérieur et hétérogène ? Le fantasme n'est pas une image à l'intérieur de l'économie psychique, mais un appareil, un bâti étalé, étendu dans la réalité, se confondant avec elle. Le *cross-cap* donne sa valeur au fait que dedans et dehors sont une seule et même chose. On pourrait prendre plus simplement une bande de Mœbius. Mais ce qui échappe quand on travaille avec ces *mixtes topologiques*, c'est le *corps*. Pas le corps comme étendue ou image, mais comme lieu partiel de jouissance : jouissance du regard et du toucher. Un fantasme est un agir où nous allons nous confondre avec le peu de corps que nous perdons : l'objet (a). Perdre l'objet pour que naisse un sujet peut imaginairement s'appeler sauver sa peau. Sauver sa peau, c'est perdre ce qu'il faut pour continuer de vivre, en y laissant parfois un morceau effectif de chair ou de peau. On peut sauver sa peau en y laissant des plumes.

Le *cross-cap* présente une ligne de suture, d'*auto-intersection*, dans la mesure où les deux nappes qui se croisent, appartenant à la même surface, peuvent être considérées comme un corps qui entre en contact avec lui-même, ligne d'autocontact. L'intérêt du *cross-cap* étant de penser (à la différence de la bande de Mœbius) une surface unilatère dans un corps fermé et si « les supposées deux faces d'un corps volumineux clos ne font qu'une seule face, il faut alors immédiatement accepter aussi que l'ordre dit intérieur du corps est en parfaite continuité avec le milieu dit environnant. Le corps est fermé et pourtant le milieu qui l'entoure est dedans. Ou à l'inverse, le milieu entoure un corps fermé dont il est pourtant le noyau le plus intime », écrit J.D. Nasio[14]. Le terme même de *milieu* l'indique : il y va de ce qui est *lieu en moi*, *mis en lien* et *immergé au sein de*. Véritable « topologue affectif » (Bernard This), sensible aux espaces aquatique et vocal, tactique et thermique, etc., l'enfant *in utero* nous semble assez bien représenter cet espace singulier où, dans la distinction des corps, l'un est le milieu de l'autre *au sein de* qui il vit, ayant au dedans quelque chose du liquide amniotique dégluti et du sang ombilical perfusé du placenta, dont on peut dire, avec F. Dolto, qu'après notre naissance il est relayé par l'air respiré commun aux hommes. La difficulté de respirer n'est pas sans rapport avec la constitution du corps et de la peau dans leur interface de dedans et de dehors et leurs éventuelles immixions. Je pense à l'asthme ou à ce qu'engendre la mucoviscidose dans la vie de quelqu'un. Le milieu, depuis Descartes (1638), est l'élément physique dans lequel un corps est placé : « Ce qui est *interposé* entre plusieurs corps et transmet une action physique de l'un à l'autre » (souligné par moi). Il y va d'une immersion d'un plan projectif dans notre espace ordinaire.

Il y a trois manières de considérer la frontière du dedans et du dehors. L'intuitive : une peau sépare le dehors du dedans d'un corps fermé. Elle est un

14. In *Les yeux de Laure*, Aubier, 1987, p. 200.

sac. La topologique : la frontière est inexistante. La psychanalytique subvertit et garde l'usage dedans/dehors, en reconnaissant que le dehors n'est pas le dedans (dimension de la limite). Elle annule cette opposition et la reprend, notamment pour ce qui regarde les rapports du sujet à l'inconscient et à la jouissance, tous deux extérieurs au sujet qui, à travers l'événement d'un dit ou d'un faire, les actualise, *s'étalant* dans l'espace supposé du sujet supposé porteur de ce dit ou de ce faire.

Les sens, et la peau plus particulièrement, participent de la structure des bords. Chaque sens a son épaisseur propre, sa profondeur singulière, sa temporalité originale et son relief spécifique, sa topologie : bouteille de Klein ou cochlée. Il y a une intime relation entre un sens, son agencement et ce qu'il charrie, son mode d'inscription spécifique du et dans le symbolique. De même, l'éprouvé sensoriel, en lien avec les rapports du principe du plaisir-déplaisir et du principe de réalité, limite une jouissance débordante, assignant des limites subjectives. Notre substance jouissive indique le creux d'un *ce qu'il n'y a jamais plus*. Les retrouvailles de la main par exemple disent ceci : ce n'est pas ce qui est perdu qui est retrouvé, mais la part même de la perte, la perte de l'autre et du touché en tant que telle. Ce qui revient là, sous la main, *à portée de main*, est un perdu fondant et entretenant la perte, Freud le nomme principe de plaisir, bordé par la Chose. Atopique lieu attractif : la perte elle-même. L'objet *(a)* apparaît en tant que perdu dans le mouvement des retrouvailles, le sujet naissant même de cette perte et de ce qu'elle fonde. Il en surgit le désir de l'Autre, sur fond de Chose perdue.

Bibliographie

Pour ne pas alourdir le texte d'éléments largement développés par d'autres auteurs, nous n'avons pas repris leurs développements en extension, préférant donner place à ce qui nous est propre.

Pour la psychosomatique, consulter la *Revue de médecine psycho-somatique*, désormais intitulée *Champ psychosomatique ;* pour les élaborations du Moi-peau, de la peau et des enveloppes psychiques, se référer aux travaux de Didier Anzieu et collaborateurs ; pour l'érogenèse contenante, lire Pascal Prayez ; pour les rapports du Moi, du pare-excitation et du moi comme projection d'une surface corporelle, se reporter à *Au-delà du principe de plaisir* (1920) et à *Le moi et le ça* (1923) de Sigmund Freud ; pour le geste, lire *Au lieu du geste* de Catherine Cyssau, malgré une interprétation inexacte de l'apport de Lacan sur la Chose ; pour l'abord de Jacques Schotte et Henri Maldiney, lire *Le Contact*, Bibliothèque de pathoanalyse, 1990 ; enfin, pour une reprise de *Totem et Tabou*, relativement à l'interdit et au tabou du toucher, lire ou relire le texte de Freud, ainsi que *Che vuoi ?* n° 3, « Actualité de Totem et Tabou », l'Harmattan, 1995 et *L'une bévue*, n° 6, EPEL, printemps 1995.

Pour l'approche haptonomique, se référer à *Haptonomie*, Science de l'affectivité de Frans Veldman, PUF, 1989, ainsi qu'aux articles de lui-même, Catherine Dolto-Tolitch et Bernard This figurant dans la bibliographie.

Les auteurs-sources, en qui j'ai puisé l'eau de l'inspiration, ont leur place dans la bibliographie.

ANZIEU, 1985. D. *Le Moi-Peau*, Dunod.

ANZIEU, D. 1986. *Une peau pour les pensées*, Entretiens avec Gilbert Tarrab, Clancier-Guénaud, coll. Psychopée.

ANZIEU, D. 1987. *Les enveloppes psychiques*, Dunod, coll. Inconscient et culture.

ANZIEU, D. 1990. *L'épiderme nomade et la peau psychique*, Editions Apsygée.

AUTIE, D. ; RIOU, P. 1993. *L'imposition des mains*, L'Ether Vague — Patrice Thierry éditeur.

BARRAULT, J.-L. 1946. *Mise en scène de Phèdre*, Le Seuil, coll. Points Essais, n° 33.

BELLET, M. 1992. *Incipit ou le commencement*, Desclée de Brouwer.
BLANCHOT, M. 1962. *L'attente. L'oubli*, Gallimard.
BOBIN, C. 1986. *Le huitième jour de la semaine*, Lettre Vives.
BOBIN, C. 1986. *L'enchantement simple*, Lettres Vives.
BOBIN, C. 1989. *La part manquante*, Gallimard.
BOBIN, C. 1991. *L'autre visage*, Lettres Vives.
BOBIN, C. 1994. *L'inespérée*, Gallimard.
BOUCHART-GODARD, A. 1981. « Une peau sensible », in *L'aube des sens, Les cahiers du nouveau-né*, n° 5, Stock.
BOUCHET, A. du. 1979. *L'incohérence*, Fata Morgana.
BOUCHET, A. du. 1980. *Rapides*, Fata Morgana.
BOUCHET, A. du. 1983. *Peinture*, Fata Morgana.
BOUCHET, A. du. 1986. *Ici en deux*, Mercure de France.
BOUCHET, A. du. 1988. *Une tache*, Fata Morgana.
CALAFERTE, L. 1984. *Septentrion*, Gallimard, coll. Folio, n° 2142.
CALAFERTE, L. 1987. *L'incarnation*, Denoël.
CALAFERTE, L. 1992. *La mécanique des femmes*, Gallimard, coll. Folio, n° 2589.
CANDILIS HUISMAN, D. 1994. *L'âge du toucher chez le jeune enfant*, Fondation Mustela.
CELAN, P. 1987. *Pavot et mémoire*, Christian Bourgois Editeur.
CELAN, P. 1987. *Poèmes*, Editions Unes.
CELAN, P. 1990. *Strette et Autres poèmes*, Mercure de france.
CHAIX, M. 1979. *L'âge du tendre*, Le Seuil, coll. Points, R 23.
CHAWAF, C. 1976. *Chair chaude*, Mercure de France.
CHAWAF, C. 1976. *Blé de semences*, Mercure de France.
CHAWAF, C. 1977. *Le soleil et la terre*, Jacques Pauvert.
CHAWAF, C. 1979. *Maternité*, Stock.
CHAWAF, C. 1992. *Le corps et le verbe*. La langue en sens inverse, Presses de la Renaissance, coll. Les Essais.
CHEBEL, M. 1984. *Le corps dans la tradition au Maghreb*, Presses universitaires de France.
CHENCINER, A. 1995. Article « Systèmes dynamiques différentiables » in *Encyclopaedia Universalis*, t. 21.
CHENG, F. 1991. *Vide et plein*, Le langage pictural chinois, Le Seuil, Points, coll. Essais, n° 224.
CICCONE, A. ; LHOPITAL, M. 1994. *Naissance à la vie psychique*, Dunod.
CLERAMBAULT G.G. de. 1981. *La passion des étoffes chez un neuropsychiatre*, Solin.
CLERGET, J. 1983. « Le corps et la parole : la voix », in *Lumière et vie*, « Destin du corps, histoire de salut », n° 166.
CLERGET, J. 1985. « Le poids des mots, le choc des sensations », in *Le groupe familial*, « La séparation », n° 107.
CLERGET, J. 1986. (Sous la direction de), *Fantasmes et masques de grossesse*, Presses universitaires de Lyon.
CLERGET, J. 1988. « Sépartition », in *Rencontre*, XVII, n° 65, printemps.
CLERGET, J. 1990. (Sous la direction de), *Le nom et la nomination*, Erès.
CLERGET, J. 1991. « Une main qui parle, une voix qui touche », in *Présence haptonomique*, n° 2, Actes du 1er colloque international d'haptonomie, 13-14 octobre 1990, Ed. Orionis.
CLERGET, J. et M.-P. 1992. *Places du père, violence et paternité*, Presses universitaitres de Lyon.
CLERGET, J. 1993. « Corps symbolique et médiation », in Actes du congrès de la FNAREN « Dans le monde des symboles… l'enfant », *Les cahiers de l'ERRE*, n° Spécial.
CLERGET, J. 1993. « Pères et paternité », in *Prévenir et protéger*, revue d'information de liaison sur l'enfance en danger, n° 2, avril-mai-juin.

CLERGET, J. 1993. « Affectivité, sexualité, génitalité », in *Echanges*, « Le sida en milieu scolaire », n° 271, mai-juin.
CLERGET, J. 2000. *La pulsion et ses tours*, Lyon, PUL.
CLERGET, J. 2002. *L'enfant et l'écriture*, Toulouse, érès.
COANTIC, M. ; TRAVERA, G. ; BOUGEAULT, P. 1995. Article « Turbulence », in *Encyclopaedia Universalis*.
COLETTE, 1995. *La femme cachée*, Flammarion, coll. Folio, n° 612.
CYSSAU, C. 1995. *Au lieu du geste*, PUF, coll. Psychopathologie.
DAGOGNET, F. 1993. *La peau découverte*, Synthélabo, coll. Les empêcheurs de penser en rond.
DECANT, D. 1990. « Matière première », in *Présence haptonomique*, numéro spécial, éd. Orionis.
DECANT, D. 1990. « La boîte à l'être », in *Présence haptonomique*, n° 1, éd. Orionis.
DERRIDA, J. 1986. *Schibboleth* pour Paul Celan, Galilée.
DERRIDA, J. 1993. *Passions*, Galilée.
DERRIDA, J. 1993. *Sauf le nom*, Galilée.
DERRIDA, J. 2000. *Le toucher, Jean-Luc Nancy*, Galilée.
DOLTO, F. 1984. *L'image inconsciente du corps*, Le Seuil.
DOLTO, F. ; NASIO, J.-D. 1987. *L'enfant du miroir*, Rivages, coll. Psychanalyse.
DOLTO-TOLITCH, C. 1988. « Apport de l'haptonomie périnatale à la médecine de l'enfant : témoignage clinique », in *Les dossiers de l'obstétrique*, n° 155, oct.
DOLTO-TOLITCH, C. 1989. « L'haptonomie n'est pas une technique corporelle », in *Techniques du corps et tabou du toucher, Revue du collège des psychanalystes*, n° 32.
DOLTO-TOLITCH, C. 1994. « Qui a peur des désirs du fœtus ? », in *Turbulence*, n° 1, oct.
DUNANT, G. 1991. *L'impudeur*, Gallimard, coll. Folio, n° 2254.
DUNANT, G. 1993. *La lettre oubliée*, Gallimard.
ELIACHEFF, C. 1993. *A corps et à cris. Etre psychanalyste avec les tout petits*, Odile Jacob.
FARCET, G. « De l'affectif avant toute chose. Eloge de l'haptonomie », in *Terre du Ciel*, n° 19,
FEDIDA, P. 1995. *Le site de l'étranger*, La situation psychanalytique, PUF, coll. Psychopathologie.
FERENCZI, S. 1982. *Psychanalyse 4, Œuvres complètes*, tome IV : 1927-1933, Payot.
FERENCZI, S. 1985. *Journal Clinique*, janvier-octobre 1932, Ed. Payot, coll. Science de l'homme.
FINKIELKRAUT, A. 1984. *La sagesse de l'amour*, Gallimard, coll. Folio Essais, n 86.
FORRESTER, V. 1988. *Mains*, Librairie Séguier.
FREUD, S., *Essais de psychanalyse*, Petite Bibliothèque Payot, n° 44, 1981.
FREUD, S. 1962. *Trois essais sur la théorie de la sexualité*, Gallimard.
FREUD, S. 1968. *Totem et tabou*, 1912, Payot.
FREUD, S. 1951. *Inhibition, symptôme et angoisse*, Presses universitaires de France.
FREUD, S. 1994. *La question de l'analyse profane*, Gallimard, 1985. *Œuvres complètes*, t. XVIII 1926-1930, PUF, 1994.
GATTINONI, C. *et al.* 1991. *Photographie les 5 sens*, Actes Sud.
GENTIS, R. 1980. « La main de masseur que l'on croyait perdue… », in G. Groddeck, *l'ARC*, n° 78.
GERMAIN, Sylvie. 1985. *Le livre des nuits*, Gallimard, coll. Folio, n° 1806.
GERMAIN, Sylvie. 1987. *Nuit-d'Ambre*, Gallimard, coll. Folio, n° 2073.
GERMAIN, Sylvie. 1989. *Jours de colère*, Gallimard, coll. Folio, n° 2316.
GERMAIN, Sylvie. 1992. *La pleurante des rues de Prague*, Gallimard, coll. Folio, n° 2590.
GERMAIN, Sylvie. 1997. *Céphalophores*, Gallimard.
GOUGAUD, H. 1995. *Les sept plumes de l'aigle*, Le Seuil.
GRAFEILLE, N. ; BONIERBALE, M. ; CHEVRET-MEASSON, M. 1983. *Les cinq sens et l'amour*, Robert Laffont, coll. « Réponses ».
HEIDEGGER, M. 1958. *Essais et conférences*, Gallimard, coll. Les essais LXC.
HEIDEGGER, M. 1962. *Chemins qui ne mènent nulle part*, Gallimard, coll. Idées n° 424.

HEIDEGGER, M. 1976. *Acheminement vers la parole*, Gallimard, coll. TEL, n° 55.
HERITIER, F. ; CYRULNIK, B. ; NAOURI, A. 1994. *De l'inceste*, Ed. Odile Jacob, coll. Opus, n° 6.
ISRAEL, L. 1994. *Le désir à l'œil*, Ed. Arcanes, Les cahiers d'Arcanes.
ISRAEL, L. 1996. *La jouissance de l'hystérique*, Séminaire 1974, Ed. Arcanes, Les cahiers d'Arcanes.
JABES, E. 1987. *La mémoire et la main*, Fata Morgana.
JALLAN, C. 1988. *Psychanalyse et dynamique du souffle*, Dunod, coll. Inconscient et culture.
JANKELEVITCH, V. 1978. *Le pur et l'impur*, Flammarion, coll. Champs, n° 37.
JANKELEVITCH, V. 1980. *Le Je-ne-sais-quoi et le Presque-rien*, 2. *La méconnaissance, Le malentendu*, Le Seuil, coll. Points, n° 134.
JANKELEVITCH, V. ; BERLOWITZ, B. 1978. *Quelque part dans l'inachevé*, Gallimard, coll. Folio Essais, n° 60.
LACAN, J. 1966. *Ecrits*, Le Seuil.
LACAN, J. 1973. *Le séminaire livre XI, Les quatre concepts fondamentaux de la psychanalyse*, Le Seuil.
LACAN, J. 1975. *Le séminaire livre XX, Encore*, Le Seuil.
LACAN, J. 1986. *Le séminaire livre VII. L'éthique de la psychanalyse*, Le Seuil.
LACAN, J. 1991. *Le séminaire*, livre VIII, *Le transfert*, Le Seuil.
LEBLANC, C. 2001. *Touché*, L'Amourier.
LEHMANN, J.-P. 1989. « L'expérience du toucher peut-elle être un apport pour le psychanalyste ? », in *Techniques du corps et tabou du toucher*, *Revue du collège des psychanalystes*, n° 32.
LEHMANN, J.-P. 1989. « Neutralité ou hypocrisie professionnelle ? », *Neutralité des psychanalystes*, *Revue du collège des psychanalystes*, n° 30.
LEVINAS, E. 1988. *En découvrant l'existence avec Husserl et Heidegger*, Librairie Philosophique J. Vrin.
LEVINAS, E. 1982. *Ethique et infini*, Fayard et Radio-France, coll. L'Espace intérieur.
LEVINAS, E. 1971. *Totalité et infini*, Essai sur l'extériorité, Le livre de poche, coll. Biblio essais, n° 4120.
LEVINAS, E. 1974. *Autrement qu'être ou au-delà de l'essence*, Le livre de Poche, coll. Biblio essais, n° 4121.
LEVINAS, E. 1997. *Hors sujet*, Livre de Poche 4246.
MALDINEY, H. 1993. *Le vouloir dire de Francis Ponge*, Encre marine.
MALDINEY, H. 1993. *L'art, l'éclair de l'être*, Editions Comp'Act, coll. Scalène.
MALLARME, S. 1984. *Oeuvres complètes*, Gallimard, Bibliothèque de la Pléiade.
MANDELBROT, B. 1975. *Les objets fractals* (2e édition), Flammarion, col Nouvelle bibliothèque scientifique.
MARGOLIN, J.-Cl. 1983. *Bachelard*, Le Seuil, coll. Ecrivains de toujours, n° 94.
MARTY, F. 1990. *La bénédiction de Babel*, Les Editions du Cerf.
MERLEAU-PONTY, M. 1960. *Signes*, Gallimard.
MERLEAU-PONTY, M. 1964. *Le visible et l'invisible*, Gallimard, coll. TEL, n° 36.
MERLEAU-PONTY, M. 1964. *L'œil et l'esprit*, Gallimard, Folio, coll. Essais, n° 13.
MERLEAU-PONTY, M. 1967. *Phénoménologie de la perception*, Gallimard.
MERLEAU-PONTY, M. 1988. *Le psychique et le corporel*, (collectif consacré à) Aubier, coll. Présence et pensée.
MEYNARD, A. 1995. *Quand les mains prennent la parole*, Erès, coll. Clinamen.
MONTAGU, A. 1979. *La peau et le toucher*. Un premier langage, Le Seuil.
MONTRELAY, M. 1977. *L'ombre et le nom*, Ed. de Minuit.
MOORE, H. 1990. *Notes sur la sculpture*, L'Echoppe.

NASIO, J.-D. 1987. *Les yeux de Laure*. Le concept d'objet a dans la théorie de J. Lacan, Aubier, coll. La psychanalyse prise au mot.
NOEL, B. 1988. *Journal du regard*, POL.
NOEL, B. 1988. *Onze romans d'œil*, POL.
ODDOUX, C. 2002. *Sculpture*, Assoc. « En effet », Lugny.
PETROSINO, S. ; ROLLAND, J. 1984. *La vérité nomade*, La découverte, coll. Armillaire.
PONGE, F. 1962. *Pièces*, NRF, Gallimard.
PRAYEZ, P. 1994. *Le toucher en psychothérapie*, Epi Hommes et perspectives, coll. Interfaces.
PRAYEZ, P. 1995. « Le toucher en psychothérapie : la parole impliquée », in *Le journal des psychologues*, n° 124, fév.
RABANT, C. 1992. *Inventer le réel, Le déni entre perversion et psychose,* Denoël, coll. L'espace analytique.
RACINE, J. 1964. *Phèdre*, Bordas.
RAZON, L. 1996. *Enigme de l'inceste*, Denoël.
SAMI-ALI, 1984. *Le visuel et le tactile. Essai sur la psychose et l'allergie*, Dunod.
SARTRE, J.-P. 1965. *Esquisse d'une théorie des émotions*, Hermann.
SCHNEIDER, M. 1980. *La parole et l'inceste*, Aubier Montaigne, coll. La psychanalyse prise au mot.
SCHOTTE, J. 1990. *Le contact*, J. Schotte (éd.), Bibliothèque de pathoanalyse.
SEMPE-TAVEAU, Véronique. 1988. *La peau et le toucher : parole de psychomotricité*, mémoire présenté pour l'obtention du diplôme d'état de psychomotricienne, Université Claude Bernard (Lyon 1), n° 240, sept.
SERRES, M. 1985. *Les cinq sens*, Grasset.
SERRES, M. 1986. *Genèse*, Grasset.
SERRES, M. 1987. *Statues*. Le second livre des fondations, éd. François Bourin.
SIBONY, D. 1995. Le corps et sa danse, Le Seuil, coll. La couleur des Idées.
SOLESMES, F. 1988. *L'amante*, Albin-Michel.
SOLESMES, F. 1989. *De la caresse*, Phébus, coll. Verso.
SORGUE, M. 1985. *L'Amant*, Albin Michel.
STRAUS, E. 1989. *Du Sens des Sens*, Jérôme Millon, coll. Krisis.
THIS, B. 1994. *Neuf mois dans la vie d'un homme*, InterEditions.
THIS, B. 1983. « Haptonomie », in *L'Ane*, n° 8, janv.-fév.
THOM, R. 1980. *Modèles mathématiques de la morphogenèse*, Christian Bourgois éditeur.
THOMAS, E. 1986. *Le viol du silence*, Aubier Montaigne, coll. J'ai lu, n° 2527.
THOMAS, E. 1992. *Le sang des mots*, Mentha.
TISSERON, Y. ; TISSERON, S. 1987. *L'érotisme du toucher des étoffes*, Librairie Séguier Archimbaud.
VASSE, D. 1969. *Le temps du désir*. Essai sur le corps et la parole, Le Seuil.
VASSE, D. 1974. *L'ombilic et la voix*, Le Seuil, coll. « Le champ freudien ».
VASSE, D. 1988. *La chair envisagée*, Le Seuil.
VELDMAN, F. 1989. *Haptonomie*. Science de l'affectivité, PUF.
VELDMAN, F. 1994. « Affectivité confirmante, aube de la vie humaine », in *Les dossiers de l'obstétrique*, n° 213, janv.
VIRCONDELET, A. 1993. *Naissances d'un père*, Ed. du Rocher.
WINNICOTT, D.W. 1989. *Lettres vives*, Gallimard, coll. Connaissance de l'Inconscient.
WITTGENSTEIN. 1987. *De la certitude*, Gallimard, coll. TEL.
ZWEIG, S. 1981. *Vingt-quatre heures de la vie d'une femme*, Stock, Bibliothèque cosmopolite.

REVUES

Médecine psychosomatique. « Une peau : laquelle », n° 2, 2e trimestre 1985.
Médecine psychosomatique. « Jouer sa peau, jouer sa vie », n° 8, décembre 1986.
Che vuoi ? « Expériences du négatif ». Revue de psychanalyse, n° 1, L'Harmattan, 1994.
Che vuoi ? « Actualité de Totem et Tabou », Revue de psychanalyse, n° 3, L'Harmattan, 1995.
Sorcières, « Mouvements », n° 15, Stock Publications, 1978.
Les cahiers du nouveau-né, « L'aube des sens », n° 5, Stock, 1981.
Psychanalystes, Revue du Collège des psychanalystes, « Neutralité des psychanalystes », n° 30, janvier 1989.
Psychanalystes, Revue du Collège des psychanalystes, « Techniques du corps. Tabou du toucher », n° 32, 1989.
Présence Haptonomique, n° 1, Orionis, oct. 1990 et n° 2, Orionis, 1991.
Documents de travail du *Coq-Héron*, « L'haptonomie », n° 9, 1988.
L'école des parents et des éducateurs, « Naissances », Actes du carrefour, Toulouse, mars 1985.
Cahier de l'Herne, « E. Lévinas », Le livre de poche, coll. biblio essais, n° 4173, 1991.
Syngof, Les Cahiers du syndicat national des gynécologues-obstétriciens de France, mars 1994, n° 17, Haptonomie, pp. 24-46.

AUTRES

BERTIN, J. *Des mains*, chanson.
D'ORAZIO, R. Séminaire de lecture *L'éthique de la psychanalyse* de Jacques Lacan, 1989-1996.

Table des matières

Achevé d'imprimer sur rotative numérique par Book It !
dans les ateliers de l'Imprimerie Nouvelle Firmin Didot
Le Mesnil-sur-l'Estrée

N° d'impression : 79384
Dépôt légal : Avril 2006

Imprimé en France